増補新版

漢帝国と辺境社会

長城の風景

志学社選書
006

漢帝国と辺境社会　目次

プロローグ

一九〇七年の早春、荒涼たるロプ＝ノールの沼沢地をよこぎって、東へ向かう隊列があった。ハンガリー生まれのイギリス人考古学者、オーレル＝スタインのひきいるキャラヴァンである。かれは八一年の生涯のなかで、中央アジアや西アジアを対象に数次にわたる考古学・地理学調査をおこなっているが、今回の旅はその二回目にあたる。冬のあいだにミーラン、楼蘭《ろうらん》などの遺跡を発掘した一行は、さらに東方へと進路をとった。行く先は最終目的地、沙漠の大伽藍、敦煌《とんこう》である。

楼蘭から敦煌へ向かうスタインの脳裏を離れなかったのは、かつて同じ道筋をたどった偉大な旅行者、玄奘《げんじょう》やマルコ＝ポーロの足跡であり、また、はるかな昔、漢帝国の西の境界となっていた玉門関《ぎょくもんかん》への想いであった。漢から楼蘭へ通じるルートと、その途上にある玉門関の遺跡とをさがすこと、それもまた今回の踏査の重要な目的だったのである。敦煌から西へ入った沙漠のなかに望楼の廃墟をみたという、フランス人外交官C・E・ボナンによる報告だけが、かれの導きの糸であった。

期待は裏切られなかった。

三月七日の夕刻、むきだしの砂礫の台地を横切って進んでいるとき、われわれが歩んでいた隊商路から一マイル（一・六キロメートル）ほど外れたところにある小さなマウンドが私の注意を引いた。たどりついてみると、喜ばしいことに、それはかなり保存状態のよい望楼《ウォッチ・タワー》であった。日干し煉瓦で堅固に築かれ、高さは二三フィート（約七メートル）に達していた。［Stein 1933］

スタインは旅行記のなかで、そう回顧している。さらに、望楼の近くには、土と葦で築かれた長城が横たわっていた。そして、遺構の一部をこころみに掘りくずしたとき、ぼろや木切れにまじってあらわれたものは、「盧《ろ》定《てい》世《せい》衣《い》橐《たく》」（盧定世の衣装袋）としるされた小さな木の札すなわち木簡《もっかん》であった。中国人秘書の蒋《しょう》 孝琬《こうえん》は慎重にも、それが「一〇世紀以後に用いられたものより古いようだ」とのみコメン

図1　敦煌西郊 T13 烽燧

トしたが、スタイン自身は漢代の遺物であろうと考えた。古代楼蘭ルート発見の糸口をつかんだとの感触が、かれにはあったにちがいない。

しかし、本格的な発掘のためには人手が不足していたし、輸送用の騾馬《らば》のまぐさも尽きかけていた。ひとまず目的地の敦煌へいそいだスタインは、資材と人夫を確保して、三月の末、ふたたび沙漠へと立ちもどる。このときの敦煌におけるかれの仕事、いわゆる「敦煌文書」の取得については割愛しよう。いま語るべきは、再度おとずれた望楼での発掘成果である。もう一度、旅行記の一節を引用したい。

図2　オーレル＝スタイン（1862-1943）

満足感がさらにつのったのは、ほとんどの望楼の近くで検出されたゴミの層や、隣接した小さな居住区の遺構などから、漢字の書かれた多数の木簡を発見したときだった。文字の書かれた細長い木片のほとんどに紀年があり、私の中国人秘書の判読によって、すべての紀年が紀元一世紀のものであることがわかったとき、われわれの興奮は大きかった。かくして、この国境線の廃墟に、前漢時代すでに守備兵が駐屯していたこと、また、私が手にしている漢文文書が、これまでに発見されたなかで最古のものであることが確実となったのである。
[Stein 1933]

「紀元一世紀」とあるのは「紀元前一世紀」の誤解であるが、スタインが手にした木簡はうたがいもなく、玉門関をはじめとする漢帝国の西のまもりを直接つたえる史料であった。漢代の木簡、すなわち漢簡《かんかん》の発見である。

このとき発掘された漢簡は、合計七〇四枚。その解読はフランスの中国学者エドゥアール＝シャヴァンヌにゆだねられ、一九一三年に釈文《しゃくもん》・翻訳・写真図版をあわせた大著として出版された［Chavannes 1913］。釈文とは、隷書《れいしょ》で書かれた漢簡の文字を楷書《かいしょ》（現在通用している書体）に直したものをいう。スタインは続く三回目の探検（一九一三〜一六）のさいにも、敦煌郊外の望楼で一六六枚の漢簡を発掘しているが、こちらはシャヴァンヌの高弟アンリ＝マスペロが釈文の作成にあたり、第二次大戦後に刊行された［Maspero 1953］。大戦の勃発で刊行に手間取るうちに、マスペロは息子の対独レジスタンス運動に連坐して、獄中で病死した。スタインの二度の敦煌・中央アジア踏査の記録は、自身の手によって大部な学術報告書にまとめられている［Stein 1921/1928］。先に引用した旅行記は、一九二九年にボストンでおこなった連続講演にもとづく。木簡の現物はすべてロンドンのブリティッシュ・ライブラリー（大英図書館）に収蔵されている。

敦煌郊外の望楼跡では、その後も調査が続けられ、一九四四年には中央研究院・中央博物館・北京大学文科研究所（名称は当時のもの）合同の調査団が四八枚の木簡を取得している［夏 1948］。また戦後になると、甘粛省の考古学者たちによる本格的な発掘調査がおこなわれ、馬圏湾《ばけんわん》と呼ばれる遺跡の一二〇〇余枚をはじめ、数か所の望楼や城砦跡から漢簡が出土した

［甘粛省文物考古研究所 1991／張徳芳 2013／敦煌市博物館ほか 2019］。さらに、詳しくは第二章で述べるけれども、敦煌の東方にある懸泉置《けんせんち》という古代の宿駅が発掘されて、推定二万三千枚もの木簡があらたに加わることとなった［甘粛簡牘博物館ほか 2019］。こうした敦煌周辺の遺跡から出土した漢簡を「敦煌漢簡《とんこうかんかん》」と総称する。スタインの確信したとおり、敦煌西郊の疏勒河《そろくが》にそって並ぶ望楼群は、漢代における辺境防備の施設であった。したがって、そこから出土した木簡を読み解けば、漢帝国の辺境支配の生きたすがたを知ることができる。本書で用いる史料の第一のグループである。

しかしながら、写真の公表されている懸泉置出土木簡は、二〇二〇年末の時点で一割程度にとどまっており、現在のところ利用できる敦煌漢簡の総数は、五千枚にとどかない。この中には断片となった木簡もすくなくないため、辺境研究の史料としてはやや情報不足といわざるをえない。しかし幸いにして、もうひとつの出土漢簡のグループが、その欠を十分におぎなってくれる。敦煌から東北へ七百キロメートルあまり、ゴビのなかを北へ流れるエチナ河の流域が、次なる発見の舞台である。

疏勒河流域と同様、エチナ河流域にもまた望楼やとりでが多数点在することは、すでにスタインが第三回中央アジア調査のさいにあきらかにしていた。しかし、その詳細な分布調査と遺跡の試掘とをおこなったのは、スウェーデンの考古学者、フォルケ＝ベリィマンであった。

一九二七年、中国・スウェーデンの協同により、西北地方を対象とした大規模な調査団が組織された。英文の名称は The Sino-Swedish Scientific Expedition to the North-Western Provinces of China（中国・スウェーデンの合同による中国西北地方への学術調査隊）、中国語での正式名称は「西北科学考査団《せいほくかがくこうさだん》」。「考査団」は「考察団《こうさつだん》」とも表記する。団長はスウェーデンの著名な探検家、スヴェン＝ヘディン。ヘディン自身にとっては、八七年の生涯で四度目にして最後の大きな中央アジア探検であった。本来かれはルフトハンザ社の援助をうけて新疆上空の飛行計画をたてていたが、中華民国の学術界が反対したために計画は難航、ひとまず両国合同による学術調査団を結成することで妥協したのである。調査団は二七年五月九日に北京（当時の呼称は北平）を発ち、内蒙古・甘粛・新疆の各地を踏査、最後の一名が帰還したのは三三年六月であったという。近年の研究によれば、参加した団員は、中国人一四人、外国人二九人にのぼる［羅 2009］。当時としては大規模な学術調査団であったといえよう。調査団は全体を八つの班にわけ、うち第二班はベリィマンの主導のもと、内蒙古から新疆にかけての考古調査をおこなった。

図3　フォルケ＝ベリィマン（1902-46）

一九三〇年四月二八日、ベリィマンはエチナ河下流において、現地のモンゴル人がボル＝ツァムハ（灰色の塔）と呼ぶ遺跡を調査していた。望楼のそびえる岩山のふもとに、中庭状の土壁の囲いを見いだしたかれは、さっそく測量にとりかかる。

その方形の構造物を実測していたとき、私はペンを落とした。拾いあげようと腰をかがめたところ、ペンのすぐわきに保存状態のいい五銖銭《ごしゅせん》（漢代のコイン）を見いだした。

そこで、もっと子細にまわりを見回すと、やがて青銅製の矢尻《やじり》と、コインがもうひとつ見つかった。……翌日、本格的に発掘をはじめたところ、すぐさま細長い木片が出土した。その形はヘディンが楼蘭で発掘した木簡のひとつを思い起こさせるものであったが、同様のものはまたスタインによっても甘粛や新疆で多数発見されていた。私は助手の王《ワン》に、木片に文字の痕跡がないか決して見落とすなと告げた。その言葉がまだ終わらないうちに、私は、かすかな漢字の墨書がのこる木片をみずからの手で拾いあげたのである。［Bergman 1945］

図4　ボル＝ツァムハ（P9）の遠望

エチナ河流域における漢簡発見の瞬間である。文中にいうヘディンの発掘とは、一九〇一年にかれが楼蘭で魏晋《ぎしん》時代の木簡を得たこと。スタインの発見とは、同じく楼蘭やニヤで魏晋簡を発掘したことと、先述した敦煌での漢簡発掘のことをいう。ベリィマンはその後もエチナ河にそって望楼やとりでの分布調査をおこない、そのうち約三〇か所の遺跡を試掘、一万三千枚あまりの漢簡を得た。かれは戦後まもなく病気のために早世するが、エチナ河流域調査の概要は、のこされたノートをもとにスウェーデンのブー＝ソンマルストレムによって詳細な報告書にまとめられ、その二巻までが刊行された［Sommarström 1956/1958］。

一方、出土した木簡は北京に運ばれ、中国人研究者を中心に釈文の作成がすすめられることになっていた。しかし、いかなる事情か、作業はなかなか始まらない。ようやくにしてその任務が若き歴史学者、労榦《ろうかん》らの手にゆだねられたのは一九三四年。北京には戦雲がたなびきはじめていた。結局、労榦は作業の一部を終えた時点で四川省南渓《なんけい》県李荘《りそう》へ疎開、ほどなく送られてきた写真をもとに、苦心のすえ最初の釈文『居延漢簡考釈《きょえんかんかんこうしゃく》　釈文之部』（図6）を出版する。限定三百部の石版印刷《せきはんいんさつ》で、発行は中央研究院歴史語言研究所、すなわち四川省に疎開していた中華民国アカデミーである。その巻頭には次のような一文がみえている。

図5　労榦（1907-2003）　北京大学在学時代

この書物は李荘のちいさな石版印刷所で印刷・製本したが、印刷技術に難があるうえに、製本にいたっては拙劣このうえない。落丁箇所はすべて本所の職員が点検し補訂した。しかし、インクの薄すぎる文字や用紙の破損箇所などは、見あたらない刷りがないほどである。この抗戦の時期にあって、印刷の労苦は名状しがたい。読者におかれては、どうか一切御寛恕くださるようお願いしたい。［労 1943］

ベリィマンがエチナ河流域で発掘した漢簡は、この地方の漢代の呼び名にしたがい「居延漢簡」と総称されることになった。現物は、第二次世界大戦による紆余曲折をへたのちに、台北の中央研究院歴史語言研究所に収蔵されている［簡牘整理小組 2014～2017］。

なお、疏勒河流域と同様、エチナ河流域でも戦後になって、中国人考古学者による再調査がおこなわれている。とりわけ一九七二～七四年には、ベリィマンの試掘した遺跡のうちの二か所と未発掘の一か所とが全面的に発掘されて、建築物としての構造があきらかになった［甘粛居延考古隊 1978］。この再発掘によって得られた漢簡は合計約二万枚にのぼる［甘粛省文物考古研究所ほか 1994／甘粛簡牘博物館ほか 2011～2016］。とくに区別を要する場合は、ベリィマンのものを「旧居延漢簡」ないし「居延旧簡」、一九七〇年代発掘のものを「新居延漢簡」ないし「居延新簡」と呼んでいる。さらに一九八六年にはエチナ河中流域の遺跡から木簡七七八枚が、一九九九年から二〇〇二年には下流域から五〇〇余枚が発掘された［魏堅 2005／甘粛簡牘博物館ほか 2017］。前者を「地《ち》湾《わん》漢簡」、後者を「額済納《エチナ》漢簡」と呼び分けているが、いずれもベリィマンの調査範囲からの出

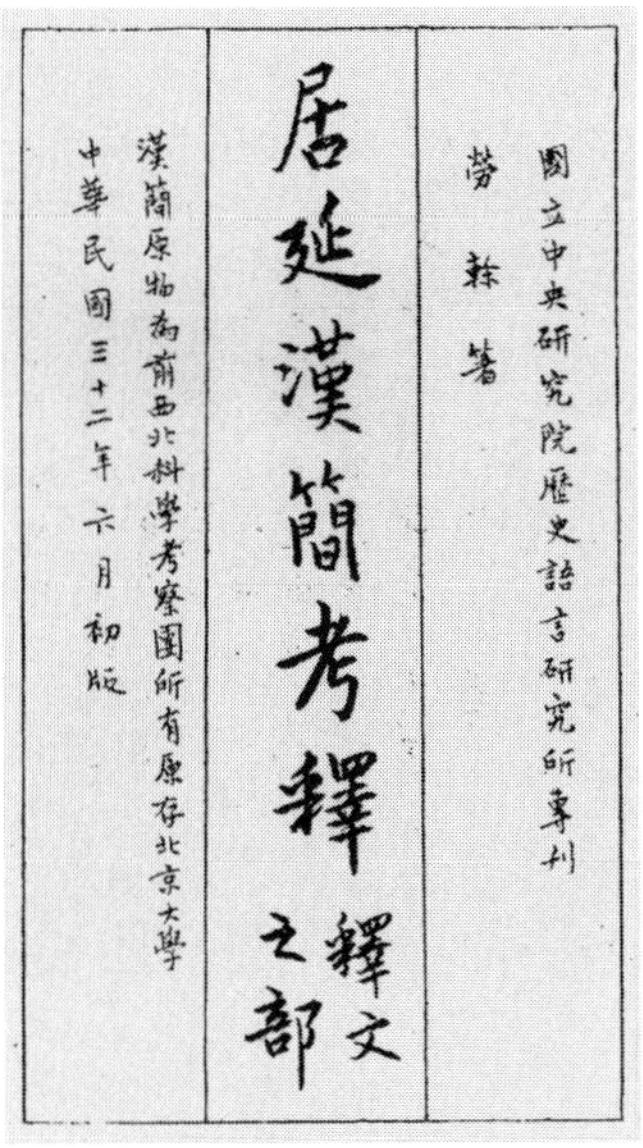
國立中央研究院歷史語言研究所專刊
勞榦 著
居延漢簡考釋
釋文之部
漢簡原物為前西北科學考察團所有原存北京大學
中華民國三十二年六月初版
図6 『居延漢簡考釈 釈文之部』表紙

土であるから、「居延漢簡」に算入できる史料といえる。以上あわせて三万四千余枚にのぼるエチナ河流域出土漢簡が、本書で用いる史料の第二のグループである。

こうした辺境出土の漢簡を中心に、遺物・遺構をも参照しながら、漢帝国の西北フロンティア開発とそこに生きた人々のすがたを描き出すこと——それが本書の課題である。そのためにはまず本論に先立って、漢簡とはどのような史料であるのかを、簡単に説明しておく必要があるだろう。敦煌や居延といった辺境の遺跡から出土した漢簡は、その機能（はたらき）にしたがって次のように分類できる。

- A本体
  - a書籍
  - b文書
  - c簿籍
- B付札
  - d検
  - e楬

本体とはそれ自体で独立したはたらきをする木簡であり、付札《つけふだ》とはいわばアタッチメント、すなわち他の木簡や品物に取り付けることを目的とした木簡をさす。この中で「検《けん》」と「楬《けつ》」とは史料に見える呼称、そのほかは説明のための便宜的な概念である。もちろん機能というものは、状況によって流動・変化するのであるが、ここでは漢簡のアウトラインを示すことが目的なので、そうした議論は割愛したい。以下、aからeのそれぞれについて簡単に説明しよう。

a書籍—書物のこと。個人用のノート類などもこれに含める。とりでや望楼から出土する書物の場合、諸子《しょし》や説話も皆無ではないが、ほとんどは字書や暦といった実用書である。暦は公文書作成のうえで必要であり、また文字を習得することで任官・昇進の道がひらけた。

b文書—「ぶんしょ」ではなく「もんじょ」と読む。古文書学でいう文書とは、「書きもの」一般を漠然と指すのではなく、「甲から乙という特定の者に対して、甲の意志を表明するために作成された意志表示手段」をいう［佐藤1971］。したがって文書にはかならず発信者と受信者とがある。漢代の文書の場合、両者の相対的な上下関係によって上行《じょうこう》文書（下位者から上位者へ）、下行《かこう》文書（上位者から下位者へ）、平行《へいこう》文書（同位者間）の三つのタイプに分けるのが通例である。上行文書と下行文書とで言葉使いが異なることは、本文中に引いた実例で確認できよう。

c簿籍—「簿《ぼ》」とは継続した記録の集成、「籍《せき》」とは人や役畜を対象とした台帳をいう。要するに帳簿・名簿の類である。その性質上、一定の書式にしたがって大量に作成されることが特徴で、辺境出土漢簡の圧倒的多数は簿籍で占められている。

以上三種類の木簡は、長さ二三センチメートルすなわち漢代の一尺を基本形とする。幅は通常一センチメートル前後であるが、必要に応じてさらに広い板（「牘《とく》」という）を用いることもある。また、「檄《げき》」と呼ばれる緊急文書などの場合、通常より長い木簡をもちいることが多い。木簡はまた、数簡を紐で綴《つづ》って用いられることもある。綴ることを「編綴《へんてつ》」、綴った全体を「冊《さく》」ないし「冊書《さくしょ》」という（図28参照）。なお、文書や簿籍のなかには割《わ》り符の形をした木簡がみられるが、これは特に「符《ふ》」あるいは「券《けん》」と呼ぶ。本文中に引いた図18は符、図20は券の実例。一般に符や券は通常の木簡より短いが、なかには四〇センチメートル近い長大なサイズの券もある。

d検—文書や簿籍・物品などに封《ふう》をするための板きれ。紐でくくりつけたのち、紐に粘土を押し付け、その上に印章を捺《お》して封をする。この粘土を「封泥《ふうでい》」という。したがって検はしばしば、紐をかけ粘土を詰めるための凹《くぼ》み（「封泥匣《ふうでいこう》」あるいは「印歯《いんし》」という）をもつが（図19・26）、まったく平板なものも少なくない（図23）。通常の木簡より幅が広く、長さは短いことが多い。検には文書の宛名や物品の保管場所などが大書されるため、出土地が当時何と呼ばれる機関であったかを知る手がかりになる。

e楬—書籍・文書・簿籍や物品などに付ける札《ふだ》。内容をしめす一種のラベルであって、荷として発送するための荷札ではない。上端両側に切れ込みを入れて紐をかける形式のもの（図25）と、穴をあけて紐を通す形式のもの（図33）とがある。その用途からして、小さなサイズの簡が多い。

中国において、書写材料（文字を書き付ける素材）としての紙が普及するのは、紀元二世紀、後漢時代の後半以後のことである［籾山 2011］。次章で述べるとおり、敦煌や居延の遺跡の年代は、おおむね前漢時代の半ばから後漢時代のはじめまでの間に位置する。したがって、そこで用いられる書写材料は、一部に帛《はく》（絹）がみられるほかは、ほとんどが竹や木の簡、なかでもとりわけ木簡であった。いいかえれば、辺境の望楼やとりでにおいては、あらゆることがらを木簡に書き付けていたわけである。漢簡の重要性は、まさにこの点にある。

漢簡に使用される木材としては、次の三種が知られている。中国名「紅柳《こうりゅう》」すなわちタマリクス（*Tamarix ramosissima* Ldb.）、「杆児松《せんじしょう》」すなわちチュウゴクオオトウヒ（*Picea neoveitchii* Mast.）、「胡楊《こよう》」すなわちコトカケヤナギ（ポプラ *Populus euphratica* Oliv.）。このうち紅柳と胡楊はエチナ河や疏勒河流域でごくありふれた植物である。敦煌馬圏湾漢簡の場合、この両者が全木簡の七割ちかくを占めるという［甘粛省文物考古研究所 1991］。漢の人々は、もっとも手近な材料で木簡を作っていたわけである。

本書で引用する敦煌・居延両漢簡の釈文は、公刊された図版類にもとづき、可能なものは機会をみて原簡と照合のうえ確定した。図版の公刊されていないものは、原則として用いない。ただし、やむをえない数例のみは、既存の釈文にしたがって引用し、そのさいは出典を注記する。釈文の下の数字は、個々の木簡に付けられた史料としての固有番号（原簡番号《げんかんばんごう》という）。釈文に使用する符号は次のとおり。

□→一文字不鮮明　…→数文字不鮮明　▨→木簡の断欠　回→封泥匣　〔　〕→推定による文字の補填　傍線→別筆部分　＝（行末と次行冒頭に二か所）→原文が改行せずに連続していることを示す

なお、漢簡では時刻を示すさい、一日（一昼夜）を十六に区切る「十六時制」と呼ばれる方式を用いている。十六の時称については地域差もあり、研究者による見解の相違もみられるが、ひとつの説を二十四時間制と対応させて表1に示しておく。一時はほぼ一・五時間に相当し、その中がさらに一〇分《ふん》にわけられる。たとえば「平旦五分《へいたん》」とあれば平旦が半分進んだ時刻、二十四時間制でいえば六時四五分ごろを指す。一日は平旦に始まり鶏鳴《けいめい》に終わる。

本書にあらわれる人名・地名・遺跡名などは、漢字のもの以外、可能なかぎり原語の発音に近づけるように努めたが、カタカナ表記にはもとより限界がある。奇異にひびく例もあろうが、了解していただきたい。

表1　十六時制の時称　［吉村 2015］を簡略化した。

0:00 夜半	1:30 夜大半	3:00 晨時	4:30 鶏鳴	6:00 平旦	7:30 日出	9:00 蚤食	10:30 食時
12:00 日中	13:30 餔時	15:00 下餔	16:30 日入	18:00 昏時	19:30 夜食	21:00 人定	22:30 夜少半

第一章　河西の争奪

1. 匈奴の興起

紀元前二一五年、秦の将軍、蒙恬《もうてん》は、三〇万の兵をひきいて匈奴《きょうど》を討った。いわゆる始《し》皇帝《こうてい》の匈奴遠征である。北方の遊牧勢力との抗争は、先立つ戦国時代に開始されていたが、大規模な遠征軍が送られるのは、蒙恬の場合が最初であった。

具体的な戦闘の様子について、史書にはくわしく伝わっていない。『史記』秦始皇本紀でさえも「北のかた胡《えびす》を撃ち、河南《かなん》の地を奪い取った」としるすにとどまる。しかし、その簡潔さがかえって、蒙恬の遠征が一方的な進撃であったことを示しているともいえるだろう。秦は強力な軍隊によって他国を制圧し、戦国の分裂時代に終止符を打った。その軍事力を前にして、当時の匈奴はほとんど為すすべもなく「駆逐」されたのではあるまいか。「河南の地」とは中国でいう河套《かとう》、すなわち大きく湾曲する黄河に三方を囲まれた地域のことであり、モンゴル語ではオルドスと呼ぶ。オルドスとは宮帳（宮廷としての天幕《ゲル》）を意味するオルドに由来する語で、一五世紀後半に「チンギス＝ハーンの八つ《ナイマン》の白い《ツァガーン》宮帳《オルド》」とともにこの地に移ったモンゴル人が、自らを「オルドス」と称したことにもとづく。現在のオルドス一帯は乾燥化がいちじるしいが、かつては草原のひろがる牧地であった。

匈奴はそのオルドスの牧地を追われ、黄河の北へと退却を余儀なくされる。そこへ翌年、蒙恬はさらに追い討ちをかけた。秦軍は黄河を渡って北へと進み、高闕《こうけつ》・陽山《ようざん》・北仮《ほくか》以南を占拠する。現在の内蒙古自治区の五原《ごげん》一帯、北を狼山《ろうざん》（陰山《いんざん》山脈の西端）、南を黄河に区切られた地域である。再度の攻撃によって匈奴は陰山の北へと追われた。時の匈奴の領袖は頭曼《とうまん》単于《ぜんう》。陰山の北のモンゴル高原は、東に東胡、西に月氏という、二つの有力な遊牧勢力が割拠する世界であった。

図７　組み合う遊牧民　陝西省客省荘140号墓出土の青銅製バックル

始皇帝に遠征を決断させた事情について、ここで論じる余裕はないが、二つの点だけは確認しておこう。第一は、匈奴を追った始皇帝が、蒙恬に命じて陰山南麓の長城を修築させたこと。第二は、征服地に県城（城壁に囲まれたまち）を設け、内地から犯罪者を送って住まわせたことである。それが秦帝国の北辺防備のありかたであった。その発展した形態に、私たちは本書の中でやがて出会うことになるだろう。

　匈奴の側に目をうつそう。

ひとたびは秦に討たれた匈奴であったが、雌伏すること五年ののちに、ふたたび勢いを盛りかえす。いや、正確に表現すれば、より強大な勢力として再編されたというべきだろう。その功績は、頭曼単于の子、冒頓《ぼくとつ》に帰すことができる。

　前二〇九年、冒頓は父を殺して単于となり、東胡と月氏を討ってモンゴル高原を制圧し、さらに南下して長城を越えると、オルドスに散居していた中小の遊牧民をも併呑した。始皇帝の死から漢の統一までの間、中国は混乱の時代であった。北辺のまもりがほとんど機能を失っていたことは、想像にかたくない。そして同時に冒頓は、支配下の遊牧勢力の組織化をおこなった。東方に左《さ》賢王《けんおう》・左《さ》谷蠡《ろくり》王《おう》、西方に右賢王・右谷蠡王、この四王を単于の氏族から選んで配し、牧地と牧民を統治させる。また中央にあっては、左・右骨都《こっと》侯《こう》が「単于直属の行政官」として政務を補佐した［護 1950a］。さらにその周囲には、楼煩《ろうはん》王・白羊《はくよう》王といった「王」をいただく地方勢力が服属する。こうして「冒頓にいたって匈奴は最も強大になり、北の夷《えびす》をことごとく服従させて、南は中国と対抗しうる国となった」（『史記』匈奴列伝）。南の中国世界において、項羽《こうう》と劉邦《りゅうほう》が角逐をくりひろげていたころである。

それにしても匈奴の勢力はなぜ、ほかでもないこの時期に強大化したのだろうか。すぐに思いつく要因としては、秦末の情勢変化があげられる。すなわち、秦帝国の混乱・崩壊により北方への圧力が弱まったため、そのすきに乗じて勢力を伸ばした、という解釈である。匈奴への遠征ののち、秦帝国の北方のまもりは蒙恬の手にゆだねられた。その蒙恬は始皇帝の没後、趙高《ちょうこう》の奸計《かんけい》によって非業の死をとげる。時に前二一〇年、冒頓によるクーデタの前年にあたる。匈奴に対する防衛体勢が、蒙恬の死を機にゆるんだことは確かであろう。しかしながら、これは説明の半分にすぎない。強大化の核心となる組織化について、この解釈では説明できないからである。冒頓単于の功績は、単なる失地回復にあるのではない。それは遊牧勢力を一つの統一体――その実態については後述するが――に組織したことにあった。

その要因を秦末の混乱に求めることは、困難なのではあるまいか。組織化の引き金となったのは、始皇帝による遠征であった。しかし、このことを理解するには、すこし寄り道が必要である。

そもそも、匈奴の生活をささえる遊牧といういとなみは、家畜という不安定な生産手段に基礎を置いている。畜群の増殖率が年々微々たるものであるうえに、天候不順や疫病の流行などによる大量斃死の危険が常につきまとっていた。内陸アジアの遊牧民にとって最大の天災は冬の寒波によるもので、前一〇五年の冬、「おおいに雪が降り、家畜が大量に飢えて凍死した」（『史記』匈奴列伝）とある記事を筆頭に、史書の中から多くの事例を引くことができる。現代においても、たとえば一九九五／九六年の冬には青海省玉樹チベット族自治州において、翌九六／九七年の冬には新疆ウイグル自治区アルタイ県において、寒波にともなう雪害のため遊牧民の家畜が大量に餓死した。モンゴリアの遊牧民のあいだには、「富者（をたおす）には一回のゾドで足り、英雄には一本の矢で足りる」という諺もあるという［Khazanov 1994］。ゾドとは天災のことであり、「雪寒害」と翻訳される場合もあるが、大雪のため家畜が草を摂取できない「白いゾド」だけでなく、降雪不足で冬場の飲み水が補給できない「黒いゾド」なども含まれる。モンゴル国では二〇〇〇年以降、地球温暖化の影響で、夏の旱魃によるゾドも多発しているという。

このように、遊牧とは本質的に脆弱な経済活動であった。松田《まつだ》寿男《ひさお》の巧みな比喩を借りるなら、「食べてはいけるが、太れない」性質であったといえようか［松田 1962］。遊牧民は家畜に依拠する経済形態をとることで、ユーラシアからアフリカにいたる広大な乾燥地帯への適応に成功した。だが、家畜に特化したことは一方で、右のような弱点をかかえる結果にもなった。こうした弱点を補うためには、どうしても他の補助的な経済手段が必要であった。もちろん匈奴も、その例外ではない。

補助的な経済手段とは、まず農業であり、狩猟であった。内部的な経済手段と呼ぶことができるだろうか。匈奴が漢の北辺や西域から掠取した農民を用いて農耕をおこなっていたことは、かれらが城塞を建設していた事実とあわせて注目される［林 1983／Di Cosmo 1994］。「水と草を逐《お》って移動し、城郭や定まった住まい、農耕のいとなみはない」という『史記』匈奴列伝の一節は、鵜呑みにできないことになる。一方で狩猟に関しては、匈奴列伝にみえる「平時には家畜を追い、かたわら鳥や獣《けもの》を弓で射て生業とした」という一節が見落とせない。先に述べた冒頓の父殺しも、狩猟のおりに敢行された。

さらに加えて、交易と掠奪という、いわば外部的な経済手段があげられる。交易とは匈奴の場合、漢や西域との取引であった。いま漢のみに限っていうと、その形態は皇帝が単于におくる歳幣《さいへい》（毎年の貢納）というかたちをとる。一見すると対等の貿易であるかにみえる記事、たとえば「関市《かんし》（国境に置かれた交易場）をひらいて、多くの物資を供給したので、単于より以下、みな漢に親しみ、長城のもとに往来した」（匈奴列伝）といった例なども、その実態は官営・官許貿易で、漢から得る品物は絹や黄金などの奢侈品が中心であった［護 1950b］。こうした長城をはさんだ交易関係が、すでに戦国時代から存在していたことは、出土資料からうかがえる。たとえば、オルドスの東北部、西溝畔《せいこうはん》の土坑墓から出土したバックル状の黄金製飾牌は（図8）、背面に刻まれた漢字の字体からみて、戦国時代の秦の工房で製作されたと考えられる［田・郭 1986］。

掠奪については議論も多いが、次の二点を指摘するにとどめたい。第一は、それが生存のためにおこなわれる「生業的掠奪」と、多分に政治的な意図をもっておこなわれる「戦略的掠奪」とに分けられること［王 2009］。第二は、掠奪の対象が人と家畜とにほぼ限られることである［護 1950b］。第一の点については後にふれる。また第二の事実は、交易が不調の時に掠奪がおこなわれるという考えかたを否定する。交易と掠奪は、目的と動機を異にする別個の行為にほかならない。だから漢代の記録には、匈奴との和親がむすばれ、相互の交易が順調におこなわれている時期においても、北辺への侵入のあったことが伝えられているのである。

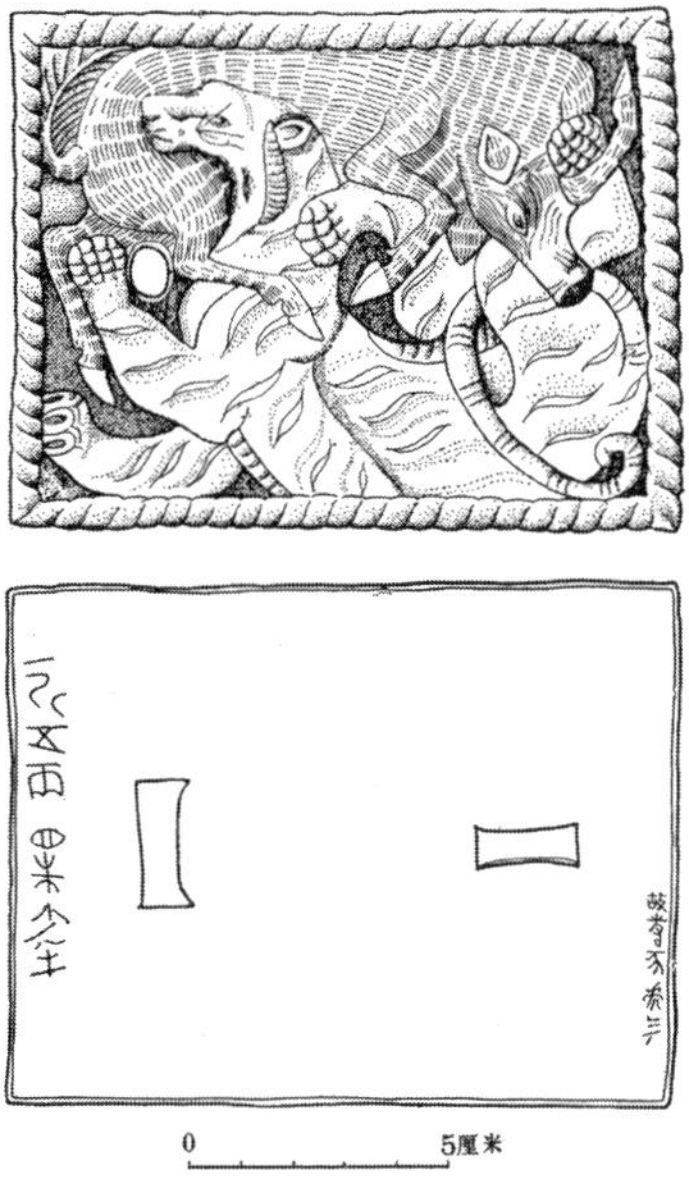

図８　西溝畔出土の黄金製飾牌

したがって、王侯以外の一般遊牧民にとっては、外部的な経済手段のなかでも掠奪こそが、現実的な意味をもっていた。漢から得られる交易品は、穀物・酒・絹・車馬具・黄金などであったが、最も実用的にみえる穀物でさえ、その量は匈奴の牧民すべてをうるおすにはほど遠い。まして奢侈品の類は、日々の糧とはなりえない。交易によって得られる品々は、単于から配下の王侯や周辺地域へと再分配され、単于の権威を高め結束を強めるという、いわば政治的な役割をもった財物であった〔Barfield 1981〕。これに対して掠奪は、家畜と農民を補充することで、直接的な富の増加につながった。

このように、遊牧とは本質的に非自足的な経済活動であった〔Khazanov 1994〕。もちろん補助的な経済手段、とりわけ交易や掠奪への依存の度合いは、時代や地域によって異なるだろう。その中にあって勃興期の匈奴はおそらく、外部への依存がとりわけ強い一群に属していたと思われる。先に述べたとおり、蒙恬によって陰山の北へ追われる以前、匈奴の牧地はオルドスにあった。そこは南端を戦国時代の長城がはしる、中国世界と背中合わせの場所である。中国縁辺の牧地といってもよいだろう。ゆたかな外部の富を得るには、またとない地域であった。戦国後半期にはじまる匈奴の発展は、この中国世界との関係をぬきにしてはありえない。戦国諸国が築いた長城は防壁であると同時に、文化や物資を選択するフィルターでもあった。

始皇帝による遠征は、長城地帯に形づくられていた右のような関係を、一方的に断ち切ることを意味した。匈奴の経済活動にとって、打撃を与えないはずはない。それに抗して、富に満ちた中国世界との関係を回復するためには、自らもまた軍事力を強化しなければならない。冒頓単于による遊牧勢力の統合と牧民の組織化とは、こうした必要にせまられた産物であった。四王を柱とした統治組織は、有事のさいにはそのまま軍事組織に転化する。交易を有利にすすめ、貢納を取り立て、時に掠奪の挙に出るうえで、この組織がいかに有効に機能したかは、その後の歴史に明らかだろう。匈奴の組織化をうながしたものは、秦帝国という強力な外部の敵の出現であった。「遊牧社会において、階層的な政治組織は国家社会との対外的な政治関係によってのみ生み出されるのであって、純粋に社会の内的なダイナミクスの結果として発展することは決してない」［Irons 1979］という人類学者の発言に、ここで耳をかたむけてもよいだろう。

漢の建国から約七〇年のあいだ、長城をはさんだ南北世界の関係は、匈奴優位のまま推移した。前二〇〇年、漢の高祖は兵をひきいて平城《へいじょう》（現山西省大同市）に匈奴を討ったが、後続部隊の遅れのために白登山《はくとうざん》で単于の軍に包囲され、閼氏《えんし》（単于の妃）のとりなしを得てようやく脱出するありさまであった。当時の漢軍の機動力は、組織された匈奴の騎兵に遠く及ばなかったのである。こうして匈奴は、漢から年ごとに貢納を受ける一方、長城地帯で交易をおこない、また時として小規模な掠奪・侵入をくりかえした。漢にとっては屈辱の日々であったが、匈奴にとっては最も順調な発展の時期であったといってよい。敦煌・祁連山《きれんざん》方面の月氏の残存勢力を追って河西を掌握し、さらに西域へと支配を及ぼすに至ったのは、おそらくこの頃であったと思われる。漢の文帝《ぶんてい》（前一八〇～一五七在位）にあてた冒頓単于の書簡にいう。

天の加護と、吏卒の優秀さ、馬の強さとによって、月氏をほろぼし、ことごとく斬殺して降伏させた。楼蘭《ろうらん》・烏孫《うそん》・呼掲《こけつ》ならびにその傍らの二十六国を平定し、すべてを匈奴に併合した。かくて弓を引く民は統合されて一家となった。（匈奴列伝）

楼蘭とはロプ＝ノール北岸に城郭を構えていたと推定される王国。烏孫・呼掲は天山北側ジュンガリア盆地の勢力。「傍らの二十六国」とは西域諸国の総称である「三十六国」の誤伝ないしは誤写であろう［松田 1970］。

匈奴と漢との関係は、しかし、前二世紀の半ばを過ぎると大きく転換しはじめる。名高い武帝の匈奴遠征が開始されるのである。

前一二九年、将軍衛青《えいせい》は上谷《じょうこく》より出撃して龍城《りゅうじょう》（匈奴の聖所）に至り、敵の首級《くび》と捕虜あわせて七百を得た。

前一二七年、衛青は雲中より出撃して隴西《ろうせい》に至り、匈奴の楼煩・白羊王をオルドスに討って、首級と捕虜を数千、羊百万余頭を獲得。漢はオルドスを回復し、かつて蒙恬が築いた長城を修築して北辺のまもりを固めた。

前一二一年春、驃騎《ひょうき》将軍霍去病《かくきょへい》は隴西より出撃し、焉支山《えんしさん》から千余里の地で匈奴を急襲、首級と捕虜八千をあげ、休屠王《きゅうしょおう》の祭天の金人（天を祭るための青銅または黄金の像）を奪った。

同年夏、霍去病は合騎侯公孫敖《こうそんごう》ひきいる万騎とともに隴西・北地より出撃、居延沢《きょえんたく》をわたって祁連山へと軍を進め、首級と捕虜三万を獲得するとともに、匈奴の小王以下一〇〇人あまりを捕らえた。

このように漢の側がようやく攻勢に出るにいたった背景としては、衛青や霍去病といった名将の輩出もさることながら、かれらがその才能を発揮しうる条件の整備も無視できない。長城地帯における兵站基地の建設、優秀な鉄製武器の普及、機動力をもった騎兵の充実などがそれである。いま最後の点について述べるならば、平城における高祖の敗因が、歩兵からなる後続部隊の遅れであったことを思い起こしたい。対して武帝時代の遠征の場合、数万の「騎」をひきいて出撃したという表現が、ほとんど常套句のようにあらわれる。衛青・霍去病らの活躍も、騎兵なくしては不可能であった。辺境のとりでに配備された騎兵のすがたは、第三章でくわしく述べる。漢は騎兵の大々的な導入によってはじめて、広大なゴビを舞台に匈奴とわたりあえるようになったのである。

その後の両者の攻防は、漢に幸いするものであった。あいつぐ攻撃を受けた匈奴の側が、分裂を起こしはじめたのである。霍去病らの遠征軍に大敗を喫した単于（伊稚斜《いちさ》単于という）は、西部方面を統轄する渾邪王《こんやおう》と休屠王とを召喚し、敗戦の責任を負わせて処刑しようとはかる。これを恐れた両王は漢に帰順することを決意、配下の牧民数万とともに投降した。そのさい渾邪王は、途中で投降にためらいを見せた休屠王を殺害し、かれの牧民を併合している。武帝の元狩《げんしゅ》二年、前一二一年のことである。

この渾邪王の投降は、匈奴勢力の結束におおきな亀裂を生じさせる事件であった。次にかかげる表2は、匈奴が漢に侵攻した季節を通覧したものであるが、ほとんど各季にわたっていた侵寇（掠奪）が、ある時期を境として秋にほぼ限られていくさまが読みとれる。その時期とは前一二一年、渾邪王投降の年にほかならない。単于権力が安定し、組織が順調に機能しているかぎり、必要とあれば匈奴はいつでも掠奪に行けた。つまり、本来の「生業的掠奪」に加えて、漢に圧力をかけるたぐいの「戦略的掠奪」が可能であった。ところが勢力が弱まると、こうした行動は影をひそめて、純粋に経済的な掠奪だけがのこされる。遊牧民の掠奪行為が、家畜の生育と気候条件とに制約されて特定の季節に集中することは、各種の民族誌

表2　匈奴侵寇季節年表

（[林 1983 ／王 1993］を参考にして作成）

西暦 BC	単于	春 1	2	3	夏 4	5	6	秋 7	8	9	冬 10	11	12	出典 史：『史記』 漢：『漢書』
201	冒頓								◀------▶					史 8,93,110
200													＋	漢 1
197									＋					史 110
182							＋							漢 3
181													＋	漢 3
177						＋								史 110
169	老上						＋							漢 4
166												◀------▶		史 10,110
158	軍臣											＋		史 10,110, 漢 26
148			＋											史 11
144							＋		＋					漢 5/ 史 11
142				＋										史 11
133							＋							史 110, 漢 10
129			◀------▶		＋				◀------▶					漢 3/ 史 110
128									◀------▶					史 110
127			◀------▶											漢 6
126	伊稚斜					◀------▶			◀------▶					史 110
125						◀------▶								史 110
124									◀------▶					史 110
122						＋								史 110, 漢 6
121						◀------▶								史 110
120									◀------▶					史 110
112	烏稚								◀------▶					漢 6
107									◀------▶					史 110, 漢 6
103	詹師盧								◀------▶					史 110, 漢 6
102	句黎湖								◀------▶					史 110, 漢 6
98	且鞮候								◀------▶					漢 6
91	狐鹿姑									＋				漢 6,94
90		＋												漢 6,94
87												◀------▶		漢 7
83	壺衍鞮								◀------▶					漢 94

＋印は侵入のあった月。◀----▶印は季節のみ記されて月が不明の場合を示す。出典の数字は巻数。

が伝えるとおり。匈奴の場合、その季節は秋であった。

こうして、黄河の西、祁連山脈とゴビにはさまれたベルト地帯を、漢はその手におさめることになった。河西通廊《かせいつうろう》――漢と匈奴と西域諸国、東・北・中央三つのアジアの接点であり、本書の舞台となる地域である。この地への漢の進出のいきさつは次節で述べることにして、今はもうすこし、漢と匈奴との抗争のゆくえを追ってみよう。

オルドスを失い、ついで河西をも失った匈奴は、単于庭《ぜんうてい》（単于の天幕の所在地）を西北に移し、西域との関係強化をはかる。先述のとおり、匈奴は冒頓の時代から西方の諸勢力を配下におさめていたが、西域との関係強化とともに焉耆《えんぎ》（カラシャール）方面に僮僕都尉《どうぼくとい》を置き、賦税・貢納の取り立てにあたらせた。「僮僕」とは奴隷のことで、西域の被課税民を奴隷になぞらえた命名であるという［羽田 1939］。全体を統轄するのは、西方を分地とする日逐王《にっちくおう》である。

武帝時代の後半から展開される天山方面への遠征は、匈奴の西域支配を漢がおびやかしはじめたことを意味する。前九九年、貳師将軍李広利《じしりこうり》は三万の騎兵をひきいて酒泉《しゅせん》より出撃、右賢王を天山に討ち、首級・捕虜一万あまりを得て帰還。前九一年、四万の騎兵をひきいて酒泉を出た重合侯莽通《じゅうごうこうもうつう》は、天山に至って匈奴と遭遇、戦わずして遁走させた。さらに宣帝の時代になると、匈奴に服属していたトルファン盆地の車師国をめぐる争奪戦が開始される。この地は匈奴にとって、西域への門戸にあたる要地であった。

ところが、この西域をめぐる抗争も、前六〇年、日逐王が数万騎の軍勢とともに投降したことで、漢の勝利に帰着する。投降の直接の原因は、単于の地位継承をめぐる内紛であった。敦煌東方の懸泉置遺跡《けんせんちいせき》（後述）で採集された漢簡のなかには、投降した日逐王を敦煌郡冥安《めいあん》県まで送りとどけたことをしるす貴重な一枚がみえている［胡 1992］。

こうした内紛の結果、僮僕都尉は廃され、かわって漢の西域都護《さいいきとご》が烏塁城《うるいじょう》（チャーディル）に常駐することになった。他方、匈奴の内部抗争はなお止まず、ついに五単于の分立をへて、東西勢力の対峙、さらには東匈奴の呼韓邪《こかんや》単于の帰順（前五一）へとすすむ。冒頓によって統合された勢力は、ここに至って解体したといってよい。

それは漢にとって天佑とも言うべき事態であった。しかし、少し考えをめぐらすならば、匈奴の解体はむしろ必然であることに気付くだろう。

先に述べたように、冒頓による匈奴の組織化は、強力な外部世界と対抗する必要から生じたものであった。個々の小単位では果たせない課題のために、単于を核として結集した遊牧民の連合体、それが匈奴にほかならない。したがって、各々の遊牧勢力は旧来の構造を保持したままで、単于のもとに組織されていた。その中には先に述べたように、単于の一族とは異なった系統の遊牧民が、その首長（王）を温存したまま従属している場合もあった。長城地帯における発掘調査にしたがえば、この地域には春秋末から戦国時代にかけて、共通性をもちながらも相互に様相を異にした五つの文化類型がみとめられるという［林澐 1993］。自己認識の異なった集団の併存を示唆する、興味深い事実といえる。

冒頓が統合した匈奴とは、このような連合体であったから、本来の目的が順調に達成されるかぎり、総指揮官である単于の地位は正当化され、全体の結束も保持される。しかしひとたび不調をきたせば、単于の地位は動揺し、結束も乱れかねない。漢帝国の執拗な遠征を受けた匈奴は、まさしくその状態に立ちいたった。こうして単于の地位をめぐる内紛が生じ、また一部の首長はみずからの牧民をひきつれて投降する。漢に服属して得られる利益を多としたわけである。もともと連合体であるだけに、離脱は容易だったのであろう。

あいつぐ匈奴の分裂は、冒頓による組織化の宿命でもあった。このような匈奴の退潮に引かれるように、漢帝国の勢力は河西すなわち黄河の西へと延びていったのである。

2．黄河の西へ

蘭州《らんしゅう》から黄河を渡り、さらに西へと歩を進めると、やがて烏鞘嶺《うしょうれい》と呼ばれる峠を越える。海抜三五六二メートル、黄河水系と内陸河川との分水嶺である。これより西を流れる河は、もはや海には注がない。蘭州まではわずかながらも認められた海洋性気候の影響も、峠の西には及ばない。ここより西のかた玉門関に至るまで、南には祁連山脈、北にはゴビが延々と連なる。そのはざまを縫うように東西約一千キロメートルにわたって延びるベルト状の地帯が、すなわち河西通廊である。標高は東部が高く（海抜約一五〇〇メートル）、西部が低い（約一〇〇〇メートル）。年降水量は東部の武威《ぶい》で一一〇ミリ、西部の敦煌では五〇ミリに満たない。

匈奴が進出する以前の古い文化についてはなお不明の点がすくなくない。河西通廊はおおまかに言って、武威を中心とする東部地区と酒泉・敦煌などの西部地区とに分かれるが、両者はたがいに異なる文化の展開をみせ、全体を一括して論じることはできない。本書の舞台となる西部に限っていえば、秀麗な彩陶で知られた仰韶《ぎょうしょう》・馬家窯《ばかよう》文化から四壩《しは》文化をへて沙井《させい》文化に至る農耕文化の流れが知られている。ただし、最後に位置する沙井文化の場合、農耕よりも牧畜に傾斜していたことが出土遺物や遺構から読みとれる［李水城 1994］。ちなみにいえば、祁連山脈を越えた湟水《こうすい》流域においても、仰韶文化→斉家《せいか》文化→辛店《しんてん》文化→卡約《かやく》文化という展開のなかで、牧畜がしだいに比重を増していく傾向にあるという［Wang 1992］。おそらくは気候の乾燥化にともなって、両地域の住民が生業を徐々に牧畜へとシフトさせていった結果であろう。黄河流域の春秋末から戦国時代にあたる時期、河西通廊は牧畜の卓越する地域であった。

その河西が匈奴の牧地となったのは、先述のとおり前漢の初め、月氏を西へ追い立てた結果であったと思われる。武帝の時代に至っても、そこは匈奴の勢力下にあった。前一三八年、大月氏へ使いした張騫《ちょうけん》が、隴西を西に出るとすぐさま匈奴に捕らわれてしまったことは、その何よりの証拠となろう。隴西とは現在の甘粛省東部、黄河を渡る手前の郡であり、

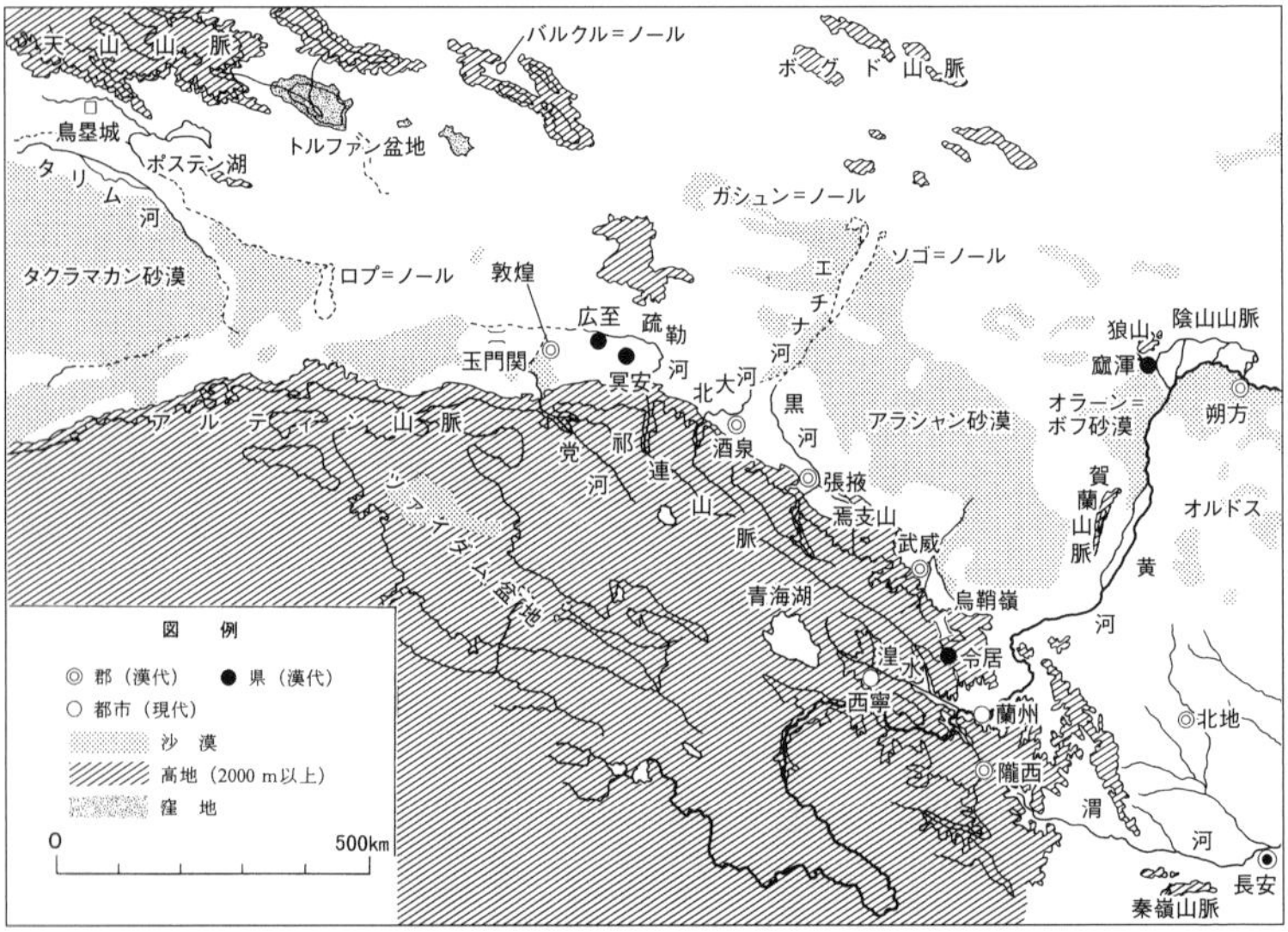

図9　前漢時代の河西

当時の漢帝国の西端であった。

前一二一年の渾邪王の投降により、河西通廊は匈奴の手をはなれた。『史記』大宛列伝にいう。

金城《きんじょう》・河西より西、南山（祁連山脈）にそって塩沢（ロプ＝ノール）に至るまで、無人の地となり匈奴はいなくなった。匈奴の斥候が時にやってくることもあったが、それもまれであった。

ここにいう河西とは現在の蘭州から西寧にかけての一帯、金城もほぼ同じ地域をさす。こうして漢の勢力は、はじめて黄河の西へと進出することになった。令居《れいきょ》（甘粛省永登県付近）を中心に、灌漑のための水路をひらき、屯田官や兵卒を動員して、しだいに領地を拡張していったのである。しかし、このときはまだ烏鞘嶺の西を直接支配下に置く意図はなかったようだ。漢の支配者の胸中には、かつて匈奴に追われた烏孫をまねいて河西に住まわせ、帝国の辺境のまもりに当てようとの計画があった。河西通廊には良好な牧地が点在し、かつ漢と西域という二つの富に隣接する。烏孫にとって悪い条件ではないというのが、漢の思惑だったのであろう。その交渉のため、張騫はふたたび西へと旅立った。

だが、交渉は失敗に終わる。その報告と烏孫の名馬とをたずさえて、張騫が帰国したのは前一一五年。この時をもって、漢はようやく河西通廊の直接経営に乗り出すことを決意する。いわゆる河西四郡《かせいしぐん》のはじまりである。四郡とは東から順に、武威、張掖《ちょうえき》、酒泉、敦煌の四つをいう。

四郡設置の年代については、基本史料となる『漢書』自体に矛盾があり、今日なお定説がない。一々を紹介する必要もないと思うので、ここでは代表的な見解をひとつだけ示しておくにとどめたい。その説によれば、河西四郡はおよそ次のような段階をへて設置された［日比野 1954］。

①元鼎二年（前一一五）——令居を中心として河西郡を設置。
②元鼎六年（前一一一）——河西郡の西に**酒泉郡**を設置。数十万の屯田兵を派遣して本格的に開発を開始。
③元封年間（前一一〇～一〇五）——河西郡を**張掖郡**と改名。
④天漢年間（前一〇〇～九七）——**敦煌郡**を設置。大宛遠征の基地として、この地方が急速に発展したことによる。
⑤宣帝の初年（下限は地節三年＝前六七）——張掖郡から**武威郡**が分離。

注意しておきたいのは、この間の匈奴の動向である。河西通廊を放棄したのちは、その組織も弱体化して、かつてのような大規模な侵入は影をひそめた。とはいえ、中心となる単于の勢力が壊滅したわけでは決してない。したがって漢は、河西に勢力を延ばす一方で、匈奴をたえず牽制しつづける必要があった。たとえば酒泉に郡を置いた年には、公孫賀《こうそんが》と趙破奴《ちょうはど》とが各々一万余騎の兵をひきいて遠征に向かっている。この時はさいわい匈奴と遭遇することなく帰還したが、河西地方にかぎっていえば、侵寇の脅威は少しもおとろえてはいなかった。なぜなら単于庭が西北へ移動した結果、河西西部は匈奴の右翼と向かい合うことになったからである。そのため酒泉・敦煌両郡の一帯は、北方に対する防衛体制をつねに固めておく必要があった。

エチナ河流域にとりでや望楼を築いた目的もまた、河西のまもりと深い関係がある。

祁連山脈に発する二本の河川、東の黒河《こくが》と西の北大河《ほくたいが》とは、合流してエチナ河となりゴビの中を北流、やがて再び枝わかれして湖にそそぐ。中国語の表記は「額済納河」。敦煌の疏勒河と同じく、典型的な内陸河川である。分岐した東の流れが本流で、モンゴル語名はイヘン＝ゴル（大きな河）。西の支流はムレン＝ゴル、すなわち単に「河」と呼ぶ。終着駅となる湖の名は、ソゴ＝ノールならびにガシュン＝ノール。ガシュンとは「苦い」の意味。ソゴというのは、この湖に住む伝説の水牛のことであるという［ハズルンド 1935］。漢代においては、エチナ河を弱水《じゃくすい》と呼び、そそぎこむ湖の名を居延沢《きょえんたく》といった。霍去病が匈奴遠征のおり、「鈞耆《きんき》を渉《わた》り、居延を済《わた》」った（『漢書』霍去病伝）とみえる居延がそれである。ただしここにいう居延沢は、現在のソゴ・ガシュン両湖とはまったく別の、もっと東にあった湖沼を指す（図15参照）。現在は河流の変化で干上がって、わずかに汀線《ていせん》をのこすのみとなっているが、かつては差しわたし五〇〜五五キロメートルにおよぶ広大な湖水がひろがっていた［Hörner and Chen 1935］。居延という土地の名は、この湖に由来する。

『漢書』武帝紀によれば、武帝は太初三年（前一〇二）の夏、強弩《きょうど》都尉《とい》の路《ろ》博徳《はくとく》に命じて居延にとりでを築かせた。遮虜障《しゃりょしょう》すなわち「虜《えびす》を遮《さえぎ》る障《とりで》」という。設置の目的は「もって酒泉を衛《まも》る」こと（『史記』大宛列伝）。ここにいう「酒泉」とは河西通廊の西部全体を指しているにちがいない。

それにしても、ゴビの中を三〇〇キロメートルも北に入った土地に駐屯することが、なぜ通廊西部のまもりにつながるのだろうか。こうした疑問に答えてくれる恰好の一文が、北魏の歴史をしるした『魏書《ぎしょ》』の袁翻《えんほん》伝にみえている［松田 1954］。孝明帝《こうめいてい》の神亀《じんき》年間（五一八～五一九）、蠕蠕《ぜんぜん》（柔《じゅう》然《ぜん》）の首長の阿那瓌《あなかい》とその子の婆羅門《ばらもん》とが、国の乱れを理由に投降してきた。国乱とはその実、アルタイ山脈方面から勢力を伸ばしつつあった遊牧民、高車《こうしゃ》の圧迫を受けたことをいう。投降した首長と牧民をどこに置くべきか、朝廷が涼州刺史《りょうしゅうしし》（西北地域を管轄する責任者）の袁翻にたずねたところ、かれは答えてこう言った。

阿那瓌を東に、婆羅門を西に置き、それぞれ牧民を分けて統治させるのがよろしいでし

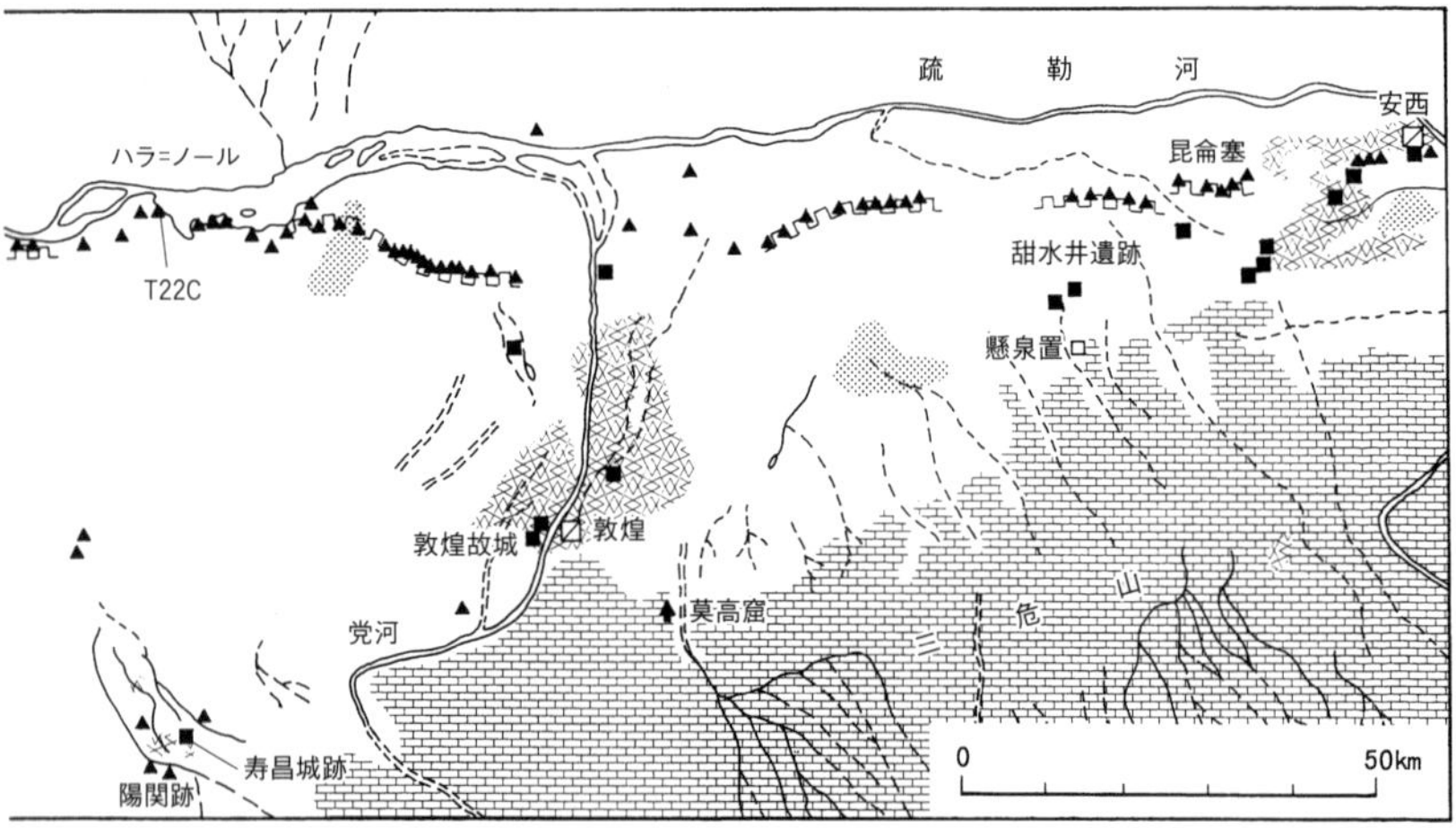

ょう。……婆羅門は西海《せいかい》の故城（古いまち）を修築し、そこに居らせるように。西海はもと涼州に属し、今の酒泉の真北、張掖の西北千二百里のところにあります。高車の居住する金山（アルタイ山）からは一千里あまり。北の虜《えびす》が往来する要衝にして、漢が軍をすすめた旧道で、土地は肥え、耕作にたいへん適しています。単に今、婆羅門の居所として好都合というだけではありません。ここを押さえれば、長きにわたって西北防衛の堅いまもりとなるでしょう。

文中にみえる西海とは、漢の居延にほかならない。袁翮によれば、西海地域の重要性は次の二点となるだろう。すなわち、①南北交通の要衝であることと、②ゴビの中の可耕地であること。以上ふたつの特徴は、そのまま漢代の居延地域にも当てはまる。遊牧民といえども水のないゴビのただなかを何百里も行軍することは不可能である。そ

図10　疏勒河流域の遺跡群

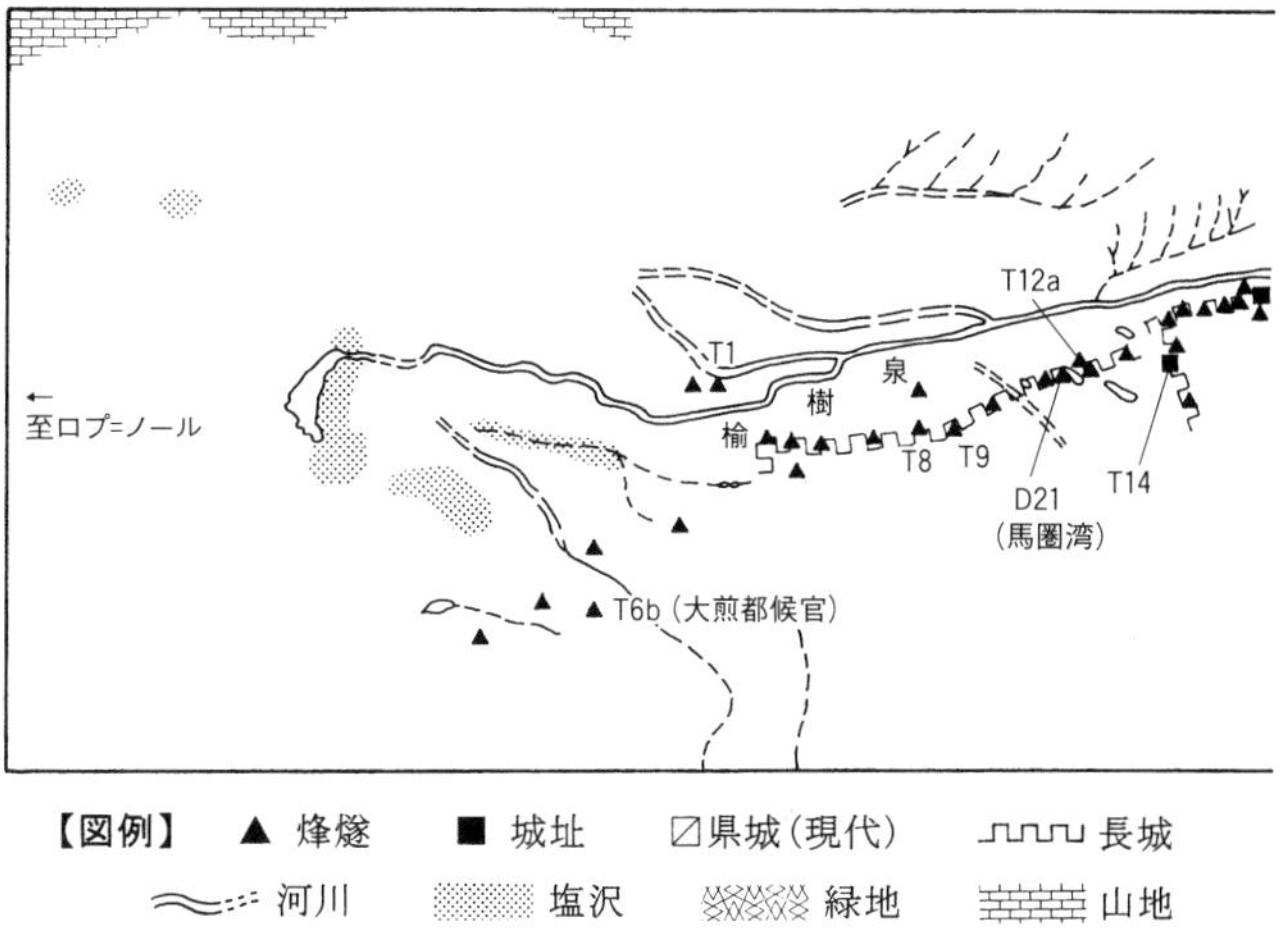

の侵入路はおのずから、水や牧草の得られる場所に限られていた。史書にはこれを「通谷《つうこく》」という。北流するエチナ河の川筋はまさに、そうした通谷の典型として、「北の虜が往来する要衝」となっていた。ここを押さえることにより、通廊西部への匈奴の侵入路を絶つことができる。のみならず、祁連山脈の南に居住する羌《きょう》が匈奴と連携する道も、また絶ち切れるにちがいない。それゆえ漢は、居延にとりでを築き、屯田による入植をこころみたのである。

　河西通廊や居延の気候は、もともと農耕に適さない。河西を例にとるならば、東の武威から西の敦煌に至るまで、冬季以外はいちじるしい乾燥のため、また冬季は低温のため、植物が自然のままで生育することは困難である［保柳 1980］。居延においても、この傾向は変わらない。だが、その中にあって水の得られる河川周辺だけは、例外的に植物の繁茂する土地となっている。河西通廊の南にそびえる祁連山脈は、最高峰の団結峰《だんけつほう》（五八二七メートル）を筆頭に、四～五千メートル級の高峰が肩を並べる。その山々の氷河から流れ出す雪どけ水が、いく筋かの川となって河西通廊に流れ込み、オアシスを形成する。そこがすなわち植物の生育可能な土地であり、月氏や匈奴の牧地であった。居延のエチナ河や敦煌の党河《とうが》・疏勒河などの流域が、その好例といえるだろう。先述した農耕・牧畜文化の遺跡の多くは、こうした川ぞいに発見されている。当時の河西通廊は、祁連山脈にそってオアシスが連珠のようにつらなった姿をしていたはずである。

　そのオアシスのひとつひとつに、内地から入植者がおくられ、県城《まち》ができる。くわしいようすは、第六章であらためてふれよう。そこは漢帝国にとって、西のはずれの開拓地であり、かつ異なる世界との接触帯、まさにフロンティアと呼べる地域であった。そして、このフロンティアを匈奴の侵攻からまもるため、望楼やとりでが築かれていく。スタインやベリィマンが踏査した遺跡群は、本章で述べたような東・北アジア古代史の展開の産物であった。では、そこではどのような人々が、どのようにはたらき・暮らしていたのだろうか。長安や洛陽のみやこを遠く離れた流沙の世界、漢帝国のフロンティアへと踏み込んでみることにしよう。

第二章

烽燧・長城・関所

1. 望楼と城砦

対匈奴防衛の最前線は、どのような姿をしていたのだろうか。本章ではエチナ・疏勒両河の流域を例として、そこに置かれた各種施設を解説しよう。

スタインの旅行記にもあるように、まず目にとまるのは多数の望楼である。漢代の用語でこれを「燧《すい》」（[illegible]・隧・隊などとも書かれる）といい、敵の侵入を発見し通報する役目を負っていた。一般に烽燧《ほうすい》と呼ばれ、本書でも時にこの語を使用するけれども、漢簡では「蓬燧《ほうすい》」と表記されることが多い。「蓬」の意味については次章で述べる。単独ではなく、多数が線状にならんで機能することも、追ってくわしく説明しよう。

燧は本来、ひとつひとつが固有の呼称をもっていた。たとえば、スタインによってT22cと番号をうたれた敦煌の望楼は博望《はくぼう》燧、ベリィマンがP1の編号を与えた居延の望楼は第四燧というのが漢代における呼び名であった。命名の基準はさまざまで、博望（広く見渡す）・却敵《きゃくてき》（敵をしりぞける）・破胡《はこ》（えびすを撃ち破る）・遮奸《しゃかん》（侵寇を防ぎ止める）といった設置の目的を表わしたものが多くを占めるが、臨水《りんすい》（河に臨んだ）・当谷《とうこく》（谷に向かった）といった立地条件を示したものや、千秋《せんしゅう》・萬歳《ばんざい》・終古《しゅうこ》といった吉祥語を用いたものも少なくない。また、エチナ河流域に限られるが、第一から第三十八までのナンバーで呼ばれる燧も知られている。

燧と燧との間隔は一～三キロメートル。漢代の一里は四〇〇メートル強だから、この距離は居延漢簡にみえる次の記載と一致する。

登山燧南到要虜五里（515.49）　登山《とうざん》燧から南のかた要虜《ようりょ》燧まで五里。

立地条件の違いによって距離に遠近が生じるものの、どんなに遠くとも一〇里をこえることはない。その理由は追って明らかになるだろう。

五～一〇の燧が集まって「部《ぶ》」という単位を構成する。そのさいエチナ河流域の諸燧では、一つの燧を全体の代表として、その燧名が部の呼称となった。こうした部の編成は、次のような俸給（サラリー）の支払いをしるした木簡によって知ることができる。

萬歳燧刑斉自取　第一燧長王萬年自取
出銭三千六百　却敵燧長寿自取　第三燧長願之自取　初元年三月乙卯、令史延年付＝
臨之燧長王紋自取 候史李奉自取
＝第三部吏六人二月奉銭三千六百　（EPT51:193）

三千六百銭の支出。萬歳燧の刑斉《けいせい》が自ら受け取る、却敵燧長の寿《じゅ》が自ら受け取る、臨之《りんし》燧長の王紋《おうぶん》が自ら受け取る、第一燧長の王萬年《おうばんねん》が自ら受け取る、第三燧長の願之《がんし》が自ら受け取る、候史《こうし》の李奉《りほう》が自ら受け取る。初元年（初元元年＝前四八か？）三月乙卯、令史の延年《えんねん》が第三部の吏六人に二月分の俸給三千六百銭を渡した。

「第三部の吏六人」とは燧長《すいちょう》（燧の長官）五名と候史《こうし》（部の書記）一名。したがって、ここにみえている萬歳・却敵・臨之・第一・第三のあわせて五燧が「第三部」を構成していたことになる。ただし、のちにあげる木簡には「萬歳部」の呼称も見えるから、部の編成には時期により多少の変遷があったようだ。また、構成する燧の数には部ごとに若干の出入りがみられ、たとえば右の第三部は五つの燧から編成されるが、臨木部《りんぼく》の場合は計七燧から成っていた（EPT51:409）。要するに、部とは燧のグループで、俸給の支払いのみならず、兵士への食糧支給や辺境防衛の管理・運営においても重要な単位となっていた（後述）。燧と部の関係は疏勒河流域地区でも同様であるが、具体的な編成に関しては居延の場合ほどくわしくはわかっていない。なお、かつては燧の上級に「候」という単位が想定されていたのであるが、その存在は証明されない。旧説の「候」はすべて「部」という燧のグループに読みかえる必要がある［籾山 2001］。

部はさらに上級の「候官《こうかん》」によって統轄される。エチナ河流域のA8と編号の打たれた遺跡からは、萬歳・第四・第十・第十七・第二十三・鉼庭《へいてい》・推木《すいぼく》・城北・呑遠《どんえん》・不侵の各部について、弩《ど》の弦《つる》と矢の総数を報告した帳簿が出土している（EPF22:175-185）。椎木部というのは臨木部の王莽時代の呼び名である。A8は甲渠候官《こうきょこうかん》と呼ばれた候官が置かれていた遺跡だから、右の一〇部はすべてその管轄下にあったとみてよいだろう。いいかえれば、甲渠候官という一つの候官が、萬歳部以下の一〇部を統轄していたわけである。統轄する部・燧の数が候官ごとに異なることは、あらためていうまでもない。

この候官をさらに統轄するのが「都尉府《といふ》」である。都尉府とは辺境の郡が防衛線上に置いた軍事的出先機関で、「部都尉《ぶとい》」ないし「都尉」と呼ばれる長官のもとに、多くの属吏と騎兵部隊とを擁する基地であった。エチナ河流域では張掖《ちょうえき》郡に所属する肩水《けんすい》都尉府・居延都尉府という二つの都尉府が中流（南）と下流（北）に配置されていた。肩水都尉府の遺跡はA35、居延都尉府の所在地についてはK710とK688の二説が対立しているが、燧の並ぶラインがK688を通るので、後者のほうが有力である［岳1993］。一方、疏勒河流域では敦煌郡に属する宜禾《ぎか》都尉府・中部都尉府・玉門都尉府という三つの都尉府が疏勒河ぞいに東から西へと並び、玉門都尉府の南方には陽関都尉府が置かれていたらしい。肩水・居延両都尉府間の距離は約二〇〇キロメートル、宜禾・中部・玉門三都尉府間の距離もほぼ同程度と推定される。敦煌漢簡に次の一枚があり、宜禾都尉府のもとに広漢《こうかん》・美稷《びしょく》・昆侖《こんろん》・魚沢《ぎょたく》・宜禾の計五候官が所属していたことがうかがえる。

●宜禾部蠭第　広漢第一、美稷第二、昆侖第三、魚沢第四、宜禾第五　（T.IV.b.i.151）

ここにいう「部」とは都尉府の管轄区のことで、燧のグループとしての部とは意味がことなる［市川1965］。「蠭第《ほうだい》」とは所属する候官の順序のことであろう。最東端に位置するのが広漢候官、最西端が宜禾候官で、その西は中部都尉府の管轄区になる。中部都尉府には東から萬歳・呑胡《どんこ》・破胡《はこ》・平望《へいぼう》の四候官、そのさらに西の玉門都尉府には玉門・大煎都《だいせんと》の二候官が属する。また、エチナ河流域についてみれば、先述した甲渠候官は、殄北候官・卅井《そうせい》《さんじっせい》候官（三十井候官とも書く）などとともに、北部をおさめる居延都尉府の管轄下にあった。他方、南部をおさめる肩水都尉府の管轄下には、広地候官・橐他《たくた》候官・肩水候官の三候官のあったことが知られている。

以上をまとめたものが図11である（役人の配置については第四章）。辺境の防衛組織は下から順に、燧―部―候官―都尉府という形でピラミッド状に編成されていた。あるいは都尉府という幹から候官・部・燧へと枝分かれしていく樹木の姿をイメージしてもよい。点在する多数の燧はすべて、いずれかの部・候官・都尉府に所属していたわけで、居延の萬歳燧を例にとれば、萬歳燧―萬歳部（または第三部）―甲渠候官―居延都尉府―張掖太守府という統轄関係になる。この原則は疏勒河流域地区でも変わらない。その他の地域の防衛組織も、おそらくは類似の原理で編成されていたと思われる。

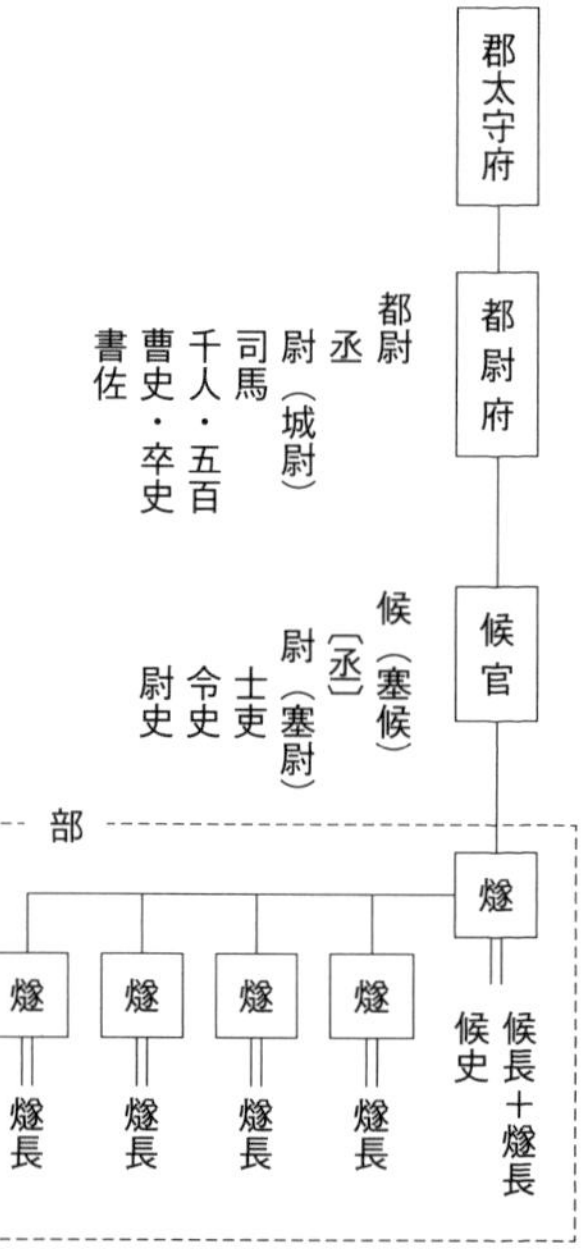

図11　辺境の軍事組織

では、燧や候官といった施設は実際にどのような建物だったのか。以下、一九七三年～七四年に発掘調査がおこなわれたエチナ河流域の第四燧（P1）と甲渠候官（A8・モンゴル語名はモー＝ドゥルベルジン）とを中心に、他の調査例も参照しつつ、燧と候官の建造物としての特徴について述べてみたい［甘粛居延考古隊 1978］。

まずは第四燧について。建物は「堠《こう》」と呼ばれる望楼と、「塢《う》」と呼ばれる居住区とから成る。堠は土を一層ずつ突きかためていく工法（版築《ばんちく》）で築かれているが、他の燧では墼《げき》と呼ばれる日干し煉瓦を積みかさねた例もすくなくない。いずれの場合も一層ないし数層ごとに葦やハネガヤ（イネ科の野草で慈其《じき》という）の茎をはさみこんで強度をたかめ、馬糞や草を混ぜた白褐色の土（堊《お》という）で外壁を塗装していた。スタインの調査した疏勒河流域のT8燧（漢代の呼称は顕明《けんめい》燧）では、一三層をこえる白土が外壁に重ね塗りされているのが検出された［Stein 1921］。のちに述べるとおり、徒歩や馬による燧から燧への連絡は、夜間においてもおこなわれる。そのため燧の所在は、夜目にも白く確認できる必要があった。

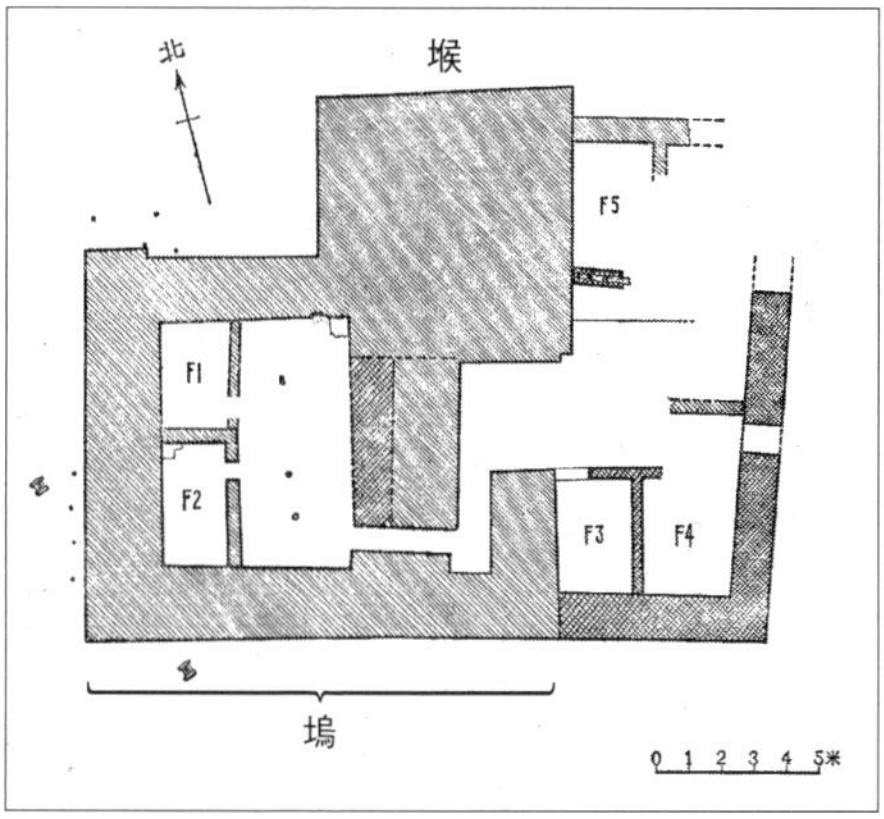

図12　甲渠第四燧（P1）平面図

堠の基底部は七・七メートル×八メートル。高さは三・四メートルを残すのみであるが、本来はさらに高かったはずである。疏勒河流域地区でもっとも保存状態のよいT9燧の堠は高さ七・六メートルをとどめ、新疆ウイグル自治区クチャ郊外にのこる燧（現地ではクズル＝ガハ土塔と呼ぶ）では高さ一八メートルにおよぶ。また、居延出土の漢簡には、「堠は高さ四丈、上堞《じょうちょう》は高さ五尺」（EPT52:27）という記載がみえている。九・二メートルの望楼の上に、高さ一メートル余りの「堞」（女垣《ひめがき》）がめぐっていたことになる。むろん、望楼の高さは立地条件によって異なっていたと思われる。この堠が、敵の侵入を見張るとともに各種信号を挙げる場所でもあったことは、あらためて次章で詳述しよう。

塢に南接する塢は、東西二一メートル×南北一五・二メートル。東の部分は建て増しである。外壁の厚さは西側部分で二・三五メートル、東側部分で一・一メートル。内部を土壁で区切って部屋を設け、せまい入口が東の壁に開いていた。入口が東向きなのは、吹き付ける西風を避けるためである。東壁の外には二一メートル×一六メートルの範囲にわたってゴミ捨て場の跡が検出されたが、この位置もまた風向きを考えれば納得できる。なお、疏勒河流域T 4bやT 4c燧跡では、入口内側の左右の壁に縦の溝が一条きざまれていた。溝にそって板戸のようなものを落としこみ、入口をとざしたものと思われる［Stein 1921］。

第四燧の塢壁は崩れて本来の高さは不明。居延漢簡には「塢高丈四尺五寸」（塢の高さは一丈四尺五寸＝約三・三メートル）（175.19A）という数字がみえているが、これはあるいは後述する候官の塢壁の高さかもしれない。塢壁は単なる囲いではなく、信号を挙げ、敵を攻撃する場所でもあった。そのため壁の内側に狭い階段が付けられて、壁上に登れるようになっていた。燧の階段をめぐっては、次のような勤務報告（「視事書《しじしょ》」という）がのこされている。

五鳳二年八月辛巳朔乙酉、甲渠萬歳燧長成敢言之、迺七月戊寅夜、隨塢陛傷要、有廖、即日視事、敢言之。 (6.8)

五鳳二年（前五六）八月五日、甲渠萬歳燧長の成《せい》が申し上げます。さきの七月二七日の夜、塢の階段から落ちて腰を痛めましたが、治癒しましたので、本日、任務に就きました。以上申し上げます。

暗がりで足を踏みはずしたにちがいない。堠上から落ちたら、この程度ではすまなかったろう。

ちなみに、塢の内部の壁には漆喰《しっくい》がぬられ、その上に重要な命令や規約の類が冊書の形でかかげられたり、あるいは壁面に墨で直接書きしるされたりしていた。疏勒河流域T4b富《ふ》昌燧《しょうすい》跡から出土した木簡に、次のような指令がみえている。

扁書亭燧顕処、令尽諷誦知之。精候望、即有蓬火、亭燧回度挙、毋必　（T.IV.b.iii.1）

亭燧の目立つところにかかげて、すっかり暗誦し周知徹底させよ。見張りをぬかりなく、もし蓬火が挙がったら、亭燧は応答して挙げ、必ずしも…なく（以下欠文）

「目立つところにかかげ」たものは、文脈からみて、蓬火規定をしるした冊書だと思われる。「蓬火」が何を指すかについては次章で述べる。また、後述する敦煌懸泉置《とんこうけんせんち》と呼ばれる宿駅の跡では、塢内の壁面に元始五年（後五）の詔勅《みことのり》をはじめ、政令や処方箋の類が墨痕もあざやかに残されていた［柴生芳 1993］。

第四燧は第四部の代表であり、燧の責任者（「燧長《すいちょう》」）と兵士のほかに、部の責任者（「候《こう》長《ちょう》」という）一名と数名の書記が配置されていた。そのために塢の造りがやや大きくなっているが、一般の燧では一辺が一〇メートルをこえることはない。疏勒河流域の諸燧の場合、塢の一辺の長さは各燧とも五～八メートルの範囲におさまり、規模と構造に何らかの統一規格があったと推定される［片野 2011］。エチナ河流域においても、おそらくは同様のことがいえるであろう。

燧の周囲には先端のとがった杭が植えられて、敵の接近をはばんでいた。この杭は漢簡にみえる「虎落《こらく》」に比定されているが、虎落とは敵の侵入路に設けられた逆茂木《さかもぎ》を指すとの説もある［初 1984］。報告書の平面図をみると、杭の間にⅡ字形をした木製品が落ちているのに気づく（図13）。これは矢を射るための狭間（「転射《てんしゃ》」という）で、本来は堠や塢の上の女垣にはめこまれていた。中央にあいた縦に細長いスリットから敵に矢を射かける。したがって、転射と組み合わされる弓は、弓身が水平についた弩《ど》にちがいない。スリットのある円筒形の部分が回転するところから、転射と呼ばれているのであろう。

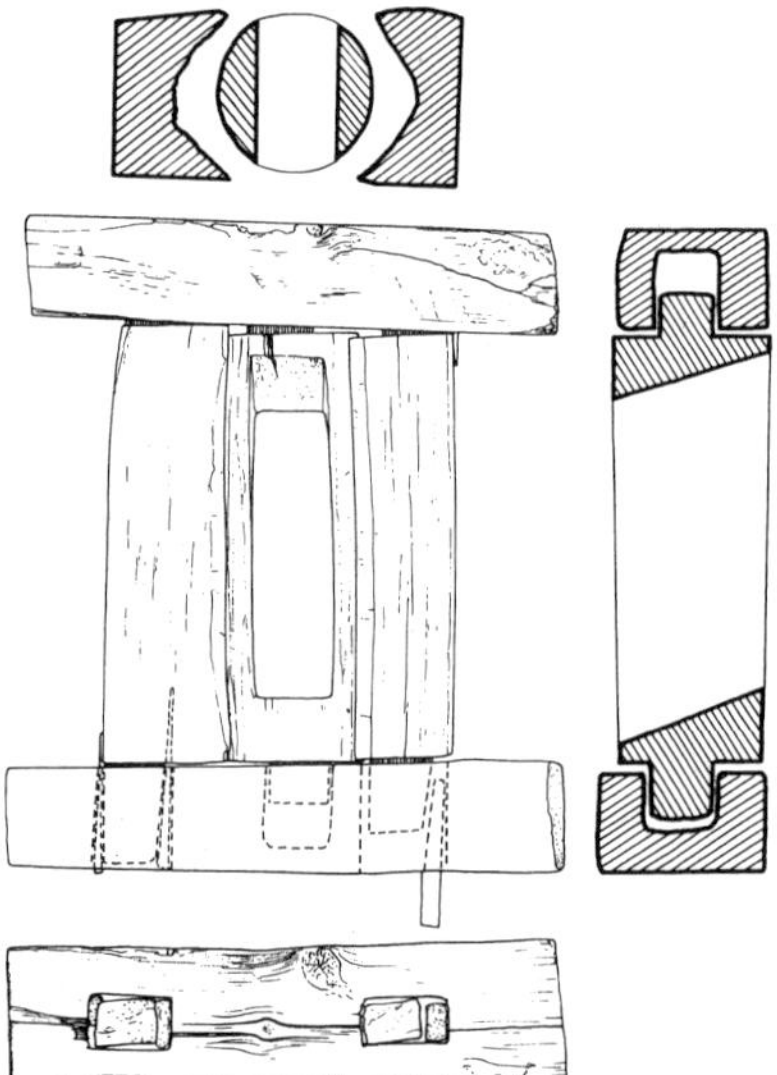
図13　転射　通高28cm

燧の備品についての詳細は、A32肩水金関跡から出土した「槖他莫当燧守御器簿《たくたばくとうすいしゅぎょきぼ》」という表題をもった冊書（EJT37:1537〜）にうかがえる。第四章で詳述するが、莫当燧という槖他候官所属の燧の「守御器」すなわち防御用の備品を記したリストで、始建国《しけんこく》二年（後一〇）五月の紀年をもつ。備品の中には転射をはじめ苣《きょ》（たいまつ）や表（はた）、木槌や瓮《かめ》、馬糞を入れる袋、狗《いぬ》や狗籠《いぬかご》などがみえている。馬糞は塸の材料、犬は敵の接近を探知する重要な守御器のひとつであった。また「布緯三、糒九斗」とあるのは、非常食として九斗の糒《び》（乾し飯《いい》）を三斗ずつ三つの布緯（麻袋）に入れておいたのであろう。居延のA21遺跡からは、左記のような袋に付けた検が出土している。

卅井累虜燧
布緯糒三斗（181.8）
卅井候官累虜《るいりょ》燧（の備品）。麻袋入りの乾し飯三斗。

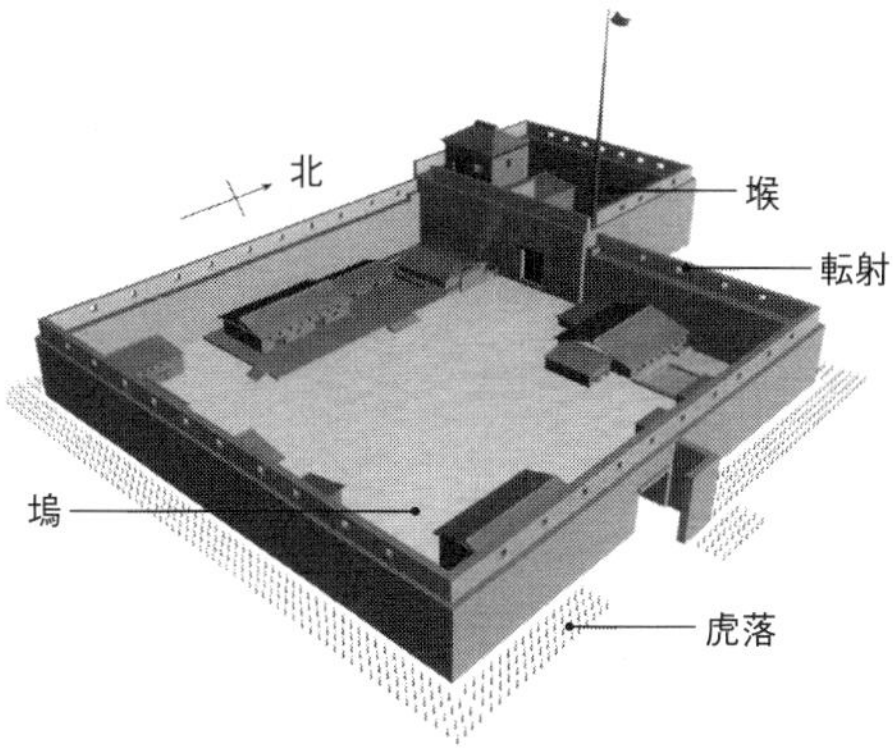

図14　甲渠候官（A8）推定復元図

このほか「羊頭石《ようとうせき》五百」という項目も興味深い。羊頭石とは塢壁や堠の上から敵に投げつける石のことで、莫当燧ではそれを五百個常備していた。かつてベリィマンは居延のA1遺跡において、「羊頭石五百」と墨書された壁を発掘した［Sommarström 1956］。投石置き場の表示であろう。なお、兵士が所持する武器類は「兵」、日用品の類は単に「器」と呼ばれ、守御器とは区別されていた。

次に甲渠候官について述べる。建物は燧と同様、高い望楼状の堠と居住区の塢からなる。堠は基底部の大きさ二三・三メートル四方、残存部分の高さ四・六メートル。内部に空間があり、いくつかの部屋に仕切られている点が、燧の堠と異なる。壁の厚さは四〜四・五メートル。日干し煉瓦を積み重ねて築き、二、三層ごとにハネガヤをはさむ。南壁の内側に堠上へ登る階段が切られ、登り口には羊頭石が備えられていた。壁の外側に木柱などが落ちていたことから、堠の上には木造の小屋があったと推測される。強風や雨から歩哨をまもる設備であろう。

塢は堠に南接し、東西四五・五メートル×南北四七・五メートル。版築の壁は厚さ一・八〜二メートル、残存する高さは一メートルに満たない。塢壁の東側に入口がひらき、その外側にはL字形の障壁が設けられていた。外壁が墁で塗装されていること、周囲の地面に尖った杭が植えられていること、壁の上の女垣に転射が埋め込まれていることなどは、いずれも燧と同様である。塢の内部は、土壁で仕切られた小部屋（発掘報告では三七間を数える）が壁ぎわに並び、中央は広い空間になっていた。各部屋の用途がすべて判明しているわけではないが、たとえば室内に暖炉《ペチカ》のある部屋（F16）は候官長の居室、内部から大量の木簡の出土した北側奥の区画（F22）は文書庫、作りつけの竈をもった一室（F26）は厨房（キッチン）であると考えられ、また東北の一角には家畜小屋があった。ただし、三七の部屋のすべてが同時に存在していたわけではなく、時期による建て増しや廃棄もあったにちがいない。次章以下で述べるとおり、候官には長官（「候」とよぶ）・次官（「丞」または「尉」）各一名のもとに十数名の下級役人と一〇〜三〇名の兵卒とが配備されていた。なお、塢の入口から東へ三〇メートルのところでは、広い範囲にわたってゴミ捨て場のあとが検出された。また南壁から五〇メートルの位置に、候官のために見張りと信号をつかさどる専用の燧が一基おかれていた。

候官の遺跡としてはこのほかに、エチナ河下流域のA1とP9、中流に位置するA33などがベリィマンによって調査されている。A1は殄北候官、P9は卅井候官、A33は肩水都尉府管轄下の肩水候官にそれぞれ比定される。いまA33について述べるならば、建物は堠と塢から成り、堠は一辺二二・五メートル、塢は四八メートル×五五メートル。塢・堠が東西に連結するという構造上の違いはあるものの、規模のうえでは甲渠候官と同程度である。いずれにせよ、候官の建物は燧にくらべて複雑かつ大規模で、前線に置かれた城砦といった感がある。この城砦が役所としての機能をあわせもつことは、配属されるスタッフとともに第四章で詳説したい。なお、肩水都尉府の跡（A35）もまた調査されているが、三五〇メートル×二五〇メートルという広範囲にわたる遺跡であるため、その全容は十分に把握されてはいない。相当な数の役人と兵卒が配属されていたはずであるが、残念ながら詳細は不明である。

2．長城——辺境の防壁

辺境防備の主体となる各種機関の構造と相互の関係について、ややくわしく述べてきた。ここからすぐに気付くのは、都尉府から燧にいたる軍事組織の統轄関係が、郡県制《ぐんけんせい》と呼ばれる漢帝国の地方行政制度と同じ原理にもとづいていることである。そこでは人々の日常生活の場である「里《り》」が、そのグループである「郷《きょう》」を通して「県」に管轄され、県はさらに上級の「郡」に統轄される。同様にして、辺境防備の最前線をになう燧もまた、部から候官をへて都尉府にいたる統属関係の中に位置づけられていた。つまりは

郡――県――郷――里
都尉府―候官―部――燧

という並行関係が成り立っていたわけである。

しかしその一方で、辺境の軍事組織の編成には、里や県のような民政機構と大きく異なる側面もあった。いうまでもなく、燧や候官は何よりもまず防衛のための施設であったから、防御の組織的展開が重要な課題となってくる。居延漢簡の信号規定を手がかりに、この点を次に考えてみよう。

●匈人奴昼入殄北塞、挙二蓬、□煩蓬一、燔一積薪。夜入、燔一積薪、挙堠上離合＝＝苣火、毋絶至明。甲渠・三十井塞上、和如品。 (EPF16:1)

匈奴が昼に殄北塞に侵入したら、蓬を二つ挙げ、蓬を一つ……し、積薪《せきしん》を一つ焼け。夜に侵入したら積薪を一つ焼き、堠上に離合《りごう》の苣火《きょか》を挙げて、明け方まで絶やすな。甲渠塞と三十井塞に沿った燧も規定どおり応答せよ。

原文に「匈人奴」とあるのは「匈奴人」の書きあやまり。蓬や積薪、苣火といった各種の信号については次章で解説することにして、ここでは「塞《さい》」に注目したい。居延漢簡には殄北塞・甲渠塞・卅井塞（以下「三十」を「卅」に統一表記する）のほか、甲渠河北塞と甲渠河南道上塞をあわせて五つの塞名があらわれる。このうち甲渠塞は甲渠河北塞と甲渠河南道上塞の総称だから、実際に存在したのは殄北塞・卅井塞・甲渠河北塞・甲渠河南道上塞の四塞ということになる。そして、右の木簡にあるように、塞が侵入箇所として想定されているということは、裏を返せば匈奴に対する防衛施設であったことを意味する。ではそれは具体的にどのような施設であったのか。

すでに気付いたことと思うが、殄北・甲渠・卅井という塞の名称は、居延都尉府管轄下の三つの候官と対応している。図示すれば、次のような関係になるだろう。

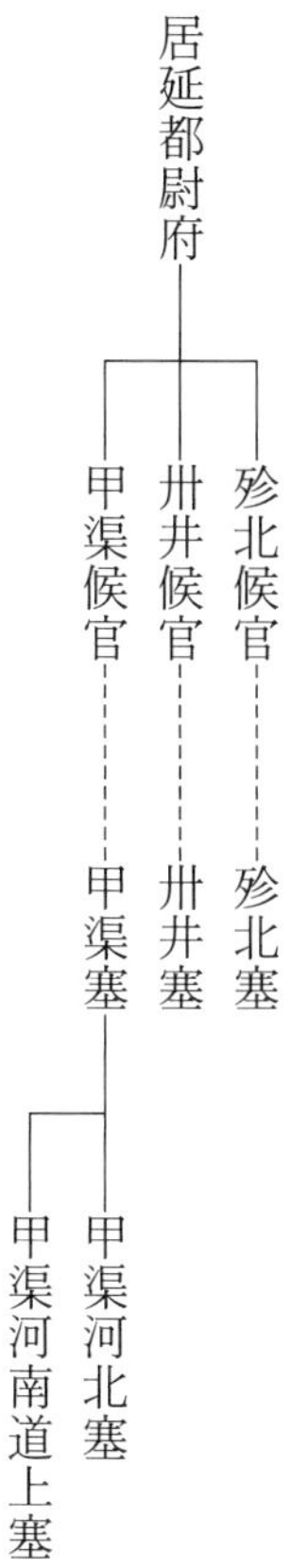

三つの候官の遺跡は、A1とP9とA8。エチナ河下流域の北と東南と西北に位置する。とするならば、四つの塞のある場所も、三候官から遠く離れることはないだろう。

この推定のもとに、エチナ河流域の遺跡分布をながめてみると、候官の周辺の燧が肩を寄せあうかのように密集して並んでいるのが目にとまる（図15）。特に顕著なのはP9卅井候官からA22に延びるラインと、T3からA8甲渠候官をへてT109に至るラインであるが、イヘン＝ゴルを越えた対岸のT106からF84の間もやはり線で結べるようである（このラインはさらにK749をへてK688まで延びる可能性がある）。塞が匈奴に対する防衛施設であるならば、こうした

図15　エチナ河下流域における烽燧線の展開

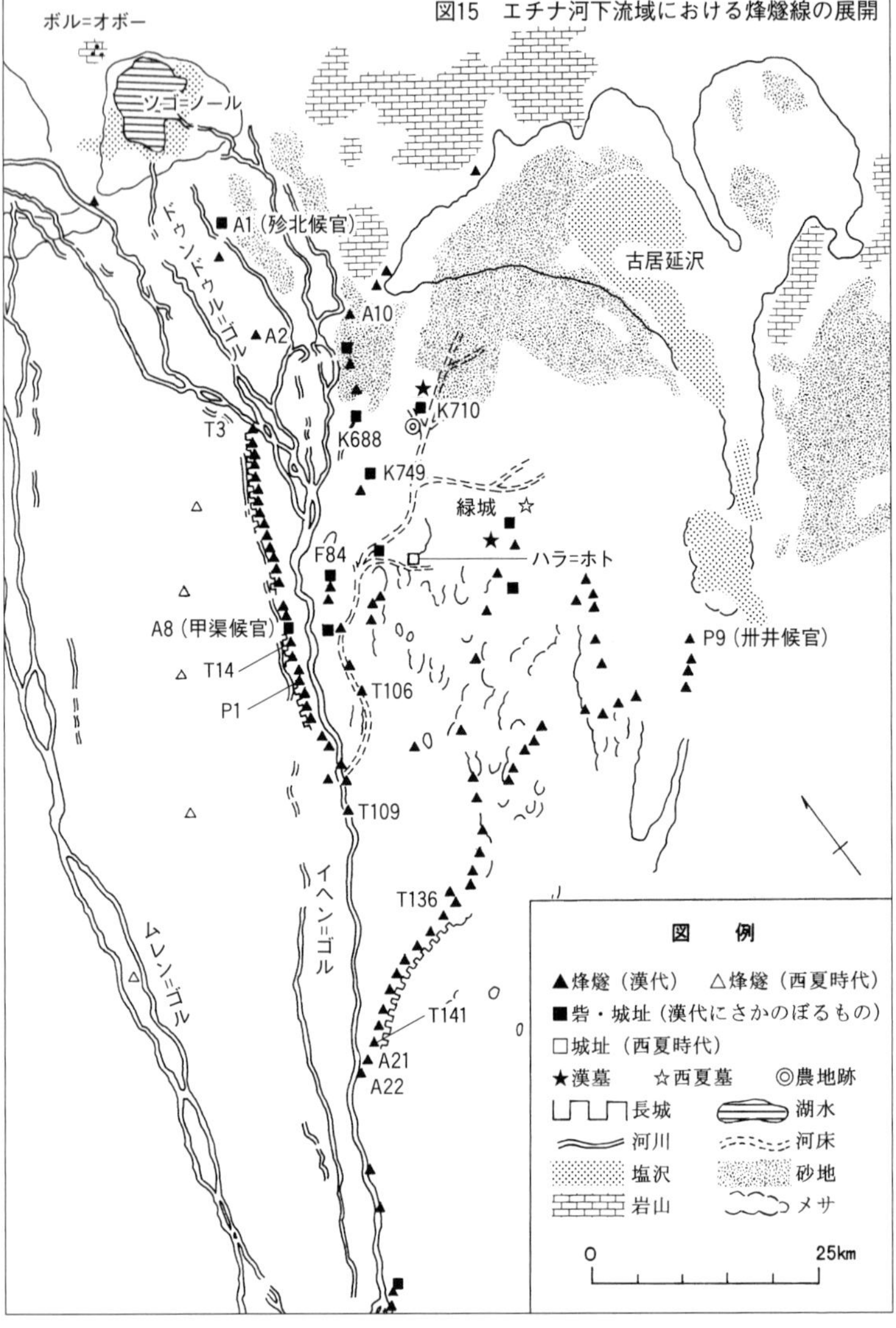

燧の並びと無関係ではないだろう。すなわち、卅井候官を含む第一の燧ラインが卅井塞、甲渠候官を含む第二のラインが甲渠河北塞、イヘン＝ゴルをはさんでその南西に走る第三のラインが甲渠河南道上塞に、それぞれ関係するにちがいない。河南・河北の「河」とは、イヘン＝ゴルを指すのであろう。残る殄北塞については、遺跡の残存状態が悪く明瞭なラインを見いだせないが、本来はやはりA１を含む諸燧が線状に並んでいたと思われる。

先述のように、燧は五〜一〇集まって部を構成する。したがって、燧が線状に連なった防衛ラインはまた、部の連結体でもあった。先にあげた例でいえば、甲渠候官管轄下の諸部のうち、萬歳部・第四部・第十部・第十七部・第二十三部・鉼庭部の六部が甲渠河北塞と、臨木部（推木部）・城北部・呑遠部・不侵部の四部が甲渠河南道上塞と、それぞれ関連することになる［李均明 1992／宋・李1994］。燧・部をつらね、候官によって統轄される防衛ライン、それが塞と密接な関係にあったことはうたがいない。このことは居延都尉府治下のみならず、エチナ河中流の肩水都尉府の管轄区や疏勒河流域地区においても同様であろう。

しかしながら、こうした燧や候官などの建造物の並びを指して、塞と呼んでいるのではない。漢簡に「塞」と記されているものの実体は、辺境防衛の象徴ともいえる建造物、「長《ちょう》城《じょう》」と通称される防壁である。

かつてエチナ河下流域を踏査したベリィマンは、イヘン＝ゴルの西北にのびる烽燧線とP９からつづく烽燧線とのそれぞれにそって、長城の跡を見出した。イヘン＝ゴルの西北岸では「低く、かろうじて見分けられる二すじの礫石の塁壁が、烽台の西側にそって続いている」［Sommarström 1956］。また、P９からA22に向かう烽燧線では、T136から「長城（Limes wall)

のかすかな痕跡が西へ向かってずっと延び、九つの烽燧のわきを通ったのちに、エチナ河に近いT141とA21とのあいだで消えている」[Sommarström 1958]。このうち前者が甲渠河北塞、後者が卅井塞に相当することは疑いないだろう。前者については近年、甘粛省の考古学者たちによって次のような調査記録がのこされている。

T14燧から西へ三三メートルのところに、東西にならんだ二列の「塞墻」が南北方向に走っている。塞墻は比較的明瞭で、東の墻《かべ》は厚さ二メートル、西の墻は厚さ一・七三メートル、墻と墻とは六メートルはなれる。日乾し煉瓦を積んで土台としているが、石を基礎にしている箇所もある[甘粛省文物工作隊 1984]。

ベリィマンのいう「二すじの礫石の塁壁」は、長城の土台であった。

こうした報告から明らかなように、烽燧線には

図16　長城と天田　馬圏湾付近

長城が付設されていた。燧や候官の並ぶラインは長城の走向と一致しているはずである。ただ、残念ながらエチナ河流域における残存状態は、良好であるとはいいがたい。この地域の長城が南北方向に走るため、強い西風をまともに受けて風化と埋没の進んだことが原因であろう。これに対して疏勒河流域の場合、長城は基本的に東西方向に走るため、原形が比較的よく保たれている。長城の構造や燧との位置関係などを観察するには、敦煌地区がふさわしい。

一九〇七年、スタインが敦煌西方で漢の烽燧群を発見した話はプロローグに述べた。そのさい彼はまた、疏勒河南岸の、河の氾濫水位をこえた台地の上で、きわめて保存状態のよい長城の遺構を調査している。その旅行記にいう。

> 塁壁は厚さ八フィート（約二・四メートル）、両側面はほとんど損傷がなく、高さは今なお七フィート以上もあって、その特殊な工法も簡単に調べることができた。そだ束と突き固めた粘土とを交互に重ね合わせた塁壁の層は、この土地一帯の土壌と水とに含まれている塩分のために、ほとんど石化したような堅固さだった［Stein 1933］。

スタインの観察した長城は、疏勒河流域T14遺跡（図10参照。玉門候官もしくは玉門都尉府の跡に比定されている）から西方にのびる、もっとも保存状態のよい部分であったと思われる。この地区の長城については、中国の研究者によってもくわしい観察がなされ、その工法があきらかになっている。すなわち、まず地面を浅く掘り下げて基槽をつくり、その上に葦の茎もしくは紅柳（タマリクス）のそだ束と砂礫層とを交互にかさね、数メートルの高さにまで積み上げていく。葦や紅柳の層は四～五センチメートル、砂礫層は約二〇センチメートル。堅く突き固められているうえに、砂礫とそだとがかみ合って、かなり堅固な構造であるという［羅1964］。また、より丁寧な工法としては、葦や紅柳のそだで作った枠のなかに砂礫や砂利を詰め、そのうえに葦または紅柳を敷くといった工程を、一層一層つみ上げて建造される場合もあった［呉1990］。その結果、長城はさながら長大なサンドイッチのような外観を呈するが、スタインが観察したとおり、砂礫に含ませた水が蒸発するさい、含有された塩分が凝固するため、見かけよりはるかに堅牢な構造物となっている。葦も紅柳も、この地方ではきわめてありふれた植物である。漢の長城はこのように、それぞれの土地の特性に応じた建材と工法によって築かれていた。

ちなみに言えば、漢代に塞と呼ばれた防壁は、土でつくったいわゆる長城だけを指すのではない。地形的・地質的な要因によって土壁が築けないところでは、石組みや木の柵などが主体になった。『漢書』匈奴伝に、侯応《こうおう》という人物のこんな言葉がみえている。

漢が塞を築いてより百年あまりになりますが、そのすべてが土の壁というわけではありません。山の岩石や灌木の柵を用いたところもあれば、谷あいに堰を設けて少しずつ平らかにしていったところなどもあり、その建設にかかった費用の大きさは、はかり知れないものがありました。

卅井塞の東部はメサ（風蝕崖）地帯となっているので、木柵のようなものを造って「塞」

としていた可能性がある。

さらにこうした防壁には「天田《てんでん》」と呼ばれる施設がともなっていた。天田とは地面の小石を取り除いて平らにならした帯状の砂地で、人や馬がそこを通れば砂のうえに足跡が印《しる》されるしくみである。唐代にはこれを「土河《どが》」といい、漢簡ではしばしば「塞の天田」としてあらわれる。右に述べた疏勒河流域T14西方の長城の場合、その南側に接して城壁と平行に、砂礫が取り除かれて地肌の露出した天田の跡が今も明瞭にのこっている（図16）。現在の幅は二メートル余りだが、本来はもう少し広かったものと思われる。先述した甲渠河北塞の長城跡で、二列の塞墻にはさまれた部分にも天田が設けられていた可能性がある。

天田の役割はいうまでもなく、敵の侵入を探知することにある。しかし同時に、味方の勝手な移動（そのなかには兵士の逃亡も含まれる）を防ぐ目的もあった。後者の例を漢簡から引こう。

〼□曰、居延□関塞□、何得出。牛子曰、欲渡天田、以杖画之。疑、斎・牛子・赦共

（112.10A）

簡の破損と文字のかすれで、全体の文意はもうひとつ判然としないけれども、「欲渡天田、以杖画之」とは「天田を越えようとして、杖でならした」という意味だろう。牛子《ぎゅうし》という名の人物は、おそらく逃亡をくわだてた戍卒であり、ことが露見するのをおそれて、砂に印された足跡を消したのである。天田は長城に付随したのみならず、河や湖沼（それは天然の防壁である）のほとりにも設けられた。その見回りと整備については、次章においてくわしく

述べる。

まとめるならば、エチナ河・疏勒河両地区の防衛線は、

烽燧線（候官＋燧群）＋長城＋天田

という構成をとっていた。

障塞を修め、烽燧を飭《ととの》え、駐屯して匈奴に備える。（『塩鉄論』本議）

といった漢人の言葉は、このような体制を念頭においていたわけである。漢帝国の辺境のまもりの、これが基本形であるといってよい。

3. 道と関所と宿駅

ところで、河北塞・河南塞という場合の「河」がイヘン＝ゴルを指すのはよいとして、では道上塞の「道」とは何を意味するのだろうか。この問題は、本章のはじめに述べた燧の呼び名と関係がある。そこでは燧の名称について四通りの方式を紹介したが、別な視点からながめてみると、破胡・当谷・千秋など固有の意味をもった名称と、第一・第二などの番号とに大別されることに気付くだろう。前者をかりに実名燧《じつめいすい》、後者を番号燧《ばんごうすい》と呼ぶことにする。

この二種類の名称の燧が、木簡のなかでどのような職務内容とともにあらわれるかを調べ

てみると、番号燧には見張りやパトロールといった軍務関係の内容が目立つのに対し、実名燧では文書伝送の記録が圧倒的に多いことに気付く。これはつまり番号燧が匈奴に対して前線にあたる西側に、実名燧が後方つまり東側にあったことを物語るのではあるまいか。新しい居延漢簡が出土する以前、市川任三《いちかわじんぞう》はそう推定していた［市川 1963］。

七〇年代の新居延漢簡発掘によって、この仮説の正しさが証明された。イヘン＝ゴルの西北には番号燧が、東南には実名燧が並ぶ事実が明らかになったのである。両者の役割のちがいも、ほぼ推定のとおりであった。「道上塞」（道沿いの長城）とセットになった燧の並びは、もちろん防衛線としての機能も果たしたが、より重要な役割として文書の逓送を受け持っていた。「道」とはつまり、燧から燧へと文書が送られる道路のことであり、居延都尉府や居延県にとって情報伝達の生命線であった。これに対して「河北塞」（河の北の長城）とセットになった番号燧の役割は、文書伝達も皆無ではないが、対匈奴防衛が主体となっている。番号をもって名付けられているのは、計画的かつ一挙に作られたことのあかしであろう［米田 1953］。甲渠候官の管轄下にある二本の長城と、二種類の燧の名称、二通りの燧の機能は、このような対応関係にあった。

燧から燧へ文書がリレーされたことを示す居延漢簡を一枚あげよう。

⧄　詣橐它候官　正月戊申食時、当曲卒王受収降卒敞。日入、
臨木卒僕付卅井卒得。界中八十里、定行五時。不
及行三時。　（EPT51:357）

〔上端欠損〕 槖他候官宛て。正月戊申の日の食時《しょくじ》、当曲燧の戍卒の王が収降《しゅうこう》燧の戍卒の敞《しょう》から受け取る。日入《にちにゅう》に臨木燧の戍卒の僕が卅井の戍卒の得に渡す。区間の道のり八〇里のところを、要した時間は五時。三時をかせいだ。

槖他候官あての文書の逓送記録で、発信者はおそらく居延都尉府。槖他候官はエチナ河中流、肩水都尉府の管轄下にある。上端の欠損部分には、送られた文書の種類と件数が記されていたはずである。王・敞・僕・得など文書の運び手については次章で述べる。「八〇里」とは、当曲燧が文書を受け取ってから、臨木燧が卅井候官管轄下の誠勢北燧に渡すまでの道のりであり、この区間の逓送は甲渠候官が責任を負っていた。居延都尉府から誠勢北燧までの諸燧の配列は、左のように復元されている［吉村 1998］。この燧の並びが「道上」にあって文書を逓送するルートであった。

居延都尉府—収降—当曲—止北—止害—不侵—萬年—次呑—呑北—呑遠—執胡—収虜—武彊—誠北—武賢—毋傷—木中—臨木—誠勢北

文書は徒歩で運ばれる場合もあれば、馬で送られる場合もあった。そのため、街道の要所の燧には「廐《きゅう》」（うまや）が置かれ、乗り継ぎのための駅馬が用意されていた。次の木簡は肩水金関の出土で、廐の吏に対する穀物出納簿の表紙にあたる。

通道厩佐謹元鳳五年十一月穀出入簿　(EJT10:107)

通道厩《つうどうきゅう》 佐の謹《きん》の元鳳《げんほう》五年（前七六）十一月の穀物出納簿。

「通道」とは「大きな道」のことであるから、通道厩は金関を通る幹線上に置かれていた厩にちがいない。駅馬は欠くことのできない情報伝達手段なのであり、本来の目的以外に用いれば、たとえ緊急の用事といえども罪に問われた（第四章参照）。

関連して一点、興味深い史料を挙げておく。敦煌懸泉置《けんせんち》から出土した木簡で、「駅置道里《えきちどうり》簡《かん》」ないし「里程簡《りていかん》」と呼ばれている。

倉松去鸞鳥六十五里
鸞鳥去小張掖六十里
小張掖去姑臧六十七里
姑臧去顕美七十五里

氏池去觻得五十四里
觻得去昭武六十二里府下
昭武去祁連置六十一里
祁連置去表是七十里

玉門去沙頭九十九里
沙頭去乾斉八十五里
乾斉去淵泉五十八里
右酒泉郡県置十一●六百九十四里

(II90DXT0214①:130)

記載は右上からはじまり、一段目が終わると下の段へとすすむ。「A去B○里」（AはBを去ること○里）という形式から明らかなように、河西通廊にそった「県置《けんち》」すなわち県と宿駅が道のりとあわせて記載されている。顕美《けんび》と氏池《ていち》、表是《ひょうぜ》と玉門《ぎょくもん》のあいだが連続しないのは、この簡が数枚セットの一枚目にあたるためだろう。本来は左にさらに他の簡が（おそらくは二枚）続き、倉松《そうしょう》（蒼松）を出発してから経由する武威・張掖・酒泉・敦煌各郡の県置が東から西へ列記されていたと思われる［初 2008］。第二段二行目にみえる「府下」の注記は、觻《ろく》得《とく》県に張掖郡府（張掖郡の役所）が置かれているという意味であろう。末尾にいう「六百九十四里」（約二八五キロメートル）は、酒泉郡内の道のりの合計。他の郡内の合計も、別の簡にしるされていたはずである。

「祁連置《きれんち》」だけに「置《ち》」と付いているのは、県と県の中間に宿駅だけが置かれているからである。この木簡が出土した懸泉置もそうした単独の「置」のひとつで、広至・敦煌二県のちょうど中間の街道（いわゆるシルクロード）上に位置する。現在の敦煌県城からは東へ六四キロメートル。懸泉という名称は背後の山中にある泉にちなむ。一九九〇年から九二年にかけて三次にわたる発掘調査がおこなわれ、施設の構造が明らかにされた。詳細な発掘報告は未刊であるが、合計二万三千枚といわれる大量の出土木簡とあわせて、漢代の交通や対外交渉の実態をつたえる貴重な遺跡であることはうたがいない。木簡の初歩的な整理によれば、置という機関は、食事をつかさどる「厨《ちゅう》」、宿泊を担当する「舎《しゃ》」、駅馬や馬車をととのえる「厩《きゅう》」の三つの部分で構成される（何双全氏の教示による）。さらに加えて、「駅」と呼ばれる通信施設も併置され、文書の伝送をになう駅騎《えきき》（騎馬による配達人）が配備されていた。出土した木簡のなかには、先の里程簡や第一章で言及した日逐王《にっちくおう》の投降をしるす文書など、貴重なものがすくなくない。陽朔《ようさく》二年（前二三）の紀年をもった「伝車亶轝簿《でんしゃたんよぼ》」（馬車のメンテナンスをしるした帳簿）や、大月氏国《だいげっしこく》との通交をつたえる木簡なども、宿駅ならではの出土史料といえる。そのなかから一枚、先の居延漢簡と同じく文書逓送の記録を紹介しよう。写真が公開されていないので、改行の箇所などはわからない［胡・張 2001］。

上書二封。其一封長羅侯、一烏孫公主。甘露二年二月辛未日夕時、受平望駅騎当富、懸泉駅騎朱定付萬年駅騎。（II 0113③:65）

天子への上書二通。一通は長羅侯《ちょうらこう》より、一通は烏孫公主《うそんこうしゅ》より。甘露《かんろ》二年（前五二）二月一二日の日夕時《にっせき》（十五時ごろ）に、平望《へいぼう》駅騎の当富《とうふ》から受け取り、懸泉駅騎の朱定《しゅてい》が萬年《ばんねん》駅騎に渡した。

平望・懸泉・萬年はいずれも駅の名称で、西から東にこの順序で並んでいた。当富・朱定は平望・懸泉に各々配属された駅騎の名。「日夕」は敦煌地区で用いられた時称。上書の発信者のひとり長羅侯とは常恵《じょうけい》という人物で、烏孫の内乱を平定するために漢から派遣され、兵をひきいて王都の赤谷城《せきこくじょう》に駐屯していた。もうひとりの烏孫公主は、漢から烏孫王に嫁《とつ》いだ解憂《かいゆう》という女性。『漢書』西域伝にしたがえば、「願わくは黄鵠《こうこく》となりて故郷に帰らん」という望郷の歌で知られる最初の烏孫公主（名は細君《さいくん》）が異域に没したのち、二人目の公主として烏孫に嫁ぎ、あいついで三人の王の妻となったが、老齢を理由に帰国をねがう上書を送り、宣帝の甘露三年、みやこの長安に帰還したという。右の木簡に記録された烏孫公主発信の文書は、年号からみて、まさにその帰国をねがう上書であった可能性がたかい。歴史書に名をのこさなかった駅騎であるが、かれらは確かに歴史の担い手だったわけである。

街道に置かれた施設としては、「関《かん》」すなわち関所も見落とせない。いうまでもなく、人や物の移動を要所にあってチェックする機関である。河西地域に置かれた関は、エチナ河流域に居延懸索関《きょえんけんさくかん》と肩水金関《けんすいきんかん》、疏勒河流域に玉門関《ぎょくもんかん》と陽関《ようかん》の、計四か所が知られている。なかでもとりわけ有名なのは玉門関・陽関の二つであるが、いずれも十分な調査がなされておらず、スタインが求めた玉門関も、その所在地について説が分かれる。居延懸索関は、エチナ河下流、卅井塞西端のA22付近に所在がしぼられているものの、確定するのに十分な調査はなされていない。居延都尉府の管区にあるため居延懸索関と呼ばれるが、別名を卅井懸索関とも称するのは（206.2）、卅井候官が直接管轄するからであろう。ちなみに「懸索」とは、地面に打ち込んだ杭の列に索（ロープ）を張り渡した、鉄条網のような施設のこと［初 1984］。人の移動を関所にみちびく施設であるが、ベリィマンが観察した「長城」との関係は明らかでない。

学術的な調査がなされているのは、ただひとつ肩水金関のみである。エチナ河中流域のA32遺跡がそれで、第四燧や甲渠候官と同様、七三〜七四年に大規模な発掘がおこなわれた［甘粛居延考古隊 1978］。建物は大きくわけて、関城《かんじょう》・塢・烽火台の三つの部分から成っている（図17）。関城とは全体をとり囲む城壁のこと。北側の壁に関門がひらき、門の両側には楼櫓（やぐら）が向き合って建つ。楼櫓の基底部は左右とも六・五メートル×五メートル、あいだを通る道の幅は五メートル。焼け落ちた建築部材が出土したところから、楼櫓上には木造の門

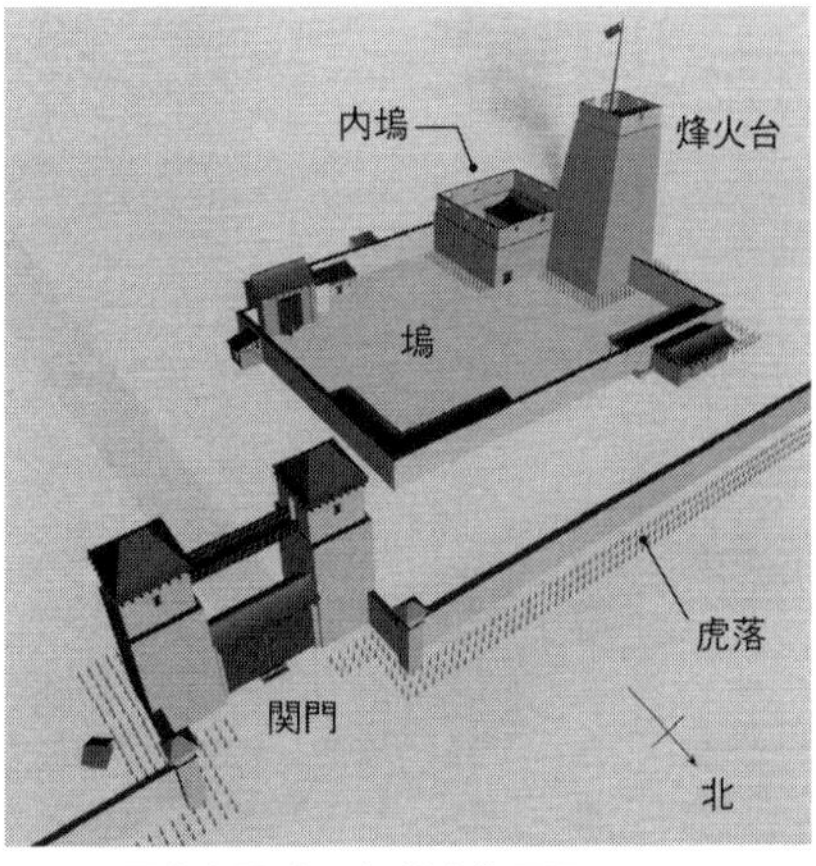

図 17　肩水金関（A32）推定復元図

楼があったと推定される。

関門を入った西南に塢があって、塢内の西南の一角に烽火台がそびえる。塢壁の規模は北側で三六・五メートル、東側は残長二四メートル。東南のかどに入口があり、壁の内外にそって小部屋が並ぶ。その一部は厩であった。烽火台は全体の大きさ一三メートル×一二・五メートル、望楼と塢から成ることは第四燧と同じ。要するに、塢壁に囲まれた中に燧があると考えればよい。出土遺物から推測すると、内部は倉庫や執務室だったようである。

発掘で得られた木簡は一万枚あまり。一九三〇年にベリィマンが取得した分とあわせると、金関出土の漢簡は一万一千枚をこえる〔甘粛簡牘博物館ほか2011〜2016〕。先に紹介した懸泉置出土の木簡とともに、人と物資の移動がどのようにコントロールされていたかを知るうえで、貴重な情報が多く含まれている。ここではその一例として、ベリィマン発掘の旧居延漢簡のなかから、「符《ふ》」と呼ばれる通行証を示しておこう（図18）。

始元七年閏月甲辰、居延与金関為出入六寸符。券歯百。従第一至千。左居官、右移金関。符合、以従事。●第八　（65.7）

始元七年（前八〇）閏《うるうづき》月甲辰の日に、居延県が肩水金関と「出入六寸符」を作る。券歯《けんし》は百。第一より千まで。左半分は居延県官に置き、右半分は金関に送る。左右の符が合致したなら、所定のとおり手続きを行うように。第八。

図18　通関のための符（65.7）　長さ14・6㎝

肩水金関を通過する者を対象として、居延県で作成された割《わ》り符である。対をなす一方を居延県に置き、片方は金関に送っておく。旅行者はその一方を県から受け取り、通関のさい金関保管の片方と照合して身分の証しとした。「券歯は百」とは、割り符の照合のために付けられた刻みが「百」を意味するフ字形をしているということ［籾山 1995］。「第一より千まで」とは、同型の符を千枚作った（ないし、作る予定である）ことをいい、末尾の「第八」が通し番号にあたる。長さ六寸（約一四センチメートル）と小振りであるのは、携帯に便利なためであり、下端には紐をとおす穴があいている。通行証には他にいくつかの種類があるが、その具体例は第四章にゆずる。

ここまで、辺境に置かれた各種の施設について、ひとわたり説明を加えてきた。最後に各施設の設置年代について簡単に述べておこう。まず関所、とりわけ玉門関の開設については『史記』の記事から推定できる。大宛列伝によれば、漢が西域を支配下においた結果、「酒泉から玉門に至るまで、とりでや望楼が連なるようになった」という。その時期は武帝の元封三年（前一〇八）前後。玉門関の開設はこの頃とみてよいだろう［日比野 1957］。他方、燧や候官の設置年代については、史書に明証がなく、確実な年代を答えることは難しい。もちろん、疏勒河流域では酒泉郡が置かれた前一一一年、エチナ河流域では遮虜障の築かれた前一〇二年が、それぞれ上限と考えてよいだろう。したがって燧や候官、さらには長城の造られた年代も、それを若干下った時期ということになる。ちなみに、疏勒河流域で出土した漢簡のなかで最古の紀年をもつものは、T22cで発掘された天漢三年（前九八）の簡、エチナ河流域の場合はA10出土の征和年間（前九二〜八九）の簡が古い部類に属する。このあたりが、あるいはひとつの目安となろう。先述のように、燧はグループで機能するから、全体があまり間をおかない時期に、ほぼ一斉に造営されたはずである。下限については、後漢中期の紀年をもつ簡が知られているが、疏勒・エチナ両河流域とも出土木簡が集中するのは、光武帝《こうぶてい》の時代（後二五〜五七）までである。本書が扱う時間の幅は、したがって、前漢時代後半期から後漢はじめの百年あまりということになる。

建物の話題が続き、退屈だったかもしれないが、ともあれ以上で舞台装置はととのった。ここでようやく役者の登場となる。以下に続く三つの章では、候官や燧など軍事機関を中心に、辺境にはたらき・暮らす人々のすがたをながめてみよう。

第三章　兵士たちの日々

1. 長城をまもる人々

辺境の軍事施設には、どのような人々がはたらいていたのだろうか。都尉府・候官・燧といった各種の機関には、上は都尉から下は兵卒にいたるまで、さまざまな種類の人員が配置されていた。中心となるのは下級役人である「吏《り》」と一般兵卒である「卒《そつ》」であり、両者あわせて「吏卒《りそつ》」という。このほか、長官・次官クラスの管理職たちや、「士《し》」と呼ばれる専門兵士もまた重要な構成員であった。その中から本章では戍卒《じゅそつ》と騎士《きし》、つまりは広義の兵士たちについて述べてみたい。この両者こそ、漢帝国の辺境防衛の最前線をになう人々であった。

まずは戍卒に登場ねがおう。かれらは漢代男子に課された力役義務《りきえきぎむ》（後述）の一環として徴発された人々で、「戍《まも》りの卒」という呼称がしめすとおり、辺境の防衛施設に駐屯して守備を固めることがおもな任務であった。その出身地については章末で述べる。配属先は主として燧と候官であるが、倉庫をまもる「庫卒《こそつ》」や「守閣卒《しゅかくそつ》」、用水路の開削・改修に従事したと思われる「治渠卒《ちきょそつ》」、農業に従事する「田卒《でんそつ》」など、特殊な戍卒の呼称もみえる。田卒については第六章にゆずることにして、ここでは燧と候官に所属する戍卒をとりあげる。

ひとつの燧には何人くらいの戍卒が配属されたのか。その答えは次のような木簡によって得られる。

卒呂弘二月壬午迹尽丙申積十五日　凡迹積廿九日毋人馬越塞天田出入迹
第三燧　卒郅安世二月丁酉迹尽庚戌積十四日
卒橋建省治萬歳塢
（214.118）

第三燧　卒の呂弘《りょこう》、二月壬午から丙申まで、巡回すること十五日間。
卒の郅安世《しつあんせい》、二月丁酉から庚戌まで、巡回すること十四日間。
卒の橋建《きょうけん》、萬歳燧の塢を修理するために出張。
巡回すること合わせて二九日間、人馬が塞の天田を越えて出入りした痕跡なし。

これは「日迹簿《にっせきぼ》」と呼ばれる天田巡回の記録で、第三燧に配属された戍卒が計三人であったことがわかる。また、左のような簿籍の帳尻に位置する木簡からも、燧ごとの戍卒の数がうかがえる。

■右楽昌燧卒二人　（339.18）　以上、楽昌燧の卒二人。
■右第卅五燧卒三人　（EPT51:78）　以上、第卅五燧の卒三人。
■右常喜燧卒四人　（EPT57:62）　以上、常喜燧の卒四人。

つまりは戍卒二～四人、燧長一人とあわせて三～五人というのが、一つの燧に所属する人員ということになる。卒五人以上の例は見あたらない。

したがって、燧が五～一〇あつまった部の場合、戍卒の数は一〇人から四〇人のあいだ（平均二五人前後）ということになる。そのことを端的にしめす居延漢簡を次に引く。

第廿三部卒十二月
廩名　　廿二人

第廿三卒李嬰　第廿四卒張　第廿六卒唐安　第廿八卒華実　箕山卒鍾昌
第廿三卒蘇光　第廿五卒曹建　第廿六卒韓非人　第廿八卒馬広　箕山卒高関
第廿三卒郭亥　第廿五卒韓意　第廿七卒張願　第廿九卒張巻
第廿四卒成定　第廿五卒張肩　第廿七卒石賜　第廿九卒廖贛
第廿四卒石閭　第廿六卒張建　第廿八卒舎相憙　第廿九卒左僨　（24.2）

「廩名籍《りんめいせき》」と呼ばれる食糧支給名簿で、第二十三部に属する八つの燧の、合計二二人の戍卒の名前が、幅の広い木簡に列挙されている。もちろん、部を構成する燧の数によっては、ずっと少人数の場合もあった。

■右鉼庭部吏卒十三人　（EPT17:7）　以上、鉼庭《へいてい》部の吏卒一四人。

この木簡は名籍の末尾に置かれて合計をしめす一種の帳尻《ちょうじり》。鉼庭部の人員は吏・卒あわせても一四人にすぎないことがわかる。額済納《エチナ》漢簡の記載によれば、甲渠候官管轄下の燧の総数は七六、戍卒は総員二三七人となっている（99ES17SH1:7）。時代によって数字の出入りがあることは、あらためていうまでもない。

候官に配属された戍卒をとくに「障卒《しょうそつ》」という。候官は燧よりも大きな施設だから、配属される卒の数も多い。たとえば次の木簡によれば、障卒の数は一〇人となっている。

八月丁丑障卒十人
其一人守閣　二人馬下　一人吏養
一人守邸　一人使
一人取狗湛　一人守園
一人治計　一人助
（267.17）

これは「作簿《さくぼ》」と呼ばれる作業台帳で、ある候官（甲渠候官であろう）の八月丁丑の一日における障卒たちの作業分担がしるされている。それぞれの作業内容については後述する。ちなみに、甲渠候官跡から出土した廩名籍には、令史二名・尉史三名・障卒一〇名・施刑《しけい》一名の計一六名が食糧支給の対象として列挙されていた（26.21）。これに長官・次官各一名を加えた一八名程度が、候官に常時配属されていた吏卒の総数ということになる。「施刑」とは「弛刑」すなわち桎梏《しっこく》（かせ）と褚衣《しゃい》（赤色の服）を免除された刑徒のこと。前章でのべたエチナ河下流域P１遺跡からは、次のような刑徒の名籍が出土している。

番和完城旦荘晏　挙|
故　坐闘以大□▨
民　永始三年▨
（EPS4.T2:2）

番和《ばんか》県の完城旦《かんじょうたん》の荘晏《そうあん》。もと庶民。大□で闘い…した罪により…。永始《えいし》三年（前一四）に…

「完城旦」とは刑期四年の労役刑。燧や候官には戍卒のほかに、刑役として労働にしたがう者も少数ながら配属されていたわけである。

戍卒はまた、必要に応じて他の候官や燧へ出向し、作業に従事する場合があった。これを「省《せい》」もしくは「省作《せいさく》」といい、先に引いた第三燧の日迹簿のなかに「省治萬歳塢」（萬歳燧の塢を修理するために出張）とみえていたのがその例である。また、そうした戍卒を「省卒《せいそつ》」と呼んだ［于 1963］。

第十七候長譚、送省卒詣官。五月己丑蚤食入。　四人。　（254.15）

第十七候長の譚《たん》、省卒を送って候官に到る。五月己丑の朝に到着。計四人。

右の木簡は、候長（部の責任者）が配下の諸燧から集めた省卒を甲渠候官へ送りとどけたさいの到着記録である。ちなみにいえば、額済納漢簡の一枚に、「当曲燧から南のかた臨木燧までは、道ぞいにあって文書を送るので、省作しない」（99ES17SH1:7）とみえている。「道上」の諸燧は、文書逓送にあたる戍卒を常に確保しておく必要があるため、他の部署に出向させない決まりであった。

戍卒にせよ障卒にせよ、かれらの労働は国家から課された義務であるから、俸給はいっさい支払われない。ただし、廩名籍の存在からあきらかなように、食糧は支給された。支給量のしるされた廩名籍の類をいくつかあげておこう。

第十三燧卒史弘　四月食三石三斗三升少　三月辛卯廩城倉　（EPT59:178）

第十三燧の戍卒の史弘《しこう》。四月の食、三石三斗三升と三分の一升。三月辛卯に都尉府の倉から支給。

止害燧卒孫同　二月食三石三斗三升少　正月乙酉自取　（27.11）

止害燧の戍卒の孫同《そんどう》。二月の食、三石三斗三升と三分の一升。正月乙酉に自分で受け取った。

第廿三燧長李忠八月食三石三斗三升少自取┃　卒孫寿八月食三石二斗二升自取┃
卒周雅八月食三石二斗二升孫寿取┃　（EPT51:303）

第廿三燧長の李忠《りちゅう》。八月の食、三石三斗三升と三分の一升。自分で受け取った。
戍卒の孫寿《そんじゅ》。八月の食、三石二斗二升。自分で受け取った。
戍卒の周雅《しゅうが》。八月の食、三石二斗二升。孫寿が受け取った。

「食」として支給されたのは「粟《ぞく》」すなわち殻《から》つきの穀物である。エチナ河や疏勒河の流域には要所に穀倉が設けられ、戍卒や官吏の食糧はそこから搬出された。最初の例に「城倉」（都尉府の倉）とみえているのがそれである。また、後の二例にあきらかなように、支給される側がみずから出向いて受け取ることになっていた。最初の木簡の別筆部分は、受け取ったさいに注記されたもの。最後の簡にある墨線（┃）は受け取り手のサインであり、卩のような印を用いることもある。基本的な支給量は三石三斗三升と三分の一升。ただし、最後の例にみえるように三石二斗二升の場合もあった。両者の比率は三〇対二九だから、大の月と小の月の違いのようにも思われるのであるが、実際には月の大小と必ずしも対応していない。「三石三斗三升と三分の一升」という半端な数字は、脱穀したとき二石になるという計算にもとづく。「粟一斗から米《べい》六升を得る」（110.14）という木簡の記載があるように、殻つき（粟）と脱穀済み（米）との比率は一〇対六とみなされていた。ただし、これはあくまで「法定レート」［冨谷 1996］、「そのような計算式にもとづいて支給している」ということであり、実際に脱穀したとき正確に二石にならない場合もありうる。ちなみに、漢代の一石《せき》は日本の尺貫法で一斗一升ほどになる。

なお、戍卒には穀物とあわせて食塩が支給されることもあった。

障卒張竟　塩三升　十二月食三石三斗三升少　十一月庚申自取　（203.14）

障卒の張竟《ちょうきょう》。塩三升。十二月の食、三石三斗三升と三分の一升。十一月庚申に自分で受け取った。

戍卒の服装については、左のような被服をしるした木簡によってうかがえる。

戍卒河東絳邑蘭里榦逢除　皁□復絝一両
皁単衣一領

布単襦一領
布袴一両　(EPS4T2:11)

戍卒、河東郡絳邑《こうゆう》県蘭里出身の榦逢除《かんほうじょ》。黒い〔文字不鮮明〕のあわせのズボン一本。黒いひとえの上着一着。麻のひとえのシャツ一着。麻のズボン一着。

英語のa pair of trousersと同じく、袴（ズボン）は「両」という単位で数えた。「あわせ」と訳した「復」（「複」字を用いることが多い）は、冬用の綿入れのことで、綿を入れない「単」に対する。こうした衣類に、巾《きん》（頭巾）・襲《しゅう》（上着のうえに着るかさね。裘《けがわ》をもちいることもある）・絥《ばつ》（くつした）・履《り》（くつ。皮製のものと麻糸を編んだものとがある）、行縢《こうとう》（巻ききゃはん）などをあわせたものが、戍卒の身につけた衣服のすべてであった。要するに漢代の一般的な農民のいでたちそのままで、特別な軍服の類があるわけではない。ただし、巡回や防戦のおりには、鉄または革製の鎧《がい》（よろい）と鍪《ぼう》（かぶと）をつけ、武器を携帯した（後述）。

図19　衣装袋に付けた検（8.2）
長さ17.6cm

　戍卒の衣類は出身地からの持参。具体的には各郡・国が調達と発送を担当したようだ。一九八九年に台湾の中央研究院が、所蔵する居延漢簡の一部を赤外線カメラで撮影したところ、それまで文字がないと思われてきた数枚の簡に鮮明な墨跡がうかびあがった。その中のひとつ、大きな一枚の検には、内地から辺境に向かう二四歳の戍卒、淮陽国圉県宜里《わいようこくぎょけんぎり》出身の慶賢《けいけん》という男性の各種衣類がしるされていた（図19）。

常韋二両
□□襲一領卩　緹行勝一□卩
皁布複袍一領卩　布三緉橐一
戍卒淮陽　□布複絝一両卩　黒布□一卩
国圉宜里　皁布章衣一両卩　布絑二両卩
慶賢　□一領　□□□卩
年廿四　犬絑二両卩　葛絑二両卩
枲履一両　・右卒私装
・右県官所給
緹績一　誠北　(8.2)

上の段を読み終わったら下の段へと進むのが原則だから、「□□襲《しゅう》一領」から「枲履《しり》一両」までが「県官所給」つまり官給品、「緹績《ていせき》一」から「葛絑二両」までが「卒私装」つまり戍卒私有の衣類である。「緹」は赤黄色、「績」は「幘」とも書き、頭巾の一種。このような戍卒へ支給する衣類は、いったん郡ないし国の行政府（郡・国の中心となる県にある）に集められ、個人単位で袋に入れて検を付け、封をしたのち、一括して就役地へと送られた。末尾に別筆でしるされた「誠北《せいほく》」二文字は、甲渠候官に所属する誠北燧のことであり、慶賢の配属先だろう。候官へ届いたのちに記入されたと推測されるが、あらかじめ決定していた配属先を淮陽国で注記した可能性も否定できない［蕭 1998］。卩マーク（「完了」を意味する「已」字が変化したもの）が内容物を確認したさいに打たれたことは、おそらく疑いないであろうが、マークのない品物がなぜあるのかはわからない。なお、戍卒の徴発と帰還の最終的な責任が中央の丞相府にあることは、第五章の末尾に述べる。

2．戍卒たちの仕事

辺境の戍卒たちは、何をつとめとして、どのような日々を送っていたのだろうか。かれらの仕事のあらましを、燧を中心にながめてみよう。

巡　回

第一にあげられるのは、「迹《せき》」もしくは「日迹《にっせき》」（日ごとの迹）と呼ばれる、天田の巡回・パトロールである。本章の最初に引いた第三燧の例にみえるとおり、持ち場となる天田を交代で見回り、不審な人馬の出入りした痕跡はないかを点検することが目的であった。早朝の巡回を「旦迹《たんせき》」、正午の場合を「日中迹《にっちゅうせき》」という。不審な痕跡に味方のものも含まれることは、前章で述べた。

第三燧では二人の戍卒（三人目は省作に出て不在）が半月ごとに交代で巡回しているが、他方、一日ごとに交代したことをしめす次のような木簡もある。

図20　巡回に携帯した刻券（T.XXIII.i.18）実測図　長さ14・7㎝

不侵燧卒更日迹名

郭免、乙亥戊寅辛巳甲申丁亥庚寅癸巳丙申己亥辛丑癸卯
李常有、丙子己卯壬午乙酉戊子辛卯甲午丁酉庚子壬寅
李相夫、丁丑庚辰癸未丙戌己丑壬辰乙未戊戌、省不迹（EPT56:31）

郭免《かくめん》・李《り》常有《じょうゆう》・李《り》相夫《そうふ》というのが、不侵《ふしん》燧に配属された三人の戍卒の姓名。その下に並んだ干支の配列をみれば、乙亥から癸卯にいたる二九日間の日迹をかれらが一日交代（「更日」）で担当していたことがわかる。李相夫の欄の末尾にある「省不迹」とは、省作のため月末のローテーションからはずれたことをいう。

巡回の結果、異常がなければ、日迹簿には「人馬が塞の天田を越えて出入りした痕跡なし（毋人馬越塞天田出入迹）」としるされる。また、もし人馬の足あとを発見したら、その向きや数を確かめて報告する義務があった。

蚤食時、到第五燧北里所、見馬迹入河。馬可二十余騎……　（EPT48:55A）

蚤食《そうしょく》時、第五燧の北〔一?〕里のところで、馬の足あとが河に向かうのを発見。二〇頭あまりの騎馬で〔以下判読できず〕。

右の断片は、侵入者の痕跡発見をつたえる緊急報告の一部であろう。

巡回の範囲は、天田にそって次の燧との境界地点まで。そこで同じように巡回に来た隣りの燧の戍卒と落ちあい、たがいに所持する割り符（「刻券《こくけん》」という）を合わせて、たしかに境界まで行ったことの証明とした〔籾山 1995〕。そうした割り符の好例を、敦煌漢簡のなかから示そう（図20）。

四月、威胡燧卒旦迹西、与玄武燧迹卒会界上刻券。（T.XXIII.i.18）

四月、威胡《いこ》燧の戍卒が朝の巡回で西へ向かい、玄武《げんぶ》燧の巡回の戍卒と境界で出会うさいの刻券。

側面にたくさんの刻みが付いているのは、二つの燧の巡回兵が境界で出会い、割り符を合わせるたびに、一つずつ切れ込みを入れて証拠としたためであろう（林巳奈夫氏の教示による）。冒頭に「四月」とあるのは、こうした割り符が月ごとに作られていたことをものがたる。

天田の巡回といえども危険はともなう。次に引くのは巡回中の戍卒が不運にも匈奴に拉致された例である。

四月乙巳日迹積一日、毋越塞蘭渡天田出入迹。

収降候長賞・候史充国　廼丙午日出一干時、虜可廿余騎萃出塊沙中、略得迹卒趙蓋衆。
丁未日迹尽甲戌積廿八日、毋越塞蘭渡天田出入迹。

（EPT58:17）

収降候長の賞《しょう》・候史の充国《じゅうこく》
四月乙巳に日迹すること一日、塞を越えてみだりに天田を横切って出入りした痕跡なし。
さきの丙午の日出一干《にっしゅついっかん》時、匈奴の二十余騎が砂丘の間から突然あらわれ、巡回中の卒の趙蓋衆《ちょうがいしゅう》をさらった。
丁未から甲戌まで日迹すること二八日、塞を越えてみだりに天田を横切って出入りした痕跡なし。

候長の賞と候史の充国の巡回記録。「日出一干」とは「太陽が地平線からひとつ分出た」時刻。用例が少なく解釈に不安がのこるけれども、ひとまず「日出」の別称と考えておくことにする。下級官吏の巡回については、次章であらためてふれる。

見張りと信号

戍卒のつとめの二つ目は、「候望《こうぼう》」すなわち見張りである。もちろん単に敵の侵入を見張るだけでなく、状況に応じてさまざまな信号を発信し、中継する義務がともなった。信号の発信・中継を「通蓬火」（蓬《ほう》・火《か》を通ずる）といい、以下の四つの種類があった。

①**蓬**《ほう》——蓬とは信号用の旗の一種で、昼間の合図にもちいられた。燧の堠には「蓬干《ほうかん》」と呼ばれる柱が立っており、蓬は滑車と綱でこの旗竿にあげられた。滑車を「鹿盧《ろくろ》」、綱を

「蓬索《ほうさく》」という。蓬の形態については、一九九〇年に敦煌清水溝《せいすいこう》の烽燧跡（スタイン編号T１）で採集された漢簡に次のように規定されている［敦煌市博物館ほか2019］。

・蓬以布若葦為溝、高五尺、口径四尺、索蓬二。（DQ:9）
蓬は布もしくは葦《あし》で「溝」をつくり、長さ五尺（一・一五メートル）、口径は四尺、綱は蓬ごとに二本。

長さと口径が規定されていることから、口のまるい筒ないしは籠《かご》のような形を想定できる。「溝《こう》」とはあるいは「篝《こう》」（ふせご）のことかも知れない。『史記』司馬相《しばしょうじょ》如列伝の注釈に引く『漢書音義《かんじょおんぎ》』の記述も、同様のものを念頭においているのであろう。

烽（＝蓬）は、米籅《べいいく》（米をとぐ籠《かご》）を覆《ふ》せたような形で、旗竿の先端に着け、敵襲があればこれを挙げる。

清水溝の漢簡に「布もしくは葦でつくる」とあるのは、「橐他莫当燧守御器簿《たくたばくとうすいしゅぎょきぼ》」にみえる「布蓬《ふほう》」と「草蓬《そうほう》」に合致する（次章参照）。葦を編んだ場合はまさに籠のような、布を張った場合はあたかも提灯のようなすがたになったのではないか。旗と呼ぶにはいささか奇妙な形態であるが、後述するように隣の燧からはっきりと見え、多少の風のもとでも挙がった数を判別しなければならない以上、単なる布切れでは用をなさなかったのであろう。蓬は全体を赤く塗られ、多くのばあい煙による合図と併用された。漢代における烽燧間の距離が一〜三キロメートルと、唐代の一五キロメートルにくらべてかなり短くなっているのは、こうした蓬による合図が多用されたためである。

②**表**《ひょう》——表も旗の一種で、昼間の合図に用いられる。大小の区別があり、塢の上もしくは地上に挙げられ、おそらくは赤色に塗られていた、などの点が漢簡から判明するけれども、具体的な形状についてはよくわからない。蓬と同時に挙げる規定（後述）があるところから、蓬とは形態が異なっていたにちがいない。あるいは布製の吹き流しの類であろうか。

③**積薪**《せきしん》——積薪とは「積み上げた薪《まき》」の意味。燧や候官の屋外の地面に大きな苣《きょ》（たいまつ）を積み上げたもので、昼夜いずれの合図にも用いられる（昼は煙、夜は火を見る）。その実物は、今日でもなお敦煌の烽燧地帯にのこされていて、崩れてはいるものの、形態と設置のようすを観察できる

図21　崩れた積薪　敦煌西郊

（図21）。積薪は複数個を置くのが通例であり、たとえば敦煌T12a遺跡では、縦横四つずつの計一六基が燧の南方に整然と配置されていた。燧の並ぶラインと直角の位置に置くことが原則で、前章で述べた第四燧の場合、東方二〇メートルの地点に灰の堆積が検出された。積薪を燃やしたあとと思われる［初 1984］。苣は葦もしくはハネガヤを束ねて作り、長さは大きなもので二メートルあまり。井桁状ないし円錐状に積み上げて、木の杭を刺し崩れないように止めたうえ、基底部を塓で塗り固める。大積薪と小積薪の二種類のあったことが知られるが、役割にどのような区別があったのかは判然としない。他の信号用具と同様に、この積薪の点検・整備もまた戍卒たちの日課であった。メンテナンスがずさんであれば、上級の候官から不備が指摘され、候長や燧長が責任を問われた。

⧄不侵燧大積小積薪各四皆壊　止北燧大積小積薪各一壊
伐胡燧大積薪三小積薪四皆壊　察微燧大積薪二小積薪一皆壊
駟望燧大積薪二小積薪三皆壊　当曲燧大積薪四小積薪一皆壊
（EPT51:188）

不侵《ふしん》燧の大積薪・小積薪各四、みな倒壊。伐胡《ばつこ》燧の大積薪三・小積薪四、みな倒壊。駟望《しぼう》燧の大積薪二・小積薪三、みな倒壊。止北《しほく》燧の大積薪・小積薪各一が倒壊。察微《さつび》燧の大積薪二・小積薪一、みな倒壊。当曲《とうきょく》燧の大積薪四・小積薪一、みな倒壊。

不侵部に属する六つの燧について、それぞれ積薪の不備が指摘されている。

④**苣火《きょか》**——苣（たいまつ）を燃やした火による夜間の合図で、昼間の蓬に対応する。積薪も苣を用いるが、普通に「苣火」といえば、堠上に挙げる「かがり火」をさした。この場合に用いられる苣は積薪のものよりずっと小振りで、長さは四〇センチメートル程度。点火したのち籠に入れ、蓬干に掲げられた。苣による合図にはこのほかに「離《り》合《ごう》の苣火」というものがある。字づらからみて、二つの苣火を手に持って（あるいは綱を操作して）離したり近づけたりする方法であろうと推測される。いずれにしても、苣火は夜間の合図であるから、挙がった燧を特定しにくい。そのため各燧には、苣火の方向を見定めるための「望火《ぼうか》頭《とう》」という照準がそなえられていた［藤枝 1955a］。原理はいたって単純で、対象となる燧の位置を示した木札を、堠や塢上の女垣にとりつけておけばよい。次の一枚は、その実物にちがいない（図22）。

望禁姦燧塢上
蓬　火　　（288.1）　禁姦《きんかん》燧の塢上の蓬火を望む

したがって燧の並ぶラインは、障害物のない平原上の場合でも、必ずゆるやかなカーブをえがく。見渡したときに前後の燧がかさなり合わないためである。

図22　望火頭（288.1）　長さ9・1㎝

以上四つの手段をさまざまに組み合わせることによって、外敵の数や侵入場所などが伝達された。いいかえれば、敵の侵入状況に応じて、発すべき信号の組み合わせがあらかじめ決められていたわけである。こうした一連の取り決めは「蓬火品約《ほうかひんやく》」（蓬・火についての規約）と呼ばれた。その一部は前章で塞（長城）の説明をしたさいに引用したが、さらにいくつかの規定をあげておこう。

• 匈奴人入塞、天大風風及降雨、不具蓬火者、亟伝檄告。人走馬馳、以急疾為故。
（EPF16:16）

匈奴が塞に侵入したが、大風もしくは雨降りのため、蓬や苣火が挙げられない場合は、すみやかに檄《げき》（緊急の文書）を送って通告せよ。人は走り、馬は駆けよ。緊急事態扱い。

• 望見虜塞外及入塞、虜即還去、輒下蓬止煙火。如次亭未下蓬止煙火、人走伝相告。＝
＝都尉出追未還、毋下蓬。
（79.DM.T6:41）

敵が塞外にいるか、塞に入ったかするのを望見し（信号を挙げ）たが、敵がすぐ引き返してしまったならば、ただちに蓬を降ろし煙火を止めよ。もし次の燧がまだ蓬を降ろさず煙火を止めてもいなかったら、走って（信号を止めるよう）通告に行け。ただし、都尉が（敵を）追跡して行ったまま帰らない場合は、蓬を降ろしてはならない。

強風のもとでは火が消えるうえ、砂塵が舞って視界をさえぎった。

こうした品約の条文は、前章で述べたように、燧内の見やすい場所にかかげられ、くりかえし暗唱（これを「諷誦《ふうしょう》」という）して周知徹底するよう求められていた。候官や都尉府の吏は時をさだめて各部の視察に出向いたが（「行塞《こうさい》」という）、そのさい各種の信号設備とともに吏卒の品約理解もまた点検の対象となった。信号の誤認・誤送は深刻な事態を引き起こしかねないからである。万一、信号をあやまった場合は、指導が不行き届きであるとして候長が責任を問われた。

鉼庭候長王護　坐燧長薛隆誤和受一苣火、適載転一両到□〼　（EPT65:228）

鉼庭候長の王護《おうご》。燧長の薛隆《せつりゅう》が苣火一通を誤って受けたとがにより、罰として車一両に積んで…に行かせる。

車で運ぶものは、塩や駅馬のための茭《まぐさ》などであった。

このほか第五の信号として鼓（太鼓）があった。A８甲渠候官跡からは太鼓をなくした燧長を責める内容の冊書が出土している（EPF22:328-332ほか）。朝夕の時報として鳴らされたほか、次に引く『淮南子《えなんじ》』兵略訓《へいりゃくくん》の一節にしたがえば、砂塵などで視界がきかない場合の合図にも使用されたようである。

昼間であれば旌《はた》を多く、夜間であれば火を多く、晦冥《かいめい》（視界がきかない時）であれば太鼓を多く備えるのが、軍中の設備にたけた者である。

ベリィマンが卅井候官跡（P9）で発掘した太鼓の断片は、木製で残長五八センチメートル。本来は直径八五センチメートルほどの大きさがあったと推定されている［Sommarström 1958］。なお、信号の受信・発信にあたっては、かならずその記録を作成しておき、後日、候官へ提出することが求められていた。左記の二通は、そうした記録の例である。

楽昌燧長己、戊申日西中時、受並山燧塢上表再通。夜人定時、苣火三通。己酉日□
（332.5）

楽昌《らくしょう》燧長の己《き》、戊申の日西中《にっせいちゅう》時、並山《へいさん》燧から塢上表を二通受信。夜の人定《じんてい》時に、苣火三通（を受信）。己酉の…

七月乙丑日出二干時、表一通。至其夜食時、苣火一通。従東方来。杜充見。
（T.VI.b.i.4）

七月乙丑の日出二《にっしゅつに》干《かん》時に表が一通。同日の夜食《やしょく》時に苣火が一通。東方より来た。杜充《とじゅう》が確認。

「日西中」とは「日中」を細分した時刻のひとつで、一二時半ごろ［吉村 2015］。「日出二干」は太陽がふたつ分昇った時刻で、八時頃であろうか。右の二枚にみえる信号はいずれも緊急連絡ではなく、隣接する燧に無事を知らせる定時連絡（唐代にこれを「平安火《へいあんか》」という）であった可能性がある。ちなみに蓬火の伝達速度は、唐代の場合「一昼夜に二千里」と定められていた（『武経総要』に引く兵部式）。唐代の一里は、約五六〇メートルにあたる。漢の場合は唐よりも烽燧間の距離が短いから、伝達速度はもうすこし遅かったものと思われる。また、くわしくは第六章で述べるけれども、漢の蓬火はそもそも遠距離の連絡用ではなかったことも、注意しておくべきだろう。

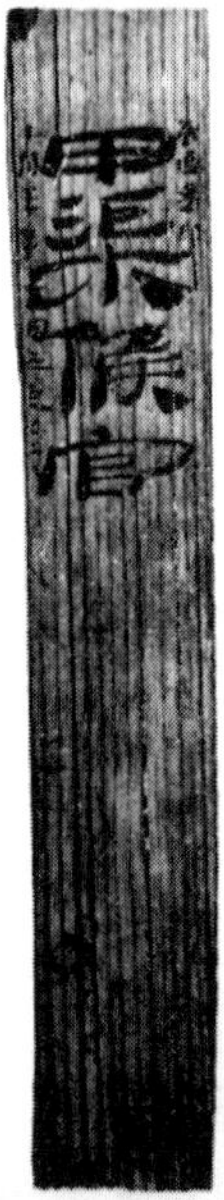
図23　甲渠候官あての文書に付けた検（EPT51.169）

文書の逓送

燧から燧へと伝えられるのは、蓬や苣火などの信号だけではない。第二章で述べたとおり、さまざまな文書もまた烽燧間をリレーされて伝わってくる。そうした文書を運ぶことが、戍卒たちの第三のつとめであった。文書に付けられた検を一枚しめす（図23）。

居延丞印
甲渠候官
十月壬子臨桐卒延以来

（EPT51:169）

中央に大きく書かれた「甲渠候官」が文書の宛名。その両脇に別筆でしるされているのは受け取り手によるメモで、「居延丞《きょえんじょう》の印」つまり居延県次官の印で封がされ、「十月壬子の日に臨桐燧《りんとうすい》の延《えん》という名の卒がもってきた」とある。文書を配達することもまた、戍卒の役目だったことがわかるだろう。

文書の逓送にあたっては、距離に応じて所要時間が決められていた。公定所要時間を「当《とう》行《こう》」といい、徒歩の場合は原則として一〇里を一時（十六時制の「一時」）と定まっていた。四キロメートルを約一・五時間という見当になる。実際に要した時間は「定行《ていこう》」といい、定行が当行と一致すれば「中程《ちゅうてい》」すなわち「規定どおり」、当行より早く到着すれば「不及行」すなわち「行くに及ばず」といった。65頁に引用した逓送記録には、「不及行三時」すなわち「三時行くに及ばなかった」としるされる。にわかには信じがたいが、規定より四・五時間も早く文書を届けたことになる。これに対して、もし当行より遅れた場合は「留遅《りゅうち》」（滞留遅延）または「過程《かてい》」（規定オーバー）といい、理由の釈明が求められた。

臨木燧卒戎付誠勢北燧卒則。界中八十里、書定行九時、留遅一時、解何。（133.23）

臨木《りんぼく》燧卒の戎《じゅう》が誠勢《せいごう》北燧卒の則《そく》に渡す。区間の道のり八〇里のところ、文書の伝送に九時を要し、遅れること一時。どう釈明するのか。

右は文書の配達の遅れについて、候官が候長を問責した冊書の中の一枚である［鵜飼 1984］。65頁の木簡とあわせてみれば、当曲燧が受け取ってから臨木燧が卅井候官管轄下の燧に渡すまでの時間が常に問題となっていることがわかる。文書は燧から燧へリレー方式で運ばれるけれども、要した時間は特定の燧をチェックポイントとして、区間（原文にいう「界」）を単位に記録されていたわけである。

こうした問い合わせにそなえて、各部では中継した文書ごとの到着・発信時間の記録を作成しておかなければならなかった。左の木簡はその一例で、居延都尉府から張掖太守府にあてた文書が、甲渠候官の管轄区内を逓送されたさいの記録であろう。

南書一封居延都尉章　詣張掖太守府
三月庚午日出三分呑遠卒賜受不侵卒
受王食時五分付誠北卒朐
(EPT51.14)

南行きの文書一通、居延都尉の印章（で封印）。張掖太守府あて。三月庚午の日出《にっしゅつ》三分に呑遠《どんえん》燧卒の賜《し》が不侵《ふしん》燧の卒の受王《じゅおう》から受け、食時《しょくじ》五分に誠北《せいほく》燧卒の朐《く》に渡した。

燧がほぼ南北方向にならぶエチナ河流域地区の場合、文書は南下・北上するから、「南書・北書」と表現される。これに対して、燧のラインが東西方向にはしる敦煌地区では、「東書・西書」という呼称があらわれる。戍卒は燧と長城にそって、南北あるいは東西に文書をはこんだわけである。ちなみに言えば、時刻を知るには、日時計と水時計が併用された。

各種雑役

戍卒の仕事の第四は、さまざまな雑役である。これを「作《さく》」といい、以下のような作業がふくまれた。

まずは「画天田」（天田を画す）、すなわち足あとがつきやすいように天田をならす作業がある。一人でならす広さについては、敦煌漢簡の記載が参考になる。

六人画沙中天田六里　率人画三百歩　（T.VI.b.i.198）

六人で沙中の天田六里を画す。一人ごとに画すること三百歩。

三百歩はちょうど一里にあたる。このあたりが一日にならす上限であろうか。各部の責任者である候長・候史は、定期的に持ち場を巡回し（これを「循行《じゅんこう》」という）、守御器や天田の整備状況を点検する義務があった。天田の手入れが不備であれば、「天田不《てんでんふ》画《かく》」すなわち「天田がならされていない」として処罰をうけた。

次は「治《ち》墼《げき》」（墼を治《おさ》む）および「積墼《せきげき》」（墼を積む）。治墼は作墼ともいい、日乾し煉瓦づくり。積墼はそれを積み上げる作業で、「案墼《あんげき》」ともいう。いうまでもなく、候官や燧の修理・建設作業である。居延漢簡にしたがえば、煉瓦の大きさは次の通りに定められている。

墼、広八寸、厚六寸、長尺八寸。一枚用土八斗水二斗二升☐　（187.6+187.25）

墼は幅八寸、厚さ六寸、長さ一尺八寸。一個につき土八斗と水二斗二升を用いる。

これによれば一個の規格は一八×一四×四一センチメートル。ベリィマンがA２烽燧跡で実測した数値の一八×一一×三七センチメートルとほぼ等しい［Sommarström 1956］。型枠を用いてこの大きさの墼を七〇ないし八〇個作ることが、一日のノルマであった。

さらに「徐土《じょど》」と呼ばれる作業がある。除土とは一般に、候官や燧の外壁に吹き寄せてたまった砂の除去と解釈されているが、墼を作るための土取りとみる説もある［Loewe 1967］。治墼と連続してあらわれる作業記録があるところからみると、後者の解釈も否定しがたい。たとえば次の例。

第廿四燧卒孫良　治墼八十　治墼八十　治墼八十　徐土　徐土　徐土　徐土　徐土＝

＝　徐土　(61.7+286.29)

第二十四燧の戍卒である孫良《そんりょう》の作簿。最初の三日間は、毎日八〇個ずつの日乾し煉瓦作り。次の六日間は、ひたすら徐土にあけくれた。

このほかにも79頁に引いた「障卒十人」の作簿によれば、倉庫の番（守閣・守邸）、会計（治計）、馬の世話（馬下）、役人のまかない係（吏養）、菜園の手入れ（守園）など、種々雑多な作業のあったことがわかる。「取狗湛」（狗湛《くたん》を取る）とは犬の糞とりであろうか。加えて、馬の茭《まぐさ》や葦の刈り取り・運搬、燧の壁塗り、土運びなどもまた戍卒の仕事となっていた。

ここまで述べてきたとおり、戍卒のしごとの中心は、哨戒と文書の伝送、および施設の保持などであった。燧や候官といった軍事機関に配属されているとはいえ、積極的に戦闘に参加することは彼らの本務ではなかったのである。匈奴に燧を攻められた場合の対応が額済納漢簡にみえている。

・匈奴人即持兵刃功亭、吏抜剣、助卒閉戸重関下戊。（2000ES9S:18）

匈奴がもし武器を持って亭を攻めてきたら、吏は剣を抜いて、卒が戸をとざし下のかんぬきを重ねてかけるのを助けよ。

「亭」は燧、「吏」は燧長のことである。ともかく燧に立てこもり、合図の信号を発信することがかれらの責務であった。「戍《まも》りの卒」という呼び方が、あらためて納得されるだろう。もちろん戍卒といえども、最低限の武器は所持していた。戍卒の武装をしめす木簡を次に引く。

箕山燧卒觻得安成里范斉　　六石具弩一　　蘭一毋冠
　　弩𢄼一　　居延有方四
　　稾矢銅鍭百少一　（EPT51:209）

箕山《きざん》燧の卒、觻得《ろくとく》県安成里の范斉《はんせい》。六石の強さの弩が一そろい。弩のカバーが一。青銅製矢尻《やじり》付きの長い矢、百本に一本不足。えびら一、蓋なし。居延（都尉府？）の鉤《かぎ》付きの戟《げき》が四丁。

ひとりの戍卒に一丁の弩と百本の矢が渡されていたことがわかる。もう一例、燧を単位とした吏卒と武器のリストをあげる。

甲渠第廿六燧北到　　候史一人　　鉄鎧五　　三石具⧄
第廿七燧二里百八十一歩　燧長一人　　鉄緹瞀五　　弩帽⧄
卒三人　　六石具弩三　　糸承⧄
凡吏卒五人　五石具弩一　枲⧄
（EPT5:17）

甲渠第二十六燧、北のかた第二十七燧まで二里一八一歩（一キロメートル強）。候史一人、燧長一人、卒三人、吏・卒合計五人。鉄製のよろいが五、鉄製のかぶとが五、六石の弩が三そろい、五石の弩が一そろい、三石の弩が…そろい、弩のカバーが…、弦が…、麻の…

吏卒の人数と「鎧《よろい》・緹瞀《かぶと》」の数とが一致しているところから、戍卒もふくめた全員に防具を支給していたことがうかがえる。これらの木簡にみえる武器一式に、目印として持つと思われる一種の旗指物《はたさしもの》（旗ざおを「靳干《きんかん》」、旗を「靳幡《きんはん》」という）を加えたものが、かれらの装備であった。「成りの卒」といえども、丸腰で任務についていたわけではない。

ただし、そうした武器や防具の類はいずれも防戦や護身のためので、積極的な攻撃を前提とした装備ではなかった。たとえば弩という武器は強力な殺傷力をもつけれども、通常の弓とことなり矢つがえに手間がかかるため、遊撃戦には適さない（次章図27）。考えてみれば当然であるが、本格的な戦闘訓練を受けていない徒歩《かち》の戍卒が、騎馬の匈奴とわたりあうこと自体、そもそも無謀というべきだろう。

3. 騎士――辺境の機動部隊

侵入した匈奴を迎撃し、追撃するのは、騎馬の専門兵士、すなわち騎士の役目であった。次の一枚の木簡からは、そのことがよくうかがえる。

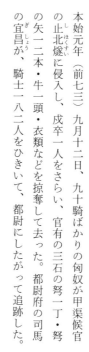

本始元年九月庚子、虜可九十騎入甲渠止北燧、略得卒一人、盗取官三石弩一・稾矢十二・牛一・衣物去。城司馬宜昌、将騎百八十二人、従都尉追。　(57.29)

本始元年（前七三）九月十二日、九十騎ばかりの匈奴が甲渠候官の止北燧《しほくすい》に侵入し、戍卒一人をさらい、官有の三石の弩一丁・弩の矢一二本・牛一頭・衣類などを掠奪して去った。都尉府の司馬の宜昌《ぎしょう》が、騎士一八二人をひきいて、都尉にしたがって追跡した。

図24　騎士俑　楊家湾漢墓出土

先に引いた蓬火品約の規定にも、侵入した敵を「都尉が追跡して行った」とみえている。この場合でも都尉が単騎で行くはずはなく、騎士をひきいて追撃したにちがいない。匈奴侵入の信号が都尉府まで届くと、そこではじめて騎士出撃の命令が下された。騎士という機動部隊を擁した都尉府こそ、辺境の軍事基地《ベース》と呼ぶにふさわしい。

もうひとつ、右の木簡に「司馬」の宜昌が「都尉」にしたがって追跡した、と述べている点に注目したい。この一節は居延都尉府に属する騎士が「都尉—司馬」という指揮系統のもとに置かれていたことを意味する。ただし「百八十二人」という人数は、単一の戦闘単位としては多すぎる。その内部はさらに、いくつかの小隊に分かれていたにちがいない。

肩水候官（A33）から出土した騎士の名籍の中に、それを考える手がかりがある。

氏池騎士安定里彭張成（560.15）

氏池《ていち》県の騎士、安定里の彭張《ほうちょう》成《せい》。

名籍の形式はこのように、騎士の姓名と出身県・里名とをしるすのが基本であるが、少数ながら所属の組織を注記している例もある。

昭武騎士益広里王彊—属千人覇五百偃士吏寿（560.13）

昭武《しょうぶ》県の騎士、益広《えきこう》里の王彊《おうきょう》。千人の覇《は》、五百《ごはく》の偃《えん》、士吏の寿《じゅ》に所属。

「千人」や「五百」というのは人数ではなく武官の呼称。この書式の木簡は、前者のような注記のない簡をつらねた冒頭に配されて、名籍にしるす全員の所属を明示するはたらきをした［大庭 1985］。つまりここでは、「千人—五百—士吏」という統属のもとに騎士が置かれていることになる。同様な書式としては、さらに次のような例もある。

觻得騎士敬老里成功彭祖　属左部司馬宣後曲千人尊　（564.6）

觻得県の騎士、敬老里の成功彭祖《せいこうほうそ》。左部司馬の宣、後曲千人の尊に属する。

統属関係は「司馬―千人」。これに前掲ふたつの関係をあわせると、次のような指揮系統が復元できる。

都尉―司馬―千人―五百―士吏

司馬が「部」を、千人が「曲」を指揮したことや、部に左・右があり、曲に前・後があったことなども、あわせて推定できるだろう。一九七八年に青海省大通《だいつう》県上孫家塞《じょうそんかさい》で出土した木簡によれば、漢の軍隊編成は左記のように整理できる［久保田 1988］。

単位	校	部	曲	官	隊	什	伍
指揮官	軍尉	司馬	候	五百将	士吏	什長	伍長

候と千人のちがいはあるが、エチナ河流域の騎士軍団も同様の編成原理であったことがわかる。

ただし、その後かれらは別の原理で再編成されたようである。肩水金関（A32）から、次のような書式をもった騎士名籍がまとまって出土している。

右前騎士関都里任憲　卩　左前騎士陽里張厳　卩　中営右騎士中宿里鄭戎　卩

右前騎士、関都里の任憲《じんけん》。左前騎士、陽里の張厳《ちょうげん》。中営右騎士、中宿里の鄭戎《ていじゅう》。

（EJF3:3）

右前騎士延年里楊放　卩　左前騎士累山里許良　卩　中営左騎士金城里左陽　卩

右前騎士、延年里の楊放《ようほう》。左前騎士、累山里の許良《きょりょう》。中営左騎士、金城里の左陽《さよう》。

（EJF3:98）

名籍は六〇枚あまり出土していて、あわせて一一〇名ほどの姓名が確認できる。本籍の里名は居延県のものであるから、すべて居延都尉府に所属する騎士であろう［鷹取 2018］。先に述べた部や曲とは異なって、右前・左前・中営右・中営左という部隊編成になっていることに注目したい。各人の氏名の下に打たれた卩マークは、肩水金関に到着したさいのチェックであろう。居延都尉府所属の騎士の名籍が肩水金関からまとまって出土した理由は、次の文書からうかがえる。

〼□年十一月癸亥朔壬辰、居延守宰城倉守宰詡・守丞習移肩水金関。
遣騎士史永等百百二十人、以詔書持兵馬之西或。卒馬十二匹。名如牒。書到出入如律＝
＝令。　（EJF3:184A）

居延丞印

／□月三日入　　　　兼掾永・守令史党

（EJF3:184B）

【正面】……年十一月三〇日、居延宰心得《こころえ》である城倉宰心得の詡《く》と、丞心得の習《しゅう》が肩水金関に送る。騎士の史永《しえい》ら一二〇人を派遣して、詔書《みことのり》にしたがい武器と馬をたずさえ西域に行かせる。添え馬は一二頭。（騎士の）名は添付の簡のとおり。この文書が届いたら、関を出入させること、律令に従うごとくにされたし。

【背面上端】居延丞の印。……月三日に入関。【背面下端】掾兼任の永・令史心得の党。

居延県から肩水金関にあてた通関許可を求める文書で、先の名籍とあわせて送られた。騎士たちの本籍が居延県にあるため、通関の申請は県の責任者から発信されている。「守〇」とは低い官位の者が上級の職務を代行することであり、「課長心得」という場合の「心得」にあたる。「宰」というのは、県令《けんれい》（県の長）級の長官の王莽時代特有の呼び名であるから、欠けている冒頭の紀年は、王莽の治世で十一月朔《ついたち》が癸亥となる始建国《しけんこく》二年（後一〇）だと推定できる。居延都尉府の騎馬軍団は、この時期までに再編成されたのだろう［鷹取 2018］。

木簡の背面下端にみえるのは正面の文書の書き手。上端に別筆でしるされているのは受信した肩水金関で書きつけられた記録で、「届いた文書は居延丞（居延県次官）の印で封をされており、騎士たちは某（欠字は「十二」であろう）月の三日に入関した」という意味である。おそらくはこの時、西域で何らかの軍事行動があったのだろう。詔書によって命令を受けた居延都尉府の騎士たちは、馬に乗り武器をたずさえ、一二頭の添え馬（倅馬《さいば》すなわち予備の馬。一〇騎に一頭の割り当てになる）とともに金関を通って南下、河西通廊に出て西へ向かったと思われる。王莽の高圧的な対外政策により、西域の情勢は不穏なものになっていた。

こうした騎士は戍卒と異なり、専門の軍事訓練を受けていた。後漢の応劭《おうしょう》がしるした『漢《かん》官儀《かんぎ》』（『続漢書』百官志の注に引く）には、次のような規定が見えている。

二三歳で正（兵役負担者）となった者は、一年間を衛士《えいし》として京師《みやこ》の警護にあたり、二年目は各地で材官《ざいかん》・騎士となって、弓射・操車・騎馬・戦陣などの軍事訓練を受ける。毎年八月には、太守・都尉・令・長・相・丞・尉らの立ち会いのもとに能力検査をおこない、成績を評価する。

研究者によって解釈の異なる史料であるが、この一節は専門兵士にかかわる規定とみる説が、妥当なように思われる［大庭 1952／藤田 1984］。騎馬にすぐれる騎士は、弓の能力にひいでた材官や（右の文にはあらわれないが）水戦にたくみな楼船士《ろうせんし》とともに、漢帝国の精鋭部隊を構成していた。武帝の時代、富裕化する商人たちに重く課税せよとの発議がなされ、その提案の中に次のような一文がみえている（『史記』平準書）。

吏に準じる者である三老《さんろう》や北辺騎士でない場合、軺車《ようしゃ》には一算（一二〇銭）を課税する。商人の軺車には二算、船には五丈（一一・五メートル）以上で一算を課税する。

軺車とは、官吏のみに乗車が許された小型の馬車であるが、富裕な人々もこれを所持するようになっていた。辺境をまもる北辺騎士は、郷の教化をつかさどる三老とともに「吏に準じる者」（原文は「吏比者」）として、軺車に乗ることが公認されていたわけである。敦煌漢簡のなかには、騎士が作墾などの作業にしたがっている例もあり、平時には雑役をこなす場合もあった。ただし、戍卒とまじって働いている例はない［大庭1985］。

対して戍卒は、庶民男子に課された力役《りきえき》（国家への労働提供義務）の一環である。漢の力役制度に関しては、概要をつたえる史料に解釈の定まらない点があり、また時期による変動も無視できないが、ここではひとまず桓寛《かんかん》の『塩鉄論《えんてつろん》』未通篇から関連する部分を引いておく。『塩鉄論』の背景となっているのは河西のまもりの安定期にあたる昭帝時代だから、その記述は辺境の戍卒を考えるうえで参考になる。

今、陛下は民草をあわれんで、力役の政をゆるめられ、二三歳でまず台帳に載せ、五六歳で退役とされた。

これによれば、二三歳から五六歳までのあいだが対象年齢ということになる。もちろん、ずっと勤め続けるわけではなく、そのあいだの特定期間に就役すればよい。就役期間については、『漢書』鼂《ちょうそ》錯伝の上奏文に、遠方の卒に塞を守らせても、一年で交代してしまうので、胡人の能力を知ることができません。

とある一節にもとづいて、一年とみる説が有力である。しかし『塩鉄論』徭役篇には、これと矛盾するような記述もみえる。

いにしえは一年をこえる徭役も、三か月を越える夫役もなかった。ところが今や、近くとも数千里、遠い場合は万里をこえて、二年にもわたる。

「二年にもわたる」と訳した原文は「歴二期」(二期に歴《わた》る)。就役期間が二年であるかに読めるけれども、「就役期間そのものは一年であるが、遠い土地までの往復に要する月日を含めると、二年ものあいだ故郷をはなれることになる」とも解釈できる。故郷を出てから帰還するまで、さらに長い年月を要する場合のあることは、第五章の末尾で述べる。

以上のような史料にもとづいて、ここではひとまず「二三歳から五六歳までのあいだに一年間」という説を、戍卒就役の原則として採用したい。ただし、出土した名籍類には二三歳未満の戍卒がみえるし、二年をこえて現地に居着いた可能性も否定できない。実際に就役している年令は、二〇代後半から三〇代前半に集中しているようである[鈴木 2017]。兵制は重要な問題ではあるけれども、検討すべき課題も多い。今はこれ以上、深入りせずに、話を先に進めることにしたい。

戍卒と騎士の出身地（本籍）について最後にふれておく。戍卒の出身は表3に示したとおり。武都《ぶと》郡と地元にあたる張掖・敦煌二郡を除くと、函谷関《かんこくかん》より東、関東《かんとう》と呼ばれる地域のいくつかの郡に集中していることが明らかだろう。発掘された史料のかたよりを考慮する必要はあるものの、居延や敦煌地区の戍卒に関東の人間をあてる傾向はたしかに読み取れる。その理由については次章で述べよう。一方で騎士の出身は、居延県のほか氐池県や觻得県、昭武県など張掖郡内にかぎられる。それはこの土地が地元であるというだけでなく、良い馬と乗り手にめぐまれていたためである。「涼州の畜は天下の饒《とみ》」（『漢書』地理志下）というように、涼州すなわち漢の西北一帯は、帝国有数の牧地であると同時に、独特の尚武の気風にみちていた。

表３　戍卒の出身地

居延漢簡（地湾漢簡・額済納漢簡を含む）：

張掖郡内　53｛内訳：居延県 18　氐池県 1　觻得県 24　昭武県 10｝

内　地　（陝西）左馮翊 1

（山西）河東郡 16　上党郡 10

（河南）魏　郡 90　淮陽郡 61　梁　国 43　潁川郡 16

汝南郡 11　昌邑国 1　河南郡 4　南陽郡 34

陳留郡 9　河内郡 1

（山東）東　郡 42　済陰郡 14　琅邪郡 1

（河北）趙　国 31　鉅鹿郡 18

（湖北）南　郡 1

敦煌漢簡（馬圏湾漢簡を含み、懸泉置漢簡を除く）：

敦煌郡内　10｛内訳：敦煌県 5　龍勒県 3　效穀県 2｝

河　西　（甘粛）武威郡 2

内　地　（甘粛）武都郡 28

（山西）河東郡 11　上党郡 6

（河南）潁川郡 9　河南郡 1

（山東）済陰郡 3　東郡 1

＊「戍卒」もしくは「〇〇燧卒」と明記されたもののみ算定。
田卒・治渠卒などは除く。出身地の郡国は現在の省を単位に分類した。

第四章　下級官吏の世界

1．北辺の役人たち

辺境の軍事施設に勤務するもう一方の主役、下級官吏に目をうつそう。都尉府から燧に至る各機関の主要な官職は図11ですでに示したが、あらためて表示するならば表4のようになる。本章ではこのなかから候官以下の機関に勤務する官吏に焦点をあてて、人員配置や出身、職務内容などについて述べてみたい。軍事機関の筋骨にあたるのが戍卒であるとするならば、かれら下級官吏は神経系統の担い手といってよいだろう。

表4　辺境軍事機関官職一覧

（　）内は別称

機関	長官	次官	武官	文官
都尉府（府）	都尉	丞 尉（城尉）	司馬 千人 五百	曹史・卒史 属 書佐（佐）
候官（官・障・塞）	候（障候）	〔丞〕 尉（塞尉）	士吏	令史 尉史
部	候長			候史
燧	燧長			〔助吏〕

まずは官吏の総数について、関連する史料を引く。

最凡候以下吏百八人　☐　（EPT52:376）

合計、候以下の吏が一〇八人。

☐給候以下吏百六人〻一月☐　（EPT53:120）

…候以下の吏一〇六人に支給。一人あたり月に〔以下欠〕

いずれも吏を対象とした稟名籍の一部で、「候以下の吏」とは候官に所属する吏のすべてをさす。右の二枚はA8の出土だから、一〇六ないし一〇八という数は甲渠候官の管轄下にある吏員の総数を意味する。他の木簡の例をみても、この数字は変わらない。前漢末から王莽期を通じて、甲渠候官が所管する官吏の数はほぼ一定していたようである。

「候以下の吏」の顔ぶれを、ひとわたりながめておこう〔李均明 1992／劉 1998〕。

候—候官の最高責任者で、障候《しょうこう》ともいう。一名を常置。

丞—候官の次官。ただし名籍類にみえないことも多く、常置しない官であろうと考えられる。

尉—候官の次官で、塞尉《さいい》ともいう。一名を常置。

士吏《しり》—候官の属吏で、二〜三名を常置。武官であるが、文書の作成にも関与する。

令史《れいし》—候官の属吏で、王莽の時代には「造史《ぞうし》」と改称された。三名前後を常置。

尉史《いし》—候官の尉（塞尉）の属吏で、文書をつかさどる書記。その地位は令史の下。四名程度を常置。

候長—諸部の責任者で、部ごとに一名を常置。配下に一〇の部をもつ甲渠候官の場合、候長の数は一〇人となる。

候史—候長の属吏で、部の文書をつかさどる。各部に一〜二名。

燧長—燧の責任者で、燧ごとに一名。甲渠候官の場合、管轄下の燧は約八〇だから、燧長の数も約八〇人。

助吏―燧長の補佐役で、他燧の燧長が兼任する。置かれた時期が限られており、くわしい職掌は不明であるが、あるいは燧長の識字能力と関係があるのかもしれない。

以上をあわせた合計が一〇六ないし一〇八人というわけである。ちなみに、A33肩水候官跡で出土した木簡の中には、次のような数字がみえている。

給候以下九十一人其卌二人已得三〼　(118.3)

候以下九一人に給する。うち四二人はすでに三（月の…）を得た。

肩水候官の場合、吏員の総数は九一人となっている。候官ごとに百人前後というのが、辺境に勤務する役人の数といってよいだろう。この数字に戍卒の二～三百人を加えれば、一つの候官のもとに配属された吏卒の総数が得られる。軍事機関であるにもかかわらず多数の書記が勤務しているのは、文書や簿籍の整理・作成にあたるためである。この点は、のちにあらためて述べる。

吏に対しても食糧が支給されたことは戍卒と同じ。加えて、かれらは官吏であるから、地位に応じて俸給が支払われた。俸給は原則として銭（現金）で支給され、その額は次のような木簡から知ることができる。

候一人六千　令史三人二千七百

五鳳四年八月奉禄簿　尉一人二千　　尉史四人二千四百　　凡□
士吏三人三千六百　　候史九人其一人候史拓有劾五千四百　□□

（EPT5:47）

出臨木部吏九月奉銭六千
候長呂憲奉銭千二百　終古燧長東郭昌奉銭六百　望虜燧長晏望奉銭＝
臨木燧長徐忠奉銭六百　□□燧長六禹奉銭六百　・凡吏九人銭六千
窮虜燧長張武奉銭六百　候史徐輔奉銭六百
木中燧長徐忠奉銭六百　武賢燧長陳通奉銭六百
＝六百
建昭五年十月丙寅、甲渠尉史彊付終古燧長昌、守閣卒建知付状

（EPT51:409）

前者は候官治下の吏について、人員数と俸給額とをしるした「奉禄簿《ほうろくぼ》」とよばれる台帳で、五《ご》鳳《ほう》四年（前五四）八月の記録。この木簡は左三分の一ほどが欠けているが、本来はそこに候長と燧長の記載があったと推定される。後者は甲渠候官から臨木部に対して建昭《けんしょう》五年（前三四）九月分の奉銭を支出したさいに作成された割符《わりふ》で、部に属する九人の吏（候長一人、候史一人、燧長七人）の姓名と俸給額とを記載している。末尾の一文は、「甲渠候官の尉史の彊《きょう》が終古《しゅうこ》燧長の昌に渡し、倉庫番の卒の建《けん》が渡した状況を承知している」という意味。トラブルがあった場合は建が証人となる。

右の二枚をあわせると、表5のような俸給（月俸）の序列があきらかになる。（ ）の中に示したのは、先の二簡と異なる数字を伝える木簡の例。時期により俸給額に違いがあったものと思われる。このうち俸給一二〇〇銭以下の少吏を指して「下級官吏」と呼ぶことにする。

佐原康夫《さはらやすお》氏の研究をもとに、俸給の支払いについて整理しておこう［佐原 1989］。まず、俸給は食糧と同じく、支給を受ける側の代表が支給する機関（都尉府もしくは候官）まで出向いて受け取った。次の木簡はそのさいの記録である。

第廿三候史良、詣官受部吏奉。三月乙酉平旦入。　（168.5＋224.13）

第二十三部の候史の良、候官におもむいて部の吏の俸給を受け取る。三月乙酉の日の平旦に到着。

こうして受け取った俸銭は、袋に入れて各部へ持ち帰られた。次に引く楬は、そうした月給袋に付けられていたものだろう（図25）。

候史市人已取

表5　俸給表

候（障候）	6,000銭（3,000銭＝127.28）	
尉（塞尉）	2,000銭	以上長吏
候長	1,200銭（1,600銭＝507.11/1,800銭＝甲附1）	以下少吏
士吏	1,200銭	
令史	900銭	
尉史	600銭	
候史	600銭（900銭＝267.27）	
燧長	600銭（900銭＝214.25）	

╱呑遠部　呑北燧長為已取　今取三千六百　（112.29）
萬年燧長已取

「已《すで》に取る」としるされるとおり、候史と二人の燧長は何らかの事情ですでに俸給を受け取っていた。この三人を除いた残りの吏への俸給が、合計三六〇〇銭というわけである。先にあげた受け取りの記録とあわせれば、支給が部を単位としていたことがわかる。

俸給の支払いは、しかし、つねに順調だったわけではない。時として支給の遅れが生じたことは、左のような名籍の文面からうかがえる。

広昌候史敦煌富貴里孫毋憂　未得二月尽五月積四月奉銭二千四百　（T.IV.b.i.253）

広昌部の候史、敦煌県富貴里の孫毋《そんぶ》憂《ゆう》。二月から五月まで四か月間の俸給二四〇〇銭を受け取っていない。

この簡の出土したT4b遺跡は大煎都《だいせんと》候官《こうかん》に比定されている。管轄下の下級官吏に対する俸給の支払い状況を、候官が一覧にして把握していたのであろう。

図25　俸給袋に付けた楬（112.29）　残長11・2㎝

俸給の財源となったのは、賦《ふ》銭《せん》と呼ばれる人頭税であった。A32肩水候官出土の出納簿には、賦銭を支給にあてたことが明記されている。

出賦銭六百。　給東望燧長晏萬閏月奉。　閏月　守令史覇付候長度。　（15.3）

賦銭六百を支出し、東望燧長晏萬《あんまん》の閏月の俸給として支給。閏月（日付け空白）に、令史見習いの覇《は》が候長の度《たく》に渡した。

「閏月」というのは陰暦でいう「うるうづき」で、二〜三年に一度おかれる一三番目の月のこと。また、次にしめす一枚の検はA8の出土で、滎陽《けいよう》県東利《とうり》里で徴収された賦銭の袋に付けられたもの。河南郡からはるばる甲渠候官まで賦銭が運ばれたことをものがたる有名な史料である（図26）。

滎　　東利里父老夏聖等教数
陽　回秋賦銭五千　西郷守有秩志臣佐順臨
□□親具　（45.1A）

滎陽県の秋賦銭五千。東利里の父老《ふろう》の夏聖らが指導して数えさせ、西郷の責任者見習いの志臣と補佐の順が立ち会った。

父老というのは里の指導者。郷の役人による賦銭徴収に、地域の世話役である父老が関与していたことがわかる。この検で注意したいのは、上部に大書された「滎陽」の二字が宛先ではなく賦銭の徴収地をしめしていること。袋を検で封じたうえで他の同様な賦銭袋とあわせて大袋に入れ、あらためて甲渠候官あての検を付けて発送されたと思われる［大庭 1991］。三行目の別筆部分は、その大袋を開封したさいの受け取り側のメモであろうが、文字は判読しがたい。こうして辺境に運ばれた賦銭は、都尉府や候官の「閣」にストックされて、そこから各候官や部に渡された。

なお、俸給は布帛《ふはく》（麻布や絹布）で支給される場合もあった。たとえば、次の支給記録がその一例である。

次呑燧長時尚　桼月禄帛三丈三尺　八月戊申母□取　卩　（EPT6:76）

次呑《じどん》燧長の時尚《じしょう》。七月の俸給として帛三丈三尺。八月戊申の日に母の某が受け取った。

史料としては王莽時代のものが大半を占めていて、何らかの特殊事情が想定されるけれども、銭の代わりに布帛を用いるという発想自体は決して特別なものではない。漢代において布帛は、社会的にも財政的にも銭の補助手段として機能していた［佐原 1989］。布帛による俸給は、そうした状況の反映とみるべきだろう。ちなみに、敦煌T15烽燧から出土した紀元一世紀末の帛片には、縑《けん》（密に織った絹）一匹が六一八銭と墨書されていた（T.XV.a.i.3）。一匹は四丈にあたるから、帛三丈三尺の価格は五一〇銭程度。物価の変動を無視すれば、先に紹介した

図26　秋賦銭袋に付けた検（45.1）長さ17cm

燧長の俸給六〇〇銭をやや下回る額となる。また、甲渠候官管轄下の候史や燧長に十月の俸給として「大黄布《だいおうふ》十三枚」を支給したことをしるす冊書も出土している（EPT59:191〜）。ここにいう大黄布とは布地ではなく、王莽の制定した布銭《ふせん》つまりすきの形をした貨幣の一種。大黄布一枚が千銭にあたる。

2. 勤務評定と昇進

辺境の官吏に任じられたのは、どのような人々だったのであろうか。漢代、地方官吏を任用するにあたっては、次のような原則のあったことが知られている。すなわち、郡太守（長官）と郡丞（次官）はみずからの本籍のある郡への就任を回避し、県の令・長（ともに長官）と県丞（次官）はみずからの本籍のある県だけでなく、本籍のある郡内の諸県への就任も回避する。その一方で、郡の掾《えん》以下は自郡の出身者から、県の掾以下は自県の出身者から、それぞれ任用することになっていた［濱口 1942］。掾というのはまた掾史《えんし》ともいい、役所にあって種々の実務を担当する下級官吏。要するに、長官・次官は外地から赴任し、一般職は現地で採用したわけである。

表6　候長以下の下級官吏出身地

居延漢簡（地湾漢簡・額済納漢簡を含む）による

	居延	觻得	屋蘭	昭武	氐池	番和	合計
候長	7	11		2		1	21
士吏	4	3	1				8
令史	6	9			1		16
尉史	6	1		1			8
候史	5	4		2	1		12
燧長（居延諸燧）	34				1		35
（肩水諸燧）	4	25	4	10	6		49

この原則は辺境においても適用された。候官の吏の場合、郡県の掾史に相当するのは候長より以下の下級官吏であるが、その出身を名籍類からひろってみると、はっきりとした傾向があらわれる。このことは早くから指摘されているが［藤枝1955a］、新しい史料をあわせた結果をあらためて表6に示しておこう。一見して明らかなように、下級官吏はすべて張掖郡の出身者によって占められている。とりわけ興味深いのは燧長の場合で、居延都尉府管轄下の諸燧はほとんどが居延県の出身者で占められ、觻得・屋蘭・昭武・氐池各県出身者の就任先は肩水都尉府管轄下の諸燧にほぼ限定される。いうまでもなく、エチナ河下流に位置する居延県は居延都尉府に近く、觻得以下の県は河西通廊にあって肩水都尉府により近い。現有の史料による限り、燧長は最寄りの県から採用するという原則が読み取れるように思われる。

前章末尾で指摘した戍卒の出身地が示す傾向は、この事実、すなわち居延・肩水両都尉府の下級官吏が張掖郡の出身者で占められることから説明できる。くわしい事情は第六章で述べるけれども、張掖郡を含む河西四郡の住民は、多くが関東からの移民であった。とするならば、地元出身の下級官吏も必然的に、関東人にルーツをもつことになる。そのような官吏にとって、同じ関東から来た戍卒であれば把握が容易で指揮がしやすい。河西に派遣された戍卒の出身が関東に集中する理由のひとつは、そうした点にあったのだろう［高村2000］。

官吏の勤務のはなしに移る。まずは人事異動に関する文書を一通紹介しよう。A8甲渠候官跡の文書庫（F22）から出土した冊書で、全部で五枚の木簡からなる。

牒書。吏遷斥免・給事補者四人〻一牒。

建武五年八月甲辰朔丙午、居延令　丞審告尉謂郷、移甲渠候官。聴書従事、如律令。
（EPF22:56A）

甲渠候官尉史鄭駿　遷缺
（EPF22:57）

故吏陽里上造梁普年五十　今除補甲渠候官尉史　代鄭駿
（EPF22:58）

甲渠候官斗食令史孫良　遷缺
（EPF22:59）

宜穀亭長孤山里大夫孫況年五十七　勤事　今除補甲渠候官斗〔食〕令史　代孫良
（EPF22:60）

牒書《ちょうしょ》。吏の転任免職・採用補充に該当する者四名、一人につき一枚。建武五年（後二九）八月三日、居延県の長官の某［名前空欄］・次官の審が県尉に告げ、郷に通達し、甲渠候官に文書を送る。文書を受け取ったら、律令に従うごとくに対処せよ。

甲渠候官の尉史の鄭駿《ていしゅん》。異動により欠員。

官吏経験者、陽里の上造の梁普《りょうふ》、五〇歳。今次、甲渠候官の尉史に任用。鄭駿に代わる。

甲渠候官の斗《と》食令史《しょくれいし》の孫良。異動により欠員。

宜穀亭長、孤山里の大夫の孫況、五七歳。精勤。今次、甲渠候官の斗［食］令史に任用。孫良に代わる。

最初の一枚は居延県から甲渠候官にあてた通達書、あとの四枚が個々の異動内容をしるした簡である。具体的には、鄭駿の異動により空席になった尉史のポストに梁普が、孫良の異動により空席になった令史のポストに孫況が、それぞれ任用されたというもの。尉史・令史の所属する甲渠候官だけでなく、郷にも異動結果が通達されているのは、梁普の住む陽里を管轄するのが郷であることによる。

官吏の勤務状況は、「功」と「労」ふたつの指標で示される。次の木簡にみられるように、労は何か月と何日間という勤務日数をいい、功は一つ二つと数えられる功績をさす［大庭1953］。

〼候官窮虜燧長簪褭単立。中功五労三月。能書会計、治官民頗知律令。文。年卅歳、＝
＝長七尺五寸。応令。居延中宿里、家去官七十五里。属居延部。　（89.24）

（甲渠）候官窮虜《きゅうりょ》燧長、簪褭《しんじょう》の単立《ぜんりつ》、功は五、労は三か月にあたる。書記と会計に通じ、官民を治めて律令に習熟。文。三十歳、身長七尺五寸（約一七二センチメートル）。応令。居延中宿里の住人、家は候官から七十五里。居延部の所属。

この簡は、燧長の昇任人事にかかわる基礎データ、具体的には「功労案」と呼ばれる上申資料のなかの一枚であろう。「応令」（令に応ず）とは、単立という燧長がそなえている功労などの条件が、吏の人事規定に合致していることをいう［佐藤1996］。このように功と労とを積んだうえで評定をうけて、かれらは昇進していった。

もっとも、この点は辺境に限らず、内地の官吏も同様であった。軍吏である燧長に対して「治官民」（官民を治める）とは奇妙であるが、官吏一般を対象とした決まり文句だと解釈すれば説明がつく。つまり、右のような人事データの形式は、内地・辺境の双方に共通であったと思われる。それはすなわち、官吏の昇進が全国どこでも同じ原則にしたがって運用されていたことを意味する。しかしその一方で、辺境の官吏には特別な法令もまた適用された。

第一は、勤務日数を割り増しする特別算定基準で、「北辺絜令《ほくへんけいれい》」という法令に規定される。「絜令」とは「挈令」とも書き、中央官庁もしくは郡府などが主体となって編集した法令をいう［籾山 2015］。

・北辺絜令第四。候長・候史日迹及将軍吏労二日、皆当三日。　(10.28)

北辺絜令第四。候長・候史の日迹および将軍や吏の労二日は、すべて三日に当てる。

つまりは一・五倍の割り増しであり、端数も「半日」として算定された。候長や候史に日迹の義務があったことは、次のような木簡からうかがえる。

候長武光候史拓　七月壬子尽庚辰積廿九日＝日迹従第卅燧北尽鉼庭燧北界、毋蘭越＝
＝塞天田出入迹。　(24.15)

候長の武光《ぶこう》・候史の拓《たく》。八月壬子から庚辰まで計二九日間、第卅燧から北のかた鉼庭燧の北境まで日迹。みだりに塞の天田を越えて出入りした痕跡なし。

候長・候史の巡回は、持ち場となる部を単位としていた。第卅燧から鉼庭燧までは鉼庭部を構成する。

かれらが特別算定基準の適用を受けるためには、「賜労名籍《しろうめいせき》」と呼ばれる該当者の名簿をそえて申請することが必要であった。次の一枚は、その名籍に付けられた申請書である。

五鳳三年十月甲辰朔甲辰、居延都尉徳丞延寿敢言之。甲渠候漢彊書言、候長賢日迹積三百廿一日、以令賜賢労百六十日半日。謹移賜労名籍一編、敢言之。(159.14)

五鳳《ごほう》三年（前五五）十月一日、居延都尉の徳と丞の延寿《えんじゅ》が申し上げます。甲渠候（甲渠候官の長）の漢彊《かんきょう》からの文書によれば、候長の賢の日迹が合計三二一日となったので、令の規定により一六〇日と半日の勤務日数を加算していただきたい、とのこと。つつしんで「賜労名籍」一編を送ります。以上申し上げます。

文中の「令」とは北辺絜令をさす。この場合、申請者は居延都尉と丞。申請を受けて労の割り増しを認定するのは張掖郡の太守府、具体的には人事担当係である功曹《こうそう》の役目であったと思われる。

第二は、射的の成績による労の与奪で、「功令《こうれい》」という法令に規定される。

• 功令第卌五。士吏候長蓬隊長、常以令秋試射。以六為程、過六賜労、矢十五日。(285.17)

功令第四十五。士吏・候長・燧長は、令の定めにしたがい秋に射のテストをする。六発の命中を標準とし、六発を超えれば、一発につき一五日の労を加算する。

射には弩《ど》を用い、試技は十二発（45.23）。毎年秋におこなうところから「秋射《しゅうしゃ》」と呼ばれた。文中の「令」とは、弩の強さや仕様、まと（「帑《きょう》」という）からの距離などを規定した法令と思われるが、完全な原文はのこっていない。秋射は吏に課された義務であるから、その成績はかならず上級機関に報告される。次の木簡は、そうした個人別成績記録の一部である。

居延甲渠候官第廿七燧長士伍李宮　建昭四年以令＝
＝秋射、発矢十二中帑矢六当。
（EPT52:95）

居延甲渠候官第二十七燧長、士伍の李宮《りきゅう》。建昭四年（前三五）、令にしたがって秋射をおこない、十二発の矢を射て六発命中。

なお、命中しない矢が六発を超えれば、はずれた一発につき一五日の労が削減された（EPT56:337）。秋にテストをおこなうのは、行政年度が十月にはじまり九月に終わるため。労の加算申請書が十月一日の日付になっているのも、同様の理由による。

図27　弩を引く兵士　後漢時代の画像石

下級官吏の勤務評価にあたっては、功・労のような数量化された基準のほかに、執務態度や資産なども対象となった。先に引いた人事異動の冊書のなかに「勤事」（精勤、職務熱心）とあったのはその一例であるが、他にもいくつかの勤務評価にかかわる言葉が知られている［邢 1992］。

甲渠当曲燧長□里公乘張札年卌七　能不宜其官、換為殄北宿蘇第六燧長代徐延寿。（EPT51:63）

甲渠当曲燧長、某里の公乗の張札《ちょうさつ》、四七歳。能力その官職に不適。殄北宿蘇《てんほくしゅくそ》第六燧長に転任し徐《じょ》延寿《えんじゅ》と交代させる。

ここでは「能不宜其官」（能力その官職に不適）というのが転任の理由になっている。左遷先が同じ燧長であるのは奇妙に思えるが、当曲燧は文書逓送をになうかなめの燧なので、任務もそれだけ重かったのであろう。

次は燧長の免職をもとめている例。

河平元年九月戊戌朔丙辰、不侵守候長士吏猛敢言之。将軍行塞、挙駟望燧長杜未央所帯剣刃呈、狗少一。未央貧急軟弱、毋以塞挙、請斥免。謁言官。敢言之。（EPT59:3）（EPT59:4）

河平元年（前二八）九月一九日、不侵候長代理の士吏の猛が申し上げます。将軍が塞を巡視したおり、駟望《しぼう》燧長の杜未央《とびおう》は所持する剣の刃がさび、犬も一匹不足していることを指摘されました。未央は貧急にして軟弱。そのことで指摘を受けてはならない。罷免するよう求めます。以上(将軍の指摘を)取り次いで候官に申し上げます。

この燧長は「貧急にして軟弱」を理由に罷免要求されている。「軟弱」とは今日、心身の弱さを意味する語として用いられるが、右の例では所持する剣や犬(守御器のひとつであった)の不備と関連し、また他の例(EPF22:689)では弩の保管の不備と結びつく。漢代ではむしろ職務の面での「だらしなさ」を指す語であったと思われる。一方「貧急」とは「貧寒」ともいい、資産が一定の基準に満たないこと。右の杜未央の場合どこが「貧急」と判断されたのかは明らかでないが、経済的な「貧しさ」が免職理由となる例は他の木簡にもうかがえる。裏を返せば漢代において、吏には一定の資産が必要だったことになる。居延漢簡に左のような財産記録がみられることも、資産基準と無関係ではないだろう［永田2001］。

候長觻得広昌里公乗礼忠年卅　小奴二人直三萬　用馬五匹直二萬　宅一区萬
大婢一人二萬　牛車二両直四千　田五頃五萬
軺車二乗直萬　服牛二六千　•凡訾直十五萬　(37.35)

候長、觻得県広昌里の公乗の礼忠《れいちゅう》、三〇歳。
小人の奴が二人、三万銭。大人の婢が一人、二万銭。小型の馬車が二輌、一万銭。馬車用の馬が五頭、二万銭。牛車が二輌、四千銭。牛車用の牛が二頭、六千銭。屋敷が一区画、一万銭。耕地が五頃、五万銭。以上、資産の合計一五万銭。

ところで辺境の官吏は時に、中央から派遣された使節の慰問を受けた。こうした慰問使節を「労辺使者《ろうへんししゃ》」（辺地をねぎらう使者）と呼ぶ。興味深い史料をひとつ紹介しよう。A32肩水金関跡から出土した冊書で、編綴《へんてつ》の紐までのこった貴重な例である（図28）。

・労辺使者過界中費　（EJT21:2）
粱米八斗　直百六十　（EJT21:3）
即米三石　直四百五十　（EJT21:4）
羊二　直五百　（EJT21:5）
酒二石　直二百八十　（EJT21:6）
塩豉各一斗　直卅　（EJT21:7）
薺将畺　直五十　（EJT21:8）
・往来過費凡直千四百七十　（EJT21:9）
・肩水見吏廿七人　率人五十五　（EJT21:10）

辺境慰問の使者が肩水候官管轄区に立ち寄ったさいの費用。

粱米八斗、一六〇銭。即（稷？）米三石、四五〇銭。羊二頭、五〇〇銭。酒二石、二八〇銭。

塩と味噌各一斗、三〇銭。生姜、五〇銭。

往復の立ち寄りで要した費用の合計が一四七〇銭。

肩水候官の現有吏員は二七人、ひとりあたり五五銭（の負担）。

中央からつかわされてきた慰問使節の接待費用を、候官の吏たちが共同で出資したさいの決算書。吏が二七人とは、燧長をふくまない、候官勤務者だけの数であろうか。こうした使節の饗応は地方役人の義務であったが、たびかさなれば負担は決して楽なものではなかっただろう［高村 2005］。右の冊書を、王莽の始建国三年（後十一）に「尚書大夫《しょうしょたいふ》の趙並《ちょうへい》をつかわして北辺を労《ねぎ》らわせ」たという『漢書』の記述と関連づける見方もあるが、「卅」「廿」といった数字の表記法は王莽時代の通例にあわない。史書に記録のみえない北辺慰問のひとつであろう。ついでにもう一枚、「労辺」とかかわりのある木簡をあげておく。

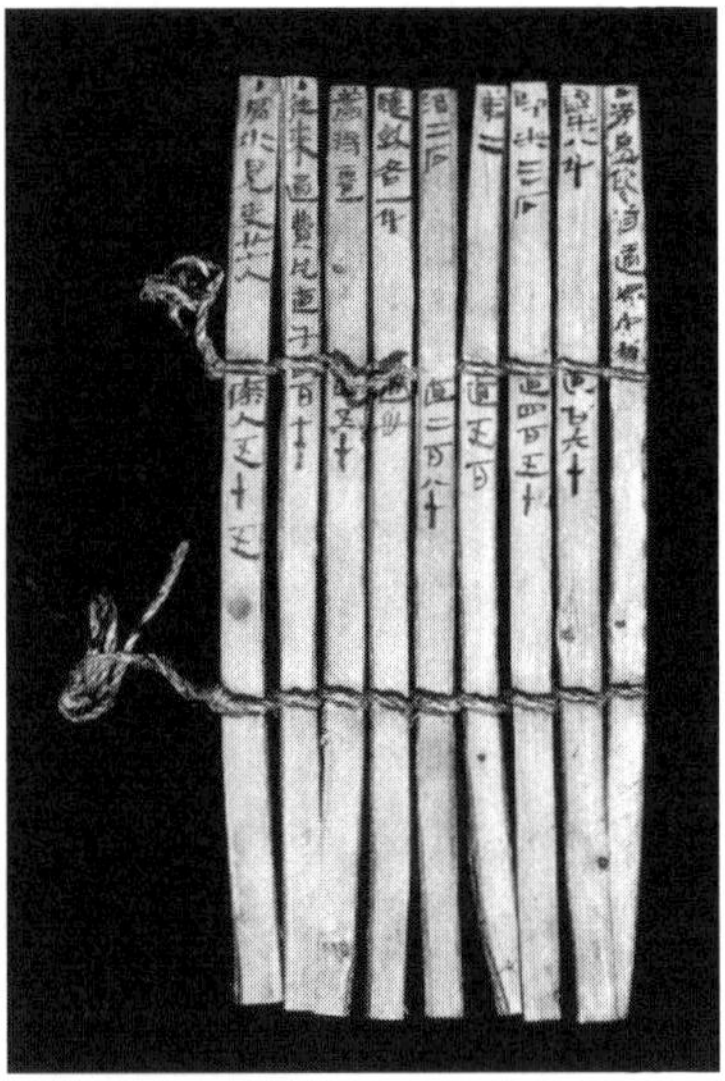
図 28　労辺使者過界中費冊（EJT21:2-10）

⧄坐労辺使者過郡飲、適載塩卌石輸官。　（EPT51:323）

労辺使者が郡に立ち寄ったおりに酒を飲んだ罪で、罰として塩四〇石を車につんで候官まで運ぶ。

残念ながら上端が欠けていて名前や官職がわからないものの、慰問団の接待にあたって酒をめぐる不始末ないし不手際があったらしい。飲んだくれたか、あるいは接待に便乗してお相伴にあずかったのか。

3．文書と帳簿のはたらき

下級官吏たちの職務についてながめてみよう。まず、候長や燧長といった長官について述べるなら、その第一は、いうまでもなく部や燧の指揮・監督である。

候長等各循行部、厳告吏卒、明画天田、謹迹候、常⧄　（EPT5:59）

候長等はおのおの部を循行して、吏卒に対し、しっかりと天田をならし、巡回と見張りをぬかりなく、常に…するよう、きびしく教えさとせ。

したがって、各燧に発生した問題は、燧長の責任であるとともに、部を管理する候長の責任でもあった。次の一枚は、戍卒の不在について釈明をもとめられた例である。

呑遠燧卒賈良不在署。謹験問呑遠候長譚・兼候史呑北燧長褒、辞曰、十二月五日、良　（EPT59:69）

呑遠燧卒の賈良《かりょう》、持ち場に不在。「この件につき」つつしんで呑遠候長の譚《たん》と兼任候史の呑北燧長の褒《ほう》に問いただしましたところ、答えていうに、十二月五日に良は…

もう一枚、やや深刻な例を引く。長文なので、事件の核心部分だけを訳文で紹介しよう。

建武五年（後二九）十二月十一日の夕刻、匈奴が甲渠候官下の木中《ぼくちゅう》燧《すい》の塞の天田に侵入し、木中燧を攻めたので、燧長の陳湯《ちんとう》は堠上に蓬を二つ、塢上に大表一通をあげ、積薪をひとつ焼いた。そのおり城北燧では、助吏の李丹《りたん》が見張りに立っていたが、木中燧に煙があがっているのは見えたものの、蓬は見えなかった。そこで候長の王褒《おうほう》は〔信号があやまっていると思い〕すぐさま李丹に駅馬を走らせてあやまりを指摘に行かせたが、木中燧に着かないうちに、徒歩の匈奴が四人、河の岸からあらわれて丹を追い、さらにうしろから来た二騎とともにまわりを囲み、丹と乗っていた駅馬とをうばって去った。王褒は燧を指導する立場にありながら、勝手に駅馬を丹に使わせ、その結果、匈奴に奪われ、馬をうしなった。褒は、信号をあげるべき時にあげず、その後、堠上に一苣火をあげ、積薪ひとつを焼いた。褒は、信号の取り決めをあやまり、政務に心をくだいていない。

（EPT68:83-92）

匈奴の掠奪対象が人と家畜であることを、あらためて思い出してほしい。緊急事態とはいえ、駅馬を本来の目的以外に使用したことは罰せられるべき行為であった。王褒は結局、職務上の責任を問われ、裁きのために居延県の獄に身柄を送られている（EPT68:81-82）。

このほか、「候史《こうし》広徳坐《こうとくざ》罪行罰檄《ざいこうばつげき》」と名付けられた九〇センチメートル近い長大な木簡には、第十三燧から第十八燧までの六つの燧について、備品の欠陥や塢堠の整備不十分を指摘したうえで、広徳という名の候史を「督《とく》五十」（杖打ち五〇）に罰するとしるされている。本務が書記である候史が罪を問われているのは、候長の補佐役として連帯責任を負わされたためか、あるいは候長が休暇で長期不在のおりに代行を務めるかしたためだろう［永田 1990／高・張 2004］。下級官吏の休暇については次章で述べる。

次に尉史や令史など候官の書記たちを取り上げる。まずかれらは一種の管財係として、物品の保管に責任を負っていた。そのため当番で宿直をつとめ、倉庫の見回り・点検をおこなった。

建始二年十月乙卯朔丙子、令史弘敢言之。廼乙亥直符、倉庫戸封皆完、毋盗賊発者。敢言之。（EPT52:100）

建始二年（前三一）一〇月二二日、令史の弘が申し上げます。昨二一日の当直では、倉庫（穀倉・財庫）の扉の封はみな完全で、盗賊の開いた跡はありません。以上、申し上げます。

しかし、何といっても書記たちの職務の中心を占めるのは、書類の整理と作成である。本書でこれまで引用してきたさまざまな内容の木簡は、ほとんどがかれらの手になるものといってよい。では、そうした書類は、どのような場面で作られ、どのような機能をもっていたのだろうか。二通のよく知られた冊書にもとづいて、書記という役人のしごとを漢帝国の行政システムの中に位置付けてみよう。

第一にとりあげるのは、「元康五年《げんこうごねん》詔書冊《しょうしょさつ》」と名付けられた、八枚の木簡からなる冊書で、大庭《おおば》脩《おさむ》によって復元された［大庭 1961］。出土地はA33つまり肩水候官。少し長いが、全文を引用しておく（図29）。

a御史大夫吉昧死言。丞相相上大常昌書言、大史丞定言、元康五年五月二日壬子日夏＝
＝至。宜寝兵、大官抒
井、更水火、進鳴雞。謁以聞、布当用者。●臣謹案比、原泉御者・水衡抒大官御井、＝
＝中二〃千〃石〃令官各抒。別火 (10.27)

b官先夏至一日、以除燧取火、授中二〃千〃石〃官在長安・雲陽者、其民皆受、以日至＝
＝易故火。庚戌寝兵、不聴事、尽
甲寅五日。臣請布。臣昧死以聞。 (5.10)

c制曰可。 (332.26)

d元康五年二月癸丑朔癸亥、御史大夫吉下丞相、承書従事、下当
用者、如詔書。 (10.33)

e二月丁卯、丞相相下車騎将〃軍〃中二〃千〃石〃郡太守諸侯相。承書従事、下当用者如詔＝
＝書。
少史慶、令史宜王・始長。 (10.30)

f三月丙午、張掖長史延行太守事、肩水倉長湯兼行丞事、下属国農部都尉小府県官。＝
＝承書従事、

下当用者、如詔書。／守属宗・助府佐定。（10.32）
g閏月丁巳、張掖肩水城尉誼以近次兼行都尉事、下候城尉。承書従事、下当用者、如詔書。／守卒史義。（10.29）
h閏月庚申、肩水士吏横以私印行候事、下尉候長。承書従事、下当用者、如詔書。／令史得。（10.31）

冒頭のab二枚は次のような内容である。

御史大夫の吉（丙吉《へいきつ》）がおそれながら申し上げます。丞相の相（魏相《ぎしょう》）よりたてまつられた太常《たいじょう》の昌（蘇昌《そしょう》）の文書に、「太史《たいし》丞《じょう》の定《てい》によれば、元康五年（前六一）五月二日壬子は夏至にあたるとのこと。ついては、いくさをやめ、大官は井戸をさらい、水火を新しくし、雄鶏を進上する行事をとり行なうのがよろしいかと存じます。以上を天子に申し上げ、関係各方面に布告してください」とありました。臣《それがし》、つつしんで

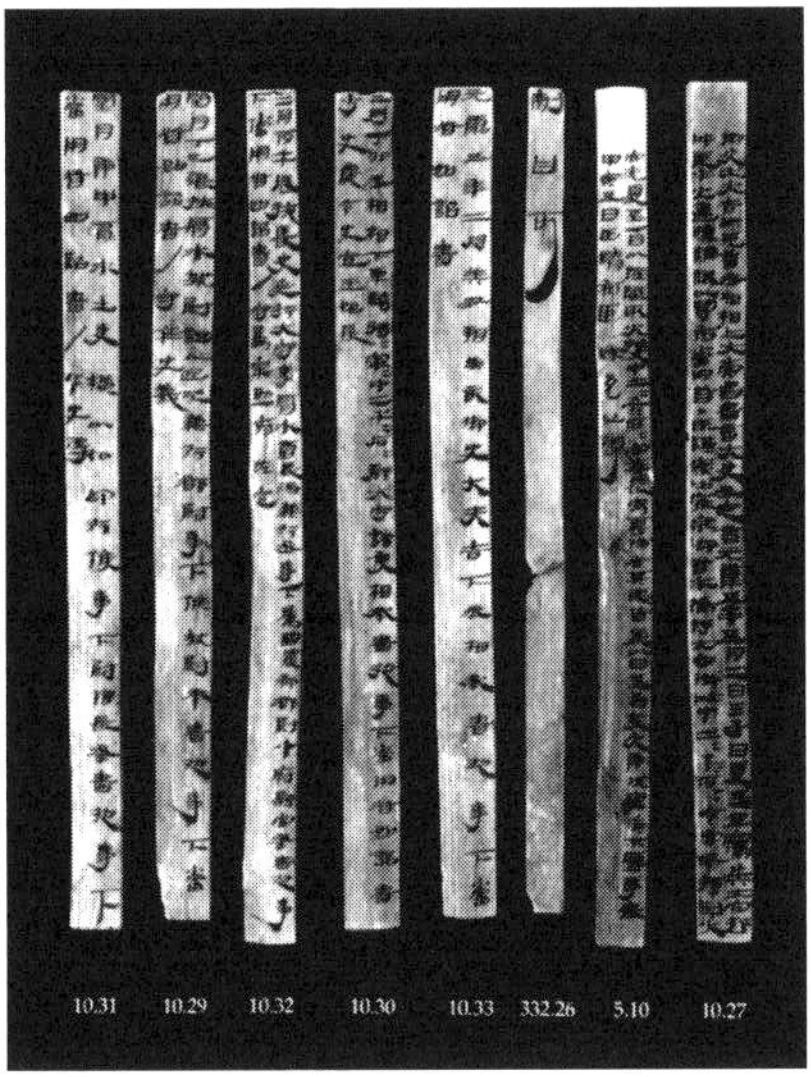

図29　元康五年詔書冊

比《ひ》を調べましたところ、原泉御者と水衡都尉《すいこうとい》は大官の御井をさらい、中二千石と二千石の官は官吏におのおのさらわせる。別火《べっか》の官は夏至の前日に火鑽《き》り臼で火をおこして、長安と雲陽にある中二千石と二千石の官に授け、その配下の民はみなそれを受けて古い火と取り替える。庚戌の日（夏至の前々日）より甲寅の日までの五日間、いくさをやめ、政務をおこなわない。――かように布告いたしたく存じます。以上おそれながら申し上げます。

「太常」はもと「奉常《ほうじょう》」といい、宗廟の祭祀や朝廷の儀礼をになう中央官。「太史丞」は暦をつかさどる太史令《たいしれい》の次官である。伝言ゲームのような冒頭部分は、太史丞→太常→丞相→御史大夫という提言の流れになっている。丞相から御史大夫にあてた文書が「上」（たてまつる）という表現になっているのは、皇帝へ取次がれることを想定しているからである。

「比」とは夏至の行事についての故事・先例［米田 2009］。「水衡都尉」は水に関わる官職であろうが、類例がなく正解は将来に期したい。「原泉御者」は皇室の財政をつかさどる中央官庁で、水司空《すいしくう》や都水《とすい》といった水利関係の役人をも配下に置いていた。「中二千石、二千石」とは中央官庁長官クラスの最高級官僚をさす。雄鶏《おんどり》を進上する（原文は「進鳴雞」）のは、陽の気の象徴として犠牲に供されるのであろう［Bodde 1975］。夏至の日に水と火をあらためる慣行とあわせて、漢代の民俗行事として興味深いが、詳説は割愛したい。ここで注目したいのは、右の文書が御史大夫から皇帝（時に宣帝）にたてまつられた上奏文の形式をもつことである。このような何ごとかの実行を求める上奏文は、皇帝の認可を得たうえで布告される。続く一枚はそのための簡で、「制曰可」の三文字は皇帝が「可」（よろしい）と判断したことをしめす（これを「制可《せいか》」という）。御史大夫が起草した上奏文abは、制可cが加わることで皇帝の命令書すなわち詔書《しょうしょ》となって全土に布告される。d以下の木簡からは、その具体的な伝達のさまが読みとれる。

表7　詔書伝達の流れ

簡	日付	発信者	下達対象	通達内容	書記
d	二月一一日	御史大夫	丞相	内容の実行と関係各方面への下達	
e	二月一五日	丞相	車騎将軍・将軍・二千石・中二千石・郡太守・諸侯相	同右	少史・令史
f	三月二四日	張掖郡太守・丞〔長史・倉長〕	属国都尉・農都尉・部都尉・小府・県官	同右	守属・助府佐
g	閏月六日	肩水都尉〔城尉〕	候・城尉	同右	守卒史
h	閏月九日	肩水候〔士吏〕	尉・候長	同右	令史

dの一枚は二月一一日付。御史大夫の丙吉から丞相の魏相にあてた通達で、内容は「詔書のとおり実行し、また関係各方面に下達せよ」というもの。国家最高の書記官である御史大夫の役割がうかがえる。以下hまでの簡は、発信者と宛先（下達対象）とが異なるほかはdと同一の通達内容で、形式も基本的に同じ。若干わずらわしいので、各項目を表7に整理し

ておく。ｆの発信者を「張掖太守・丞〔長史・倉長〕」と表記したのは、本来ならば張掖郡太守と丞のなすべき職務を張掖長史と肩水倉長が代行したことをしめす。ｇｈの肩水都尉〔城尉〕、肩水候〔士吏〕もまた同じ。

一見してあきらかなように、丞相以下の各段階では複数の官吏が下達対象となっている。こうして、あたかも川の流れが分岐していくように、中央から地方のすみずみにいたるまで皇帝の命令が行きわたっていくわけである。張掖や敦煌のような辺郡も、もちろんその例外ではない。右の表を一覧すると、枝分かれする流れのひとつに、

丞相→張掖郡太守→肩水都尉→肩水候

という道すじのあることが見てとれる。この流れに乗って、長安から肩水候官まで詔書が伝達されてきた。所要時間は五〇日あまり。御史大夫によって決定された夏至の行事は、こうして辺境の候官や燧においても忠実に実行されたはずである。

ここで注目したいのは、文書が逓送される各段階で、詔書内容の執行と下達とを命じる文書が一枚ずつ付け加わっていくことである。ｄ〜ｈはいずれもそうした下級機関への通達文書で、その結果、御史大夫から発信されたときはａ〜ｄの四枚だった冊書が、肩水候から通達される段階ではａ〜ｈの計八枚に増えている。またそれと同時に、この八枚の冊書が、均質の木簡に同一の筆跡でしるされていることにも注意したい。それはほかでもない、各段階の機関において上級からの文書を受け取ったさいに、詔書部分から通達文書までのすべてを清書しなおすためである。下級機関には、この清書した文書が送られる。したがって、復元された「元康五年詔書冊」八枚は、肩水候から尉にあてて送られたものと判断される。候と

尉は候官内において上司と部下の関係にあるが、各種政務の伝達は文書によるのを通例とした［劉 2018］。

上級機関から届いた文書を清書して、あらたに通達文書を起草・添付したうえで下達する。伝達経路のそれぞれの機関にあって、そうした実務をになった者こそ、各級の書記たちであった。具体的にはe以下の簡の末尾にみえる署名がそれで、長安の丞相府では少史の慶と令史の宜《ぎ》王《おう》・始《し》長《ちょう》（e）、張掖郡太守府では守属の宗と助府佐の定《てい》（f）、肩水都尉府では守卒《しゅそつ》史《し》（卒史心得）の義《ぎ》（g）、肩水候官では令史の得《とく》（h）が、文書作成の担当者にあたる。こうした書記のはたらきによって、上部の意思は下部へと伝えられ、中央の命令が地方へと通達された。たとえるならば、脳の指令を末端の各種組織に伝えることが、書記の仕事のひとつであった。

二通目の冊書は、第二章でもとりあげた「橐《たく》他《た》莫《ばく》当《とう》燧《すい》守《しゅ》御《ぎょ》器《き》簿《ぼ》」で、A32肩水金関跡で発掘された。全体は二〇簡から構成されるが、原文をすべてを引用するのは煩雑すぎるため、一部を省略して紹介したい。編綴の紐が失われた状態で出土したため、簡の配列には諸説ある。

1・橐他莫当燧始建国二年五月守御器簿　（EJT37:1538）
2布緯三糒九斗　転射十一　小積薪三　（EJT37:1552）
3驚米一石　深目六　大積薪三　（EJT37:1539）

4驚糒三石　草蓬一　汲器二　（EJT37:1541）
5馬失橐一　布表一　儲水罌二　（EJT37:1545）
6芳橐一　布蓬三　塢戸上下級各一　（EJT37:1549）
…（中略）…
13長杆二　槍卌　狗籠二　（EJT37:1550）
14弩長臂二　羊頭石五百　塢戸関二　（EJT37:1557）
15木画衣二　破釜一　鉄戊二　（EJT37:1548）
16蓬火窅板一　煙造一　畚一　（EJT37:1544）
17皮窅草萆各一　瓦枡二　（EJT37:1542）
18承累四　瓦箕二　（EJT37:1543）
19・橐他莫当燧始建国二年五月守御器簿　（EJT37:1546）
20A始建国二年五月丙寅朔丙寅、橐他守候義敢言之。謹移莫当
燧守御器簿一編、敢言之。　（EJT37:1537A）
20B　令史恭　（EJT37:1537B）

末尾に置かれた二行書きの一枚（20）は、次のような内容の送り状である。

始建国《しけんこく》二年（後一〇）五月一日、橐他《たくた》候心得《こうこころえ》の義《ぎ》が申し上げます。つつしんで莫当燧の守御器簿一編をお送りいたします。以上、申し上げます。〔背面署名〕令史の恭《きょう》。

その前に位置しているのが「守御器簿」の本体で、表題（1）、本文（2〜18）、尾題（19）という三つの部分に分けられる。本文の内容は、いくつかを第二章で紹介したとおり、燧に備える守御器（防衛のための備品）のリストとなっている。

つまり、この冊書は全体として「簿籍本体＋送り状」という構成になっている。送り状の発信者は橐他候（候官の長）心得の義。送り状が候官からのものである以上、冊書全体もまた橐他候官から発送されたものにちがいない。宛先は直接の上部機関にあたる肩水都尉府とみてよいだろう。

それにしても、莫当燧という燧の守御器簿が、どうして候官から発送されているのだろうか。こうした疑問に対して永田《ながた》英正《ひでまさ》氏は、簿籍や送り状の分析をもとに、およそ次のように説明している［永田 1989］。すなわち、候官出土の簿籍類には、下部の部や燧で作成された生《なま》の記録と思われるものが少なからず含まれている（たとえば前章で引いた作簿の類）。このことは、部・燧で作られたあらゆる記録が、未整理のまま候官に提出されたことを意味するだろう。候官はそうした記録をあらためて整理・集計し、上申すべきことがらを簿籍の体裁にととのえたうえで、送り状を付けて都尉府に送る。その典型がほかならぬ「橐他莫当燧守御器簿」なのである。部の候史が作成した莫当燧の備品記録は、橐他候官の令史によって整理・浄書され、送り状を付けて肩水都尉府へと送られる。そうした簿籍はもはや単なる記録ではなく、一種の報告書といえる。

前漢・後漢時代を通じて、地方行政をになう郡・国《こく》（皇族に与えられた王国）は毎年一度、辺境の郡では三年に一度、九月末を区切りとした年間の治政の状況を、計簿《けいぼ》と呼ばれる集計簿によって朝廷に報告する義務を負っていた。計簿をたずさえて上京し、丞相・天子に奉上する形式をとるところから、この制度を上計《じょうけい》（計を上《たてまつ》る）と称する。中央政府は上計制度によって、帝国全土の状況を把握することが可能であった。年度の区切りが九月末となっているのは、十月が年度のはじまりであった秦の制度を継承したためである。秦都の咸陽《かんよう》が陥落したおり、蕭何《しょうか》は財宝類に目もくれず、丞相・御史大夫の役所にあった「律令・図書」をまず押さえ、そのため漢王劉邦は、天下の要害や戸口の多少、地域の強弱や人民の困苦する原因などを、つぶさに掌握できたといわれる（『史記』蕭相国世家）。接収した「図書」の主体となっていたのは、全土から首都に集められていた計簿だったにちがいない。

上計の基礎資料をととのえるため、郡・国は下部機構である県に対して、人口や耕地、金銭や穀物の出納、治安状況などの記録を提出するよう求めたが、候官のような軍事機構についての各種データも同様に、都尉府を通じて郡に報告された。候官や部・燧の実情をしるした報告は、候官から都尉府、都尉府から郡太守府へ、さらには郡太守府から朝廷へと、必要な整理・集計をへた上で送られていくことになる。そして、その各段階で厳格にチェックがなされ、記載の不備や内容の食いちがいなどが発見されると、提出機関に対しては説明を求める文書が送られた。

校甲渠候移正月尽三月四時吏名籍、第十二燧長宣史。案府籍、宣不史、不相応。解何。
（129.22+190.30）

甲渠候から送られた正月より三月までの「四時吏名籍《しじりめいせき》」を点検すると、第十二燧長の宣は「史」とある。しかし府に保管される名籍によれば、宣は「不史」であり、報告と合わない。どう釈明するのか。

「四時吏名籍」とは季節ごとに作成される吏の名簿で、上計の基礎資料となる。「史・不史」については補篇で述べる。この問い合わせにみられるように、甲渠候官から送られた報告書としての名籍は、都尉府の把握しているデータにてらして逐一チェック（「校」）されていた。そうしたデータの照合も、同じく書記の仕事であった。書記たちのはたらきによって、下部の実態が上部へと伝えられ、辺境の実状が中央に把握される。上計制度をささえているのは、各級の書記たちであったといってよい。たとえるならば、末端各組織の状態を脳へ伝達すること。それがかれらのもうひとつの役割であった。

下級官吏のはたらきを通して、辺境の候官や燧は漢帝国のシステムの中にしっかりと組み込まれていた。最後にひとこと付け加えたいのは、本章で述べた実態が辺境に特有なものではない、ということである。特別算定基準こそないものの、内郡の官吏たちもまた、物品の保管や部下の監督の責任を負い、さまざまな文書を整理・作成・発送し、俸給の遅配をうったえ、功と労とをかさねて昇進し、貧窮や軟弱を理由に罷免された。木簡史料からうかがえる辺境の下級官吏のすがたは、漢帝国の全土で展開された役人生活の縮図であった。

第五章　辺境に生きる

1．さまざまなトラブル

辺境から出土した漢簡が伝えてくれるのは、官吏や戍卒のしごと内容だけではない。職務をはなれた人間関係や、そこで生じたもめごとなども、木簡は生き生きと語ってくれる。そうした史料をとおして気づくのは、フロンティアが軍事的な前線基地にとどまらず、吏卒たちの生活の場でもあったという当然の事実である。木簡にみえるトラブルの事例を糸口として、漢人《かんひと》の日常に少しだけ立ち入ってみようと思う。

まずは下級官吏どうしの傷害事件をとりあげる。次に引くのは長文の冊書をなしていた文書の一部。数枚が欠けているらしく、経緯の一部に不明の点があるものの、事件の核心はよくわかる。

廼九月庚辰、甲渠第四守候長居延市陽里上造原憲、与主官　（EPT68:24）
夏侯譚争言闘。憲以所帯剣刃撃傷譚匈一所、広二寸　（EPT68:20）
長六寸、深至骨。憲帯剣、持官六石具弩一・稾矢銅鍭十一枚、持大　（EPT68:21）
□稾一盛糒三斗米五斗、騎馬蘭越燧南塞天田出。案憲闘傷　（EPT68:22）
盗官兵持禁物、蘭越于辺関儌亡。逐捕未得也。案験未竟　（EPT68:23）

さきの九月庚辰の日に、甲渠第四候長心得、居延県市陽里の上造の原憲《げんけん》は、主官《しゅかん》の夏侯譚《かこうたん》と口論のうえあらそいになった。憲は持っていた剣で撃ちかかり、譚の胸を一か所、幅二寸（約五センチメートル）長さ六寸、深さは骨におよぶまで傷つけた。憲は剣を帯び、官有の六石の弩ひとそろいと青銅の矢尻付きの矢十一本を持ち、さらに乾飯《ほしいい》三斗と脱穀した粟五斗が入った大きな（革）袋を持って、馬にまたがり燧の南の長城の天田を勝手に越えて脱出した。憲は人を闘傷し、官有の武器を盗み、禁帯出品を持ち出し、みだりに境界を越えて逃亡したことになる。追跡するも、いまだ捕らえられていない。取り調べは未了…。

夏侯譚という人物はこのとき候官の令史であるが、「主官」を肩書きとしている。主官とは「候官を主《つかさど》る」という意味で、長官である候が不在の場合、その代理を務める立場にあることを示す［汪 2001］。関連する他の木簡から判断すると、事件がおこったのは建武《けんぶ》五年（後二九）の九月八日、舞台は甲渠候官。口論の発端には、どうやら酒がからんでいるらしい。同じ場所から出土した木簡に、次のような文章がみえている。

⧄譲持酒来過候飲。第四守候長原憲詣官、候賜憲・主官譚等酒〻尽、譲欲去、（EPT68:18）
候復持酒、出之堂煌上。飲再行、酒尽、皆起、譲与候史候☐⧄（EPT68:19）

…譲《じょう》（人名）が酒をもって候のもとに立ち寄り飲むことになった。第四候長心得の原憲がちょうど候官に出頭中だったので、候は憲と主官の譚らに酒をたまわった。酒も尽きたので、譲は立ち去ろうとしたが、候がまた酒を持ち、外に出て堂皇《どうこう》の上に行った。ふたまわり飲んだところで、酒が尽

きたので、みな立ち上がって、譲は候史・候〔以下欠〕

さきの傷害事件の前段部分であることはうたがいない。「堂皇」とは、壁のない吹き抜けの建物で、甲渠候官の塢内西がわ壁寄りの一角にあたる。原憲は候官の中庭で狼藉をはたらいたうえ、西南の長城をこえて逃走したわけである。逃走先は、匈奴であった可能性がたかい。

護身のための剣も、ケンカの場では仲間をあやめる凶器となった。ふだん武器を持ちなれていない戍卒の場合は、なおさら危険であったと思われる。次にあげるのは、よく知られた二枚の居延漢簡で、A33肩水候官の出土。内容はいずれも、戍卒が剣で斬りつけあった、いわゆる刃傷沙汰《にんじょうざた》にかかわるものである。

坐廼四月中不審日、行道到屋蘭界中、与戍卒函何陽争言、闘以剣、撃
傷右手指二所　●地節三年八月己酉械繫。　（13.6）

戍卒東郡畔戍里靳亀

戍卒、東郡畔県戍里《はんけんじゅり》の靳亀《きんき》。さきの四月のしかとはわからない一日に、出張で屋蘭《おくらん》県下まで出かけたおり、戍卒の函何陽《かんかよう》と口論になり、剣をもってあらそい、右手の指の二か所を傷つけた罪。地節《ちせつ》三年（前六七）八月二四日に枷《かせ》をはめて身柄を勾留。

坐闘以剣、撃傷戍卒同郡県戈里靳亀右脾一所。

戍卒東郡□里函何陽

地節三年八月辛卯械繫。

（118.18）

戍卒、東郡□里の函何陽。剣をもってあらそい、同じ郡県の戈〔戍の誤り〕里の靳亀の右もも股一か所を傷つけた罪。地節三年八月六日に枷をはめて身柄を勾留。

一読してあきらかなように、二枚の内容は完全に対をなす。すなわち、地節三年四月に屋蘭県下でおこった傷害事件のふたりの当事者、靳亀と函何陽とについて各一枚ずつ作成された傷害事件の記録が、右の木簡なのである。二人は出身の郡県を同じくする同郷者。口論のうえ斬りつけあうまでのいきさつは不明だが、出張のさいの護身用として帯剣を許されていたのだと思われる。

ところで、右の三例で「あらそい」と訳した「闘《とう》」の語は、両者たがいに言い分があってケンカに及ぶような場合に用いられる。これに対して、一方的に危害を加えることを「賊《ぞく》」という。次に引くのは、その賊の例。

廼□□□申、第三燧戍卒新平郡苦県奇里上造朱疑、見第五燧戍卒同郡県始都里皇〼□所持鈹、即以疑所持胡桐木丈、従後墨擊意項三下、以辜一旬内立死。案疑賊殺人、＝＝甲辰病心腹□〼

（EPF22:326）

さきの…申の日に、第三燧の戍卒、新平《しんぺい》郡苦県奇里の上造の朱疑《しゅぎ》は、第五燧の戍卒、同郡同県の始《し》都《と》里の皇《こう》〔意《い》〕と出会い、持っていた鈹《ひ》を〔文字残欠〕、疑の持っていたポプラの木の杖で、背後から意の後頭部を三度なぐった。疑の身柄を拘束して意の容体をみていたところ、一〇日を待たず〔打撲がもとで〕すぐ死亡した。疑は人を賊殺したことになるが、甲辰の日に〔疑は〕心腹〔丈満〕を病み〔以下欠〕。

新平郡というのは、淮陽国《わいようこく》の王莽時代の呼称。「鈹」とは槍の一種で、朱疑は皇意からそれを奪い取ろうとしたのかもしれない。末尾にみえる病名については後述する。「疑の身柄を拘束して…死亡した」と訳した部分は、原文に「以辜一旬内立死」とある一節。中国には古来、傷害事件のさい加害者の身柄を拘束し、傷の程度に応じた一定期間、被害者の容体の推移をみる制度があった。これを「保辜《ほこ》」といい、期間中に被害者が死亡するか否かで罪の内容がことなる。右の例では一〇日のうちに皇意が死亡したため、朱疑は「賊殺人」つまり殺人罪に問われているが、もし死亡しなければ「賊傷人」つまり傷害罪になった公算がおおきい。保辜に関連してもう一枚、甲渠第四燧(P1)から出土した木簡を紹介しておく。

以兵刃索縄它物可以自殺者予囚、囚以自殺殺人、若自傷傷人而以辜二旬中死、予者髡＝為城旦舂。及有

(EPS4.T2:100)

自殺可能な武器や縄そのほかを未決囚に与えた結果、囚がそれで自殺もしくは殺人をおかし、または自己もしくは他人を傷つけて保辜すること二〇日のうちに死亡したならば、与えた者は頭髪を剃《そ》ったうえで強制労働の刑罰。…

入りくんだ文章であるが、漢律の一部であろう。

こうしたトラブルのうちで最も数が多いのは、金銭にかかわるものである。辺境出土の木簡には、吏卒による売買の記録が多くみられる。そのなかには即金による決済の事例もあるが、掛け売り（「貰売《せいばい》」）・掛け買い（「貰買《せいばい》」）もすくなくない。たとえば次の二枚の木簡。

察微燧戍卒陳留郡傿宝成里蔡□子　七月中貰売縹復袍一領直銭千一百故候史鄭武所。
（EPT51:122）

察微燧《さつび》の戍卒、陳留《ちんりゅう》郡傿《えん》県宝成里の蔡某子。七月中に縹色《はなだいろ》のあわせの長衣一着を一一〇〇銭で、もと候史の鄭武《ていぶ》に掛け売りした。

七月十日、障卒張中功貰買皁布章単衣一領直三百五十三堠吏張君長所。銭約至十二月＝尽畢已。旁人臨桐吏解子房知券歯
（262.29）

七月十日、障卒の張中功《ちょうちゅうこう》が模様のある黒い麻の単衣《ひとえ》一着を三五〇銭で三堠吏の張君長《ちょうくんちょう》から掛け買いした。支払いは十二月までに済ませることを約す。立会人の臨桐《りんとう》吏の解子《かいし》房《ぼう》が券歯《けんし》を知る。

前者が貰売の結果を単純に記録するだけであるのに対し、後者は支払期日や保証人を明記した契約文書としての体裁をそなえ、券（割り符）としてのはたらきをもつ。「三堠吏」「臨桐吏」とは見慣れない表現であるが、三堠燧・臨桐燧の各燧長のことであろうか。「券歯」とは改竄防止のために木簡の側面に入れる刻みのことで、文面の数字（この場合は「三百五十」）

と対応している［籾山 1995］。「券歯を知る」とは、契約の証人となること。私的な行為であるはずの売買にかかわる文書が、なぜ候官という公的機関の跡から出土するのか。背後には売買の事実をかならず届け出る制度があったように思われるが［角谷 1994］、ここでは立ち入る余裕がない。

おもしろいことに、こうした類の木簡のなかには、官から支給された衣類を売買している例がみられる（88.13など）。おそらくは吏卒相互で融通し合うかぎり、官給品を売っても違法とはみなされなかったのだろう。ただし、庶民あいてに不当な利益をあげる行為は、さすがに目に余ったとみえ、次のような通達が出されている。

二月戊寅、張掖太守福・庫丞承熹兼行丞事、敢告張掖農都尉・護田校尉府卒人、謂＝
＝県。律曰、臧它物非
銭者、以十月平賈計。案、戍田卒受官袍衣物、貪利貴賈貰予貧困民。吏不禁止、浸＝
＝益多、又不以時験問　（4.1）

二月戊寅、張掖太守の福と、丞兼任の庫丞の承熹《しょうき》とが、張掖農都尉府と護田校尉府《ごでんこういふ》に告げ、県に言う。律に「他人の物を不法に取得した場合、金銭以外のものは、十月の標準価格で価値を評価せよ」とある。戍卒・田卒らは官給の長衣や衣類を受け取ると、それを高値《たかね》で貧しい民に掛け売りして利益をむさぼっている。官吏が禁止しなければ、しだいに数がますであろうし、また即時に取り調べなければ…

後続部分は欠けているが、違法な貰売は律の規定にしたがって贓物罪《ぞうぶつざい》で処罰せよ、との指示がしるされていたものと思われる。戍卒・田卒と民間人とが接触する場のあることも、あわせて記憶にとどめておきたい。

掛け売りがあれば当然、代金の未払いが問題となる。その場合、うったえは原則として候官に提起された。

⧄燧長徐宗　自言、責故三泉亭長石延寿茭銭少二百八十、数責不可得。　(3.6)

…燧長の徐宗《じょそう》。自ら申し立てるには、もと三泉亭長の石延寿《せきえんじゅ》に茭《まぐさ》の代金の不足分として二八〇銭の貸しがある、何度も返済を求めているが得られない、と。

これは貸金の返済を請求した申し立て書で、「自ら言う」という書き出しをもつところから「自言《じげん》」ないし「自言書《じげんしょ》」と呼ばれる（EPT50:199）。申し立てを受けると、候官は、まず貸借の事実を確認し、事実の場合は債権者にかわって貸金の回収をおこなった。次に引くのは、その結果をしるした木簡である。

⧄月　自言、責士吏孫猛脂銭百廿。・謹験問士吏孫猛、辞服負、已収得猛銭百廿。　(EPT52:21)

…月、士吏の孫猛《そんもう》に脂《あぶら》の代金一二〇銭の貸しがあると申し出てきた。士吏の孫猛に問いただしたところ、負債を認めた。猛から一二〇銭を取り立てずみ。

金銭をめぐるトラブルのうちでもっとも有名なのは、「候粟君所責寇恩事《こうぞくくんしょせきこうおんじ》」（候の粟君が寇恩に借金の返済を求めた案件）と名付けられた三五枚の木簡からなる冊書（さらに一枚の楬が付く）で、A８甲渠候官跡の文書室F22から出土した（EPF22:1～36）。先の「橐他莫当燧守御器簿」と同様、出土時に編綴の紐が失われていたため、簡の配列に若干の議論があるが、トラブルの内容自体はかわらない［裘1979／浅原1998］。全体は長文のため、要点だけを訳して紹介する。

まずは粟君のうったえを聞こう。

> 建武二年（後二六）十二月、粟君は寇恩を雇い、觻得県まで魚五千匹を運んで売りさばかせました。運送賃は牛一頭と飼料にあてる穀物二七石です。恩は出かけるとき、魚を四〇万銭で売ってくると請け合いましたが、実際に得たのは三二万銭でした。また、荷車をひかせるために借りていった牛一頭を、売り払ってしまい返そうとしません。運送賃の牛で埋め合わせようとしていますが、それでは二〇石ほどが不足します。

図30　牛車の明器　武威漢墓出土

エチナ河下流地方でとれた魚を売りに行かせていることが、まず興味をひく。K710遺跡でベリィマンは投網《とあみ》用の錘《おもり》をたくさん採集しているし［Sommarström 1956］、また肩水地区のA32金関遺跡からは絹製の漁網の実物や竹製の網結針《あみすきばり》なども出土している［甘粛居延考古隊1978］。エチナ河流域の河川や湖沼で漁撈がおこなわれていたことはうたがいない。觻得県までの所要日数を考慮するなら、運んだのは干し魚かとも思えるが、十二月であればあるいは凍った魚なのかもしれない。それはともかく、せっかく行商に出した魚であったが、あてがはずれて所期の利益をおおきく下まわった。魚の値崩れはいわば不可抗力とはいえ、①「不足の八万銭を補償せよ」というのが粟君の第一のうったえである。さらに、寇恩は粟君が貸与した（と思っていた）牛を自分のものとして勝手に売り払ってしまった。たしかに粟君は、運送賃として牛一頭を寇恩に支払うむね約束していたが、売り払った牛はそれより上等な、時価にして二〇石ほど値の張る牛であった。②「運送賃の牛との差額二〇石を支払え」というのが粟君の第二のうったえである。

では、対する寇恩の言い分はどうか。官吏の取り調べに、かれは次のように供述する。少し長いが、耳をかたむけてみよう。

もともと粟君のために觻得県まで魚を運んで売りさばくことになっていたのは、甲渠候官令史の華《か》商《しょう》と尉史の周育《しゅういく》の二人でした。ところが二人は都合で行けなくなったので、運送賃にあてるようにと六〇石相当の牛と穀物とをそれぞれが差し出しました。粟君ははじめ、華商の提供した黄牛を飼料にあてる穀物とともに運送賃として寇恩に渡したのですが、出発の時になって、周育の差し出した黒牛もおなじ価格だからどちらか好きなほうを選べといいますので、結局、痩《や》せた黄牛をのこし肥えた黒牛のほうを持っていくことにしました。牛は運送賃として受け取ったのであり、粟君から借りたのではありません。寇恩は觻得に行き、魚を売り尽くしましたが、売上額が足りません。そこで黒牛を売り、魚の収益とあわせて三二万銭を粟君の妻の業《ぎょう》に渡しましたが、それでもなお八万銭ほど足りませんでした。寇恩は、車の車軸や羊の革袋などさまざまな器物を買い入れて業の車にのせ、また帰る途上で業のために肉や大麦を買いました。その結果、三石相当の食糧と、一万五六〇〇銭相当の器物とが業の手もとにありました。居延に帰ってから、自分の器物を取りにいったところ、粟君は「お前はわしに八万銭の借りがあるのに、器物を持って行こうというのか」と怒るので、取らずにもどってきました。さらに、寇恩の息子の欽《きん》は去年、三か月と十日のあいだ粟君のために魚を捕りましたが、この間の労賃は穀物で二〇石に相当するはずです。寇恩は觻得県で魚の売上金を業に渡しましたが、当時の時価は一石が四千銭ですから、息子の欽の労賃二〇石＝八万銭とあわせて粟君への負債はすべて支払いずみです。寇恩は觻得から居延までの帰路、二〇日あまりをすべて自腹でまかないましたが、この間の経費もまったく計算されていません。

令史と尉史が関与しているのは、この行商が候官の経費不足を補うものであったことを意味する。寇恩の反論内容はやや込み入っているが、①「粟君には器物や労働の形で八万銭以上をすでに渡した」ということと、②「周育の牛は六〇石相当なのだから、売却しても自分への運送賃に予定していた牛との差額は生じない」ということの二点に要約できる。この両者の言い分に対して、取り調べにあたった官吏は、「寇恩は牛の差額二〇石を粟君にあたえる必要はないし、器物や食糧、欽の労賃などで売上げ不足分は補填ずみである」との判断を下した。つまり官吏の立場は、寇恩にくみするものとなっている。だが、売り払った黒牛と運送賃との落差を問題とする粟君に対して、寇恩が黒牛の売価にいっさい口を閉ざしているのはなぜなのか。その一方で、こまごまとした器物類はいちいちの単価まであげる入念さである（訳文では省略）。はたして寇恩が全面的に正しいのかどうか、うたがってみる余地はありそうだ。とはいえ、のこされた陳述にしたがう限り、寇恩の側に分があることは否定できない。ここはひとまず真相究明をわきに置き、辺境に生きた人々の息づかいを読みとることで満足すべきなのかも知れない。

なお、この事件では居延地区から觻得県へ魚を売りに出かけているが、その反対に、觻得県から居延地区へ商売におもむく場合もあった。トラブルと直接の関係はないが、一例を紹介しておこう。

永始五年閏月己巳朔丙子、北郷嗇夫忠敢言之、義成里崔自当自言、為家私市居延。謹＝
＝案、自当毋官
獄徴事、当得取伝。謁移肩水金関・居延県索関。敢言之。
閏月丙子、觻得丞彭移肩水金関・居延県索関。書到、如律令。／掾晏・令史建（15.19）

永始《えいし》五年（前一二）閏月八日、北郷嗇夫《しょくふ》の忠《ちゅう》が申し上げます。「（觻得県）義成里《ぎせいり》の崔自《さいじ》当《とう》が自ら申請するには、家計のため居延県まで商売に行きたい、とのこと。つつしんで調べますに、自当は裁判で呼び出されている事実はなく、伝《でん》を取得することができます。肩水金関《けんすいきんかん》・居延懸索関《きょえんけんさくかん》に取り次いでください。」閏月八日、觻得県丞の彭《ほう》が肩水金関・居延懸索関に通知する。この文書が届いたら、律令に従うごとくに対処されたし。掾の晏《あん》・令史の建《けん》。

ここにみえる二つの「関」については、第二章で述べた。いずれもの関所も觻得県から居延県へ向かう途上に置かれ、人と物の移動をチェックする機関であるから、そこに宛てた右の木簡は通関のためのパスポート、当時の言葉で「伝《でん》」と呼ばれる文書にあたる［青木2014］。伝の文中に「伝を取得することができる」とあるのは奇妙なように思えるが、正当な旅行者であることを意味する文と考えれば納得できる。「裁判で呼び出されている事実はなく」と訳した原文は「毋官獄徴事」（官獄の徴事なし）。単に「毋徴事」（徴事なし）とも書かれ、裁判（多くは刑事案件）のため出頭を命じられてはいない、といった意味。「高跳び」のおそれがないことを保証するための文言である。

2．吏卒の家族たち

先に引いた寇恩の供述でもうひとつ注意したいのは、粟君の妻に言及していることである。かの女自身も牛車をひいていたことは、「業の車」とあるところからうかがえる。吏卒の家族たちもまた、辺境社会の重要な構成員であった。そのなかから、まずは妻たちのすがたをながめてみたい。最初は前節との関連で、金銭関係のうったえをしるした木簡を紹介しよう。長文のため、原文は割愛する。

…居里の女子、石君佚《せきくんいつ》が、候長の李勝之《りしょうし》に二九三銭の返済を求めた。そこで勝之に問いただしたところ、次のように供述した。「私はもと君佚の夫の彭祖《ほうそ》とともに、殄北塞外候〔文字残欠〕でした。五年十二月に彭祖ら四人といっしょに牛を屠《ほふ》りましたが、そのさいの取り分はすでに決済ずみで、彭祖に対して借りはありません。彭祖は殄北候官白石部に転任してから、書面で私に二九三銭の返済を求めてきましたが、そのおり私は、彭祖に銭を返す必要はなく、すでに決済ずみであるむね、爰書《えんしょ》によって自ら証言いたしました。彭祖が退任して氐池《ていち》県に帰ってから、今日まで四年になります。君佚が今また私に銭の返済を求めてきましたが、私の自証した爰書は殄北《てんほく》候官にあります。」(EPS4.T2:52)

十二月に牛を屠るというのは、後述する臘祭《ろうさい》の準備にちがいない。「爰書」というのは、官吏によって所定の手続きを踏んで作成された一種の証明文書［籾山 1992］。「爰書によって自証」したとは、李勝之が自分に返済の義務はないむね、この文書によって証言したことをさす。おそらくは、牛肉を売却した取り分をめぐる行き違いであろう。夫についで妻もまた同じ請求をくりかえしているが、四年以上も前のうったえを蒸し返しているのはなぜなのか、たしかな理由はわからない。あるいはこの間、石君佚と彭祖の関係に何か変化があったのだろうか。

次は敦煌馬圏湾出土の漢簡にみえる燧長の妻。

元康元年七月壬寅朔甲辰、関嗇夫広徳・佐熹敢言之。敦煌寿陵里趙負趣自言、夫訢為千秋燧長、往遺衣。用令出関。敢言之。

（DMT9:28）

元康元年（前六五）七月三日、関所の長官の広徳《こうとく》と次官の熹《き》とが申し上げます。敦煌県寿陵《じゅりょう》里の趙《ちょう》負趣《ふしゅ》がみずから申し出るには、千秋《せんしゅう》燧長である夫の訢《きん》のもとへ衣類を届けにいきたいとのこと。ついては、令の定めにしたがって出関させてください。以上申し上げます。

ここにいう関所とは玉門関。妻の住む敦煌県は関の東に、夫の勤務地である千秋燧は西にある。関所の役人から発信された通関許可の願い出が馬圏湾から出土しているのは、玉門関を管轄する機関がここに置かれていたことを意味するだろう。

前章でエチナ河流域地区を例として述べたとおり、候長以下の下級官吏には郡内の出身者が任命された。右の二枚の内容は、この原則を念頭におけばよく理解できる。とりわけ燧長の場合はほとんどが、最寄りの県から任用された。それだからこそ、あとの事例にみるように、必要とあれば郷里の妻がみずから届け物をすることもできたのである。逆の例をひとつ引いておこう。A32肩水金関跡から出土した入関の記録である。

居延城倉佐王禹鞮汗里年廿七　●問禹曰、之觻得、視女病。十月乙酉入。

（62.55）

居延城倉《きょえんじょうそう》（居延都尉府の倉）の佐の王禹《おうう》、鞮汗《ていかん》里出身、二七歳。禹に問うに、「觻得県に行き、娘の看病をした」と答えた。十月乙酉に入関。

こうした例をみるかぎり、異郷に赴任するといった感覚からはほどとおい。下級官吏たちは、むしろ家族の存在を背中に感じながら勤務していたはずである。

これに対して戍卒の場合は、第三章で述べたように、関東の諸郡から充当される。郷里をとおくはなれた防人《さきもり》、家族とのしばしの別れといったイメージも、それほど見当はずれでないだろう。たとえば『塩鉄論』徭役篇では、徭役にかり出された男子を案じる家族のさまを次のように述べている。第三章の末尾に引いた一節に続く部分である。

　長男が帰らなければ、父母はかなしみ、妻子はなげく。いきどおりの思いは心中にたぎり、恋いしたう気持ちは骨髄にしみる。

ところが、漢簡の語る現実は、すこし異なるようである。たとえば次に引く木簡のなかには、戍卒の家族があらわれる。

制虜燧卒周賢　妻大女止耳、年廿六、用穀二石一斗六升大。
　　　　　　　子使女捐之、年八、用穀一石六斗六升大。
　　　　　　　子使男並、年七、用穀二石一斗六升大。
　　　　　　　凡用穀六石。　（27.4）

制虜燧戍卒の周賢《しゅうけん》。その妻、大女《だいじょ》の止耳《しじ》、二六歳、用穀二石一斗六升と三分の二升。その子、使《し》女《じょ》の捐之《けんし》、八歳、用穀一石六斗六升と三分の二升。その子、使男《しだん》の並《へい》、七歳、用穀二石一斗六升と三分の二升。用穀あわせて六石。

父大男偃、年五十二。
第六燧卒甯蓋邑　母大女請卿、年卌九。　見署用穀七石一斗八升大。
妻大女〃足、年廿一。　(203.12)

第六燧戍卒の甯蓋邑《ねいがいゆう》。その父、大男《だいだん》の偃《えん》、五二歳。その母、大女の請卿《せいけい》、四九歳。その妻、大女の女足《じょそく》、二一歳。見署用穀《げんしょようこく》、七石一斗八升と三分の二升。

いずれも戍卒の家族に対する一か月単位の食糧配給をしるした帳簿で、「卒家《そつか》属廩名籍《ぞくりんめいせき》」と呼ばれる。二枚の記載形式は若干ことなっているが、前者は配給を申請するさいの、後者は実際に支給したさいの記録であると考えられる［森 1960］。「大男」「大女」「使男」「使女」などとあるのは年齢による男女の区分で、食糧の配給量と対応する。この関係をまとめれば表8のとおり。家族への配給記録は戍卒にかぎられ、燧長の家族を対象としたものはない。大男への支給量は三石三斗三升と三分の一升という説もある。また、大男・大女に対して、使男・未使男を「小男《しょうだん》」、使女・未使女を「小女《しょうじょ》」といった。

注目したいのは、こうした家族への食糧配給簿がA8つまり甲渠候官から出土している点である。それはかれらが戍卒ともども候官によって把握されていることを意味しよう。言いかえれば、ここにみえる家族はすべて、戍卒とともに現地に居住していたことになる。二枚目の簡にみえる「署」の語は、候官や燧に勤務すること、もしくは勤務の部署をいう。とするならば、「見署」（現に署にあり）と注記される家族たちは、戍卒とともに候官や燧に居住していたはずであ

表8　戍卒家族食糧配給量［藤枝 1955a ／ 1955b］

年齢	1～6歳		7～14歳		15歳以上	
性別　男		未使男		使男		大男
女	未使女		使女		大女	
受給量	1石1斗6升2/3	1石6斗6升2/3		2石1斗6升2/3		3石

る［藤枝 1955b］。次にあげる一枚も、そのことを裏づける。

╱府所移觻得書曰、它他県民為部官吏卒、与妻子居官
（188.16+220.5）

〔太守〕府から送られてきた觻得県の文書に言う、他県の民で都尉府管轄下の「官」の吏卒となり、妻子とともに「官」に居住する者は…

続く文章を欠いているが、文中の「官」は候官をさすとみてよいだろう。対匈奴防衛の最前線としての安全性や、建物の規模などの点からかんがえて、家族が候官に居住することがありえたか、なお慎重な検討を要する部分もあるだろう。しかし次章でみるとおり、長城の内側には一般民の居住する県城もあった。厚い塢壁と守御器とでまもられた候官は、むしろ安全だったともいえる。玉門候官に比定される敦煌馬圏湾遺跡からは、子供の玩具と思われる絹製の衣服のミニチュアのほか（図31）、婦人や幼児用の麻の編み靴（枲履）も出土している［甘粛省文物考古研究所 1991］。ここに子供や女性が居住していた可能性はたかい。郷里で嘆いていたはずの父母や妻子が、意外にも戍卒とともに前線で暮らしている

わけである。家族に支給される食糧も、吏卒の場合と同様に、現地の穀物倉から搬出された。

こうした家族連れの戍卒が例外でなかったことは、次のような木簡からうかがえる。

●右城北部卒家属名籍　凡用穀九十七石八斗　（203.15）

以上、城北部の戍卒の家族の名籍。用穀の合計は九七石八斗。

先に引いた食糧支給簿のうち、前者のタイプに付けられた帳尻である。戍卒本人を除いた一家族あたりの支給量は、多くても月に七石、平均三～六石だから、九七石八斗という量は約二〇家族分に相当する。第三章で述べたとおり、一つの部に属する戍卒の数は平均二五人。とするならば、右の城北部の場合、戍卒のほとんどが家族を伴っていたことになる［藤枝 1955a］。もちろん、家族の同居は候官や燧の立地にも左右されたであろうし、呼韓邪単于の帰順から王莽政権の登場までの約六〇年間、対匈奴関係の安定期に固有の現象とみる見解もある［永田 2010］。そうした限定はあるにせよ、居延漢簡によるならば、少なからぬ家族が戍卒とともに起居していた事実は動かない。それが漢帝国の防人たちのすがたであった。

図31　衣服のミニチュア　馬圏湾烽燧跡出土

戍卒の妻の来歴については、内地から同伴してきた場合もあれば、現地の女性をめとった例もある、という以上のことはいえそうにない。たとえば次の二枚の簡にみえる王詡《おうぎ》という戍卒は、出身地と家族構成の両方がわかる人物として貴重であるが、結婚・出産の事情についてひとつに確定することはできない。

戍卒河東絳邑世里王詡　（EPT65:379）

止北燧卒王詡
・妻大女君憲年廿四　皆居署廿九日　七月乙卯妻取
・子未使女=足年五歳　卩
・子小男益有年一歳　用穀四石少
（EPT65:119）

二枚はA８遺跡の同じ区画（T65）の出土であるから、ふたりの王詡は同一人物とみてよいだろう（角谷常子氏の教示による）。かれは河東《かとう》郡絳邑《こうゆう》県（現在の山西省侯馬市付近）の出身であり、君憲《くんけん》という妻と娘の女足《じょそく》、さらに息子の益有《えきゆう》がいる。妻が現地の女性であれば、娘と息子は当然ながら就任後の出生であり、その場合、王詡は五年以上ものあいだ戍卒をつとめていることになる。それよりも内地からの妻子同伴を想定したほうが自然なように思えるけれども、「いや違う。現地で生まれた上の子が帰郷できる年齢になるのを待つうちに、妻が下の子を身ごもったので、ずっと戍卒を続けているのだ」という王詡の声が聞こえてくるような気もする。妻の来歴を確定するには、別の情報が必要だということだろう。

関連して家族の大きさについても述べておく。これまで引いた三通の「用穀」をしるす簿籍において、周賢と王誼の家族は妻と二人の子供をあわせて計四人、蓋邑の場合は父母と妻とでやはり四人となっている。居延漢簡の他の事例でも、妻と二人だけの事例もあるが(203.16)、二人の弟に妻(133.20)、母と二人の妹(254.11)のように、戍卒本人を含めて四人からなる場合が多くを占める。実際の生活単位としての大きさは、これまでの研究があきらかにしてきた漢代家族像、「成人男子を中心に父母・妻子・同産〔兄弟姉妹〕の範囲で構成される五人程度の家族」〔牧野 1942〕という学説と大きく食い違うことはないようだ。

家族についての話題の最後に、甲渠候官から出土した興味深い木簡群を紹介しておこう。本来は冊書をなしていたらしく、よく似た内容の簡が二〇枚ほどまとまって発掘されたが、ここでは記載項目が比較的ととのった例だけを選んで示す。

不侵燧長石野	臘銭八十	十二月壬戌妻君寧取	(EPF22:206)
呑北燧長呂成	臘銭八十	十二月壬戌母与取	(EPF22:207)
第十一燧長陳当	臘銭八十	十二月乙丑妻君閒取	(EPF22:208)
第卅二燧長徐況	臘銭八十	十二月壬戌妻君真取	(EPF22:209)
倶南燧長左隆	臘銭八十	十二月己巳▨	(EPF22:210)
止北燧長竇永	臘銭八十	十二月辛酉妻君佳取	(EPF22:211)
第九燧長単宮	臘銭	十二月辛酉母君程取	(EPF22:212)

第四燧長王長　臘銭八十　十二月己巳自取　（EPF22:213）

箇頭にしるされているのは、甲渠候官管轄下の諸燧。その下に「臘銭《ろうせん》」とあるのは、臘祭《ろうさい》のために国家（たてまえ上は皇帝）から各燧長に賜与された金銭である。臘祭というのは年越しの祭りのことで、冬至のあとの戌《いぬ》の日におこなわれ、祖先と諸々の神とを祭って飲食（神人共食）をした。そのための酒肉をまかなう金銭が臘銭であり、したがって右の諸簡は、各燧長に臘祭の経費を支給した記録ということになる。受取の月がすべて十二月となっているのは、そのためである。

　注目されるのは、「自取」とある一例をのぞいて、臘銭の受取人がすべて燧長の妻または母になっていることである。これは燧長の代理人として受け取ったわけでは決してなく、最初から官吏の妻や母たちが受領するよう想定されていたにちがいない［保科 2004］。秦代の史料であるが、湖北省荊州《けいしゅう》市の周家《しゅうか》台《だい》三〇号秦墓から出土した竹簡に、臘祭に先農《せんのう》（農業神）を祭る作法がしるされていて、その冒頭に「臘の日に、女子を市場に行かせて牛胙《ぎゅうそ》（神に供える牛肉）と酒を買わせる」とみえている［湖北省荊州市周梁玉橋遺址博物館 2001］。臘祭における供物をととのえるのは、女性の役目とされていた。甲渠候官管轄下の燧の燧長は、ほとんど全員が地元居延県の出身者である。臘銭を受け取った母や妻たちは、それぞれに居延県で酒肉を買って、年越しの祭りの準備をしたと思われる。

　なお、ここに並んだ妻の名はすべて「君某」となっていて、母のひとりも君程《くんてい》という。その前の木簡にみえる王誼の妻も名は君憲、牛を屠った取り分を要求していた女性も姓名は石君佚となっていた。「君某」という女性名は史書にも散見しているが、これほどまとまって出現するのは、ある時期の河西地方の流行を反映しているのかもしれない。もしそうならば王誼の妻に関しては、現地女性という解釈が有利となろう。ちなみにいえば、王誼のむすめの名は女足で、その前に引いた甯蓋邑の妻も同名。「女児はもう足りている（これ以上いらない）」というバイアスのかかった命名である［劉増貴 1996］。

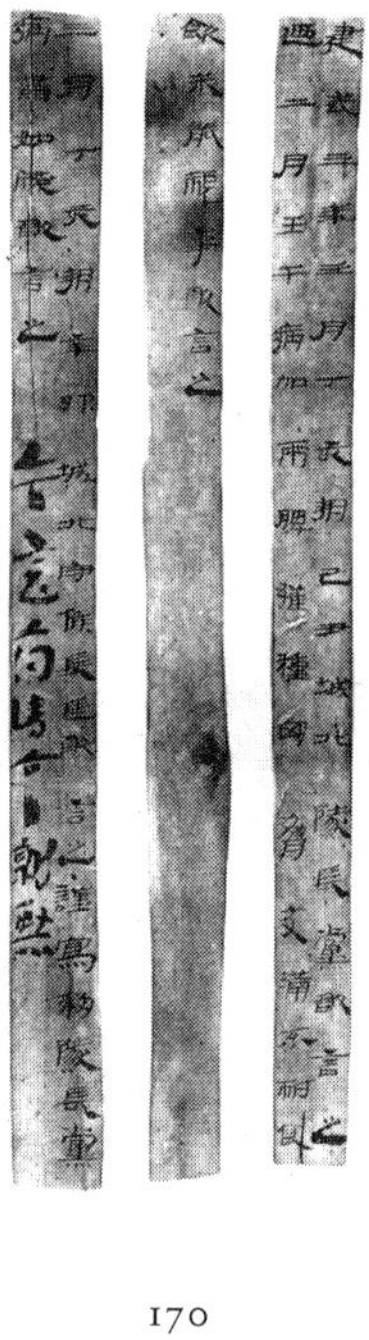
図32　燧長病書冊（EPF22:80-82）

3．病気と休暇と死

第三章で述べたとおり、辺境の吏卒たちには積極的な戦闘の義務がなかった。したがって戦いによる死者の記録は、漢簡にほとんどみられない。わずかに戦死の事実をしるした

☑□□応戦死、燧長延□☑（308.36）

……応は戦死し、燧長の延は……

という断片はあるものの、応（おそらくは人名であろう）の身分はわからない。吏卒の死因で目にとまるのは、むしろさまざまな病気である。

新居延漢簡に、左記のような冊書がある（図32）。

建武三年三月丁亥朔己丑、城北燧長党敢言之。　（EPF22:80）
廼二月壬午、病加両脾雍種、匈脅丈満、不耐食
飲、未能視事。敢言之。　（EPF22:81）
三月丁亥朔辛卯、城北守候長匡敢言之。・謹写移燧長党
病書如牒、敢言之。　今言府請令就医。　（EPF22:82）

建武三年（後二七）三月三日、城北燧長の党《とう》が申し上げます。さきの二月二五日に腹部に腫れ物ができ、胸部が張って飲食にたえず、任務に就くことができません。以上申し上げます。
三月五日、城北部の候長心得の匡《きょう》が申し上げます。つつしんで添付のとおり燧長党の病書を送ります。以上申し上げます。〔以下別筆〕今、都尉府に報告して医者にみせるよう請うた。

一読してあきらかなように、燧長が病気のため職務に就けないことを報告した文書である。三月三日に城北燧長の党が身体の不調を文書で城北部の責任者に告げ（前の二枚）、それを五日に城北候長心得の匡が甲渠候官に取り次いだ（後の一枚を添付）。右の冊書は、甲渠候官が城北部から受け取ったときの文書のすがたで、末尾の別筆部分は候官の長（候）がしるした判断であろう。綴《と》じ紐の上から書き付けたため、「令」字の縦画の一部が白くぬけている。

この例にみられるとおり、辺境の候官や燧において、下級官吏の病気や負傷は上級機関へ報告する必要があった。単なる病状報告というよりも、職務に就けない人員を把握するためであったようだ。したがって職場に復帰すれば、今度はその報告書が作られた。前者を「病書」、後者を

「視事書《しじしょ》」という。右の冊書は病書の典型。第二章で引いた塢の階段から落ちた萬歳燧長の文書は視事書の例。また次の一枚は病書と視事書をあわせた一括書類に付けられた楬であろう（図33）。

陽朔二年正月
尽十二月吏病
及視事書巻　(8.1)

陽朔《ようさく》二年（前二三）正月から十二月までの吏の病書および視事書一巻

一方、戍卒や田卒についての病状報告書ものこされている。

止北燧戍卒魏郡陰安左池里賈広　十二月丙寅病寒熱睺痛　(EPT59:10)

止北燧の戍卒、魏郡陰安県左池里出身の賈広《かこう》。十二月丙寅の日に悪寒がして喉《のど》が痛い。

これは病気になった月日や症状などを戍卒ごとに記入した名簿で、「病卒名籍《びょうそつめいせき》」と呼ばれる。「寒熱」とは熱があって悪寒がすることであろう。次の一枚は、こうした「病卒」の報

図33　病書・視事書につけた楬（8.1）　長さ7・3㎝

告を集めた簡である。

第廿四燧卒高自当、以四月七日病頭痛、四節不挙。　鉼庭燧卒周良、四月三日病苦□□□□□
第二燧卒江譚、以四月六日病苦心服丈満。　第一燧卒孟慶、以四月五日病苦傷寒。
第卅一燧卒王章、以四月一日病苦傷寒。　(4.4A)

第二十四燧卒の高自当《こうじとう》、この四月七日に頭痛を病み、四肢が挙がらず。第二燧卒の江譚《こうたん》、この四月六日に胸腹部が張る病気。第三十一燧卒の王章《おうしょう》、この四月一日に熱病を病む。鉼庭燧卒の周良《しゅうりょう》、四月三日に〔文字欠損〕の病気。第一燧卒の孟慶《もうけい》、この四月五日に熱病を病む。

この簡は背面にも燧卒の病状が三例しるされている（後述）。このほか木簡にみえるのは、癰腫《ようしゅ》（腫れ物）、頭痛《とうつう》、傷寒《しょうかん》（発熱）、心腹丈満《しんふくじょうまん》（胸腹部の膨張感）および胠箭《きょせん》（脇腹の痛み）など。いずれも症状をあらわす言葉であるが、当時においてはこれがすなわち病名であった。したがって、症状は同じでも病因のことなる場合があり、今日の病理学でいう病名を特定することはむずかしい。

病気やケガの治療には、医者と薬にたよる以外にない。治療法の記載がある病卒名籍を二例あげておこう。

当北燧卒馮毋護　三月乙酉、病心腹、丸薬卅五。　(275.8)

当北燧卒の馮毋護《ふうむご》。三月乙酉の日に、心腹〔丈満〕を病む。丸薬三五〔を飲む〕。

昌邑方与士里陳係　十二月癸巳、＝
＝病傷頭右手、傅膏薬。　（149.19+511.20）

昌邑《しょうゆう》国《こく》方与《ほうよ》県《けん》士里《しり》の陳係《ちんけい》。十二月癸巳の日に、頭と右手に負傷し、膏薬《こうやく》を塗る。

候官や燧に薬品が常備してあったことは、守御器簿のなかに「薬盛橐」（薬袋）がみえていることからうかがえる（506.1）。敦煌T8遺跡からは、

顕明燧薬函　（T.VIII.5）　顕明燧《けんめいすい》の薬箱。

という文字のある薬箱の蓋も出土した（図34）。また、次の一枚は処方箋をしるした木簡であるが、上端の両側に切れ込みがあり、薬袋に結びつけた札であろうと思われる。

図34　薬箱の蓋（T.VIII.5）実測図

　烏喙十分、細辛六分、
　朮十分、　桂四分、
傷寒四物。　以温湯飲一刀刲、日三、夜再。行解、不出汗。　（89.20）

熱病のための四種の薬物。烏喙《うかい》を一〇、朮《じゅつ》を一〇、細辛《さいしん》を六、桂《けい》を四の割合にして、温湯でひとさじ、

昼に三回、夜に二回飲む。やがてよくなり、汗を出さない。

四種の生薬のうち、烏喙は烏頭《うず》つまりトリカブトの類の塊根、朮はオオバナオケラなどオケラ類の根茎、細辛はウスバサイシン・ケイリンサイシンなどの根をいい、桂はこの時代であればニッケイの可能性がたかいという［山田1985］。同様の処方箋は甘粛省武威県旱灘坡《かんたんは》の後漢墓から出土した木簡の中にもみえている。

病気や負傷となれば当然、仕事を休まざるをえない。

募当卒張逢時　初病　病　葦　葦　葦　格　葦　休　葦　葦　葦⧄　（DMT12:70）

右は馬圏湾出土の漢簡で、募当《ぼとう》燧（莫当《ばくとう》燧か）に勤務する張《ちょう》逢時《ほうじ》という戍卒の作簿すなわち作業記録。最初の二日が「病」つまり病欠となっている。三日目には治ったらしく、葦の刈り取り作業にたずさわった。復帰したさいには、視事書が別途、提出されたにちがいない。六日目にみえる「格」とは、葦を束にして積薪を組み上げる作業であろうか。

もう一枚、候史の日迹簿をあげておこう。二月から九月に至る病欠と復帰のようすが逐一しるされている。

神爵四年二月丙申視事初迹尽晦廿九日　　七月廿九日
三月廿九日　　八月卅日

甲渠候史公乗徐恵倩日迹簿　四月甲午迹尽丁未十四日　九月廿九日
　四月戊申疾尽五月丙子廿九日不迹　凡迹積二百六日
　五月丁丑有瘳視事迹尽晦十六日
　六月卅日
（EPT53:38）

甲渠候史、公乗、徐恵倩《じょけいせん》の日迹簿。神爵《しんしゃく》四年（前五八）二月丙申の日に初めて持ち場に就き、月末まで巡回すること二九日。三月は〔日迹すること〕二九日。四月甲午の日から丁未まで巡回すること一四日。四月戊申の日に病気になり五月丙子まで二九日のあいだは巡回せず。五月丁丑の日に回復して持ち場に復帰、月末まで巡回すること一六日。六月は三〇日。七月は二九日。八月は三〇日。九月は二九日。以上、巡回の合計二〇六日。

勤務と病欠の日数をこまかく記録するのは、前章で述べた「労」の算定とかかわるからにちがいない。
ところで、先の張逢時の作簿にはまた「休」という文字がみえている。病欠が「病」であるとすれば、「休」とは通常の定期休暇をさすのであろう。戍卒に休暇の制度があったらしいことは、このほかにもたとえば、

• 詰尊、省卒作十日輒休一日、于独不休。尊何解□〼
（EPT59:357）
尊《そん》に問う、省卒は一〇日間の作業ごとに一日の休みがあるのに、于《う》（人名）だけは休んでいない。尊はこれをどう説明するのか。

といった文書の断片によってうかがえる。作簿の多くが九日を単位にしるされていることも（100頁）、一〇日に一日の休暇があったことの傍証となろう〔邢1993〕。

一方、下級官吏の場合は、休暇の申請にかかわる文書によって、より具体的なようすがわかる。まずはA8出土の三枚の木簡からなる冊書をみよう。

永光二年三月壬戌朔己卯、甲渠士史彊、以私印
行候事、敢言之。候長鄭赦父望之不幸死。癸巳
予赦寧。敢言之。（57.1A）
令史充（57.1B）

永光二年（前四二）三月一八日、甲渠候官士史の彊《きょう》が、私印をもって候（候官の長）の職務を代行し、申し上げます。候長鄭赦《ていしゃ》の父親の望之《ぼうし》が不幸にも死亡しました。ついては来月二日に赦に休暇を与えられますよう。以上、申し上げます。〔書記官署名〕令史の充。

「休暇」と訳した原文は「寧《ねい》」。近親者の逝去にともなう休暇、つまり忌引《きび》きをいう。もとより予定にない臨時の休暇であるから、候官に申請して取得する必要があった。これを「取寧」（寧を取る）といい、右の冊書はその申請書にあたる。

忌引きの取得には、みずから候官に出向いて許可を得る方法もあった。この場合は「取急」（急を取る）という。「急」と呼ぶのは、差し迫った休暇といった意味であろう。

第卅六燧長成父不幸死、当以月廿二日葬、詣官取急。四月乙卯蚤食入。（52.57）

第卅六燧長の成、父が不幸にも死去し、今月二二日に葬儀のため、候官に至り急を取る。四月乙卯の日の早朝に入る。

右の簡はいわゆる「詣官簿《けいかんぼ》」、すなわち候官に出頭した到着記録で、「入る」とは候官の門などから塢内に入ることをいう［永田 1973］。燧長の成は父の葬儀のために忌引きの許可を取り付けるべく、甲渠候官の門をくぐったわけである。ちなみに、漢簡には「以令取寧」（令を以て寧を取る）（312.24）、「以律取寧」（律を以て寧を取る）（EPS4.T2:144）といった表現がみえており、「寧」の取得について定めた律令のあったことがうかがえる。

忌引きの期間は、逝去した親族や郷里との距離などの違いによって異なっていたと思われる。たとえば次の断簡は、それが六〇日であったことを推測させる。

〼取寧積六十二日、不到官。移居延、亟遣。・一事一封〼（185.29）

寧を取って六二日になるのに、候官に到着しない。文書を居延県に送り、ただちに寄こすよう通達した。一件一封。

休暇を取って居延県に帰省中の下級官吏について、県官に呼び出し状を送った発信の記録であろう。一方で、敦煌馬圏湾から出土した木簡には、父の逝去で三〇日の欠勤という例もある（補篇参照）。

漢代官吏の休暇としては、このほかに「洗沐《せんもく》」と呼ばれる定例休暇があった。洗沐とは本来、髪をすすぎ体を洗うこと。ふだんは官舎に起居する官吏が、沐浴を名目として家に帰ったところから、転じて休暇を意味するようになった語で、五日ごとに洗沐のため家に帰って父親にあいさつした石建《せきけん》の話が広く知られる（『漢書』石奮伝）。漢簡に「洗沐」の語はみえないが、「更休《こうきゅう》」（交代の休暇）とあるのは定例休暇を指すのではないか。たとえば次の通行証にみえる「便休」は「更休」のことにちがいない。

　　建武八年十月庚子、甲渠守候良遣臨木候長刑博

過所□便休十五日。門亭毋河（苛）留、如律令。　（EPF22:698AB）

過所。建武八年（後三二）十月一六日、甲渠候心得の良が臨木候長の刑博《けいはく》を行かせて、一五日の更休を取らせる。関門・駅亭は引き留めてはならない。律令に従うごとくに対処せよ。

上端にしるされた「過所《かしょ》」の二文字は「通過地点」という意味で、移動経路のチェックポイントにあたる機関を一括した宛名。休暇のために通行証が必要であったのは、刑博が関所や宿駅を経由して郷里まで帰省したためだろう。甲渠候の発行した通行証が甲渠候官から出土しているのは、往路・復路ともに使用したことを意味する。候長が長期休暇のあいだ、候史が職務を代行したらしいことは、前章で述べた。

吏卒の病気にもどろう。先に引いた病卒簡4.4Aの背面は、次のような記載になっている。

第卅七燧卒蘇賞、三月旦、病両胠箭急、少愈。
第卅三燧卒公孫譚、三月廿日、病両胠箭急、未愈。
第卅一燧卒尚武、四月八日、病頭痛寒炅、飲薬五斉、未愈。　（4.4B）

第卅七燧卒の蘇賞《そしょう》、三月一日に両脇のひどい痛み、やや回復。第卅三燧卒の公孫譚《こうそんたん》、三月二〇日に両脇のひどい痛み、回復していない。第卅一燧卒の尚武《しょうぶ》、四月八日に頭痛と悪寒あり、薬五錠を飲むも、回復していない。

ここには三人の戍卒の回復状況がしるされていて、欠勤中も病状記録が作成されていたことがわかる。「回復していない」とある病状のゆくえは不明だが、投薬が効を奏して完治することもあれば、薬石効なく死去する場合もあった。次の一枚は、その不幸な例。

田卒平干国襄□成安里李瞫年卅七　本始五年二月丁未、疾心腹丈満死。右農前丞則主。　（293.5）

田卒、平干《へいかん》国襄□県成安《せいあん》里の李《り》瞫《たん》、四七歳。本始五年（前六九）二月九日、胸腹部の張る病気で死去。右農前丞《ゆうのうぜんじょう》の則《そく》が担当。

田卒とは一種の屯田兵、右農というのはそれを管轄する機関。詳しくは次章で述べる。辺境出土の木簡のなかに、こうした病死の事例はすくなくない。

戍卒や田卒が死去した場合、その所持品は官に収容された。次の二枚の簡はその記録である。

入戍卒觻得安国里毋封建因病死。　官襲一領　銭二百卌
官絝一両　初元五年九月辛未朔庚寅、令＝
絥一両
＝史宣受第廿四燧長福。　（287.24）

戍卒、觻得県安国里の毋封建《かんふうけん》、病気のため死去。官給のうわぎ一着、官給のズボン一本、くつした一足、銭二四〇を収容。初元五年（前四四）九月十日に、令史の宣が第二四燧長の福から受け取る。

出物故三石具弩一完、槀矢銅鍭五十完　五鳳二年五月壬子朔丙子▨　（418.2）
戍卒魏郡内黄東郭里詹奴
幡一、蘭莞各一、負索一完　•凡小大五十五物

物故した戍卒、魏郡内黄《ないこう》県東郭《とうかく》里の詹奴《せんど》の、三石の強さの弩ひとそろい、完全。青銅製矢尻付きの長い矢五〇本、完全。弩のカバー一つ、完全。えびらと蓋各一。背負いひも一本、完全、を搬出。大小あわせて五五点。五鳳二年（前五六）五月二五日に〔以下欠〕

前の一枚は、衣類と銭とを収容した例。あとの一枚は、武器類を搬出した例（図35）。収容と搬出の主体は候官であろう。いずれの簡も側面に刻み（刻歯）をもち、割り符として用いられたことがわかる［籾山 1995］。このように死者の所持品は、矢の一本にいたるまで細かく

チェックを受けて、勤務先から回収された。後任の戍卒は、したがって、あらたに支給された衣服と武器とを持って配属されることになる。

ところで、右に引いた衣類の収容リストには、襲（うわぎ）と絝（ズボン）・絉（くつした）があるだけで、肌着の類はみられない。そのわけは、次の木簡から明らかになる。

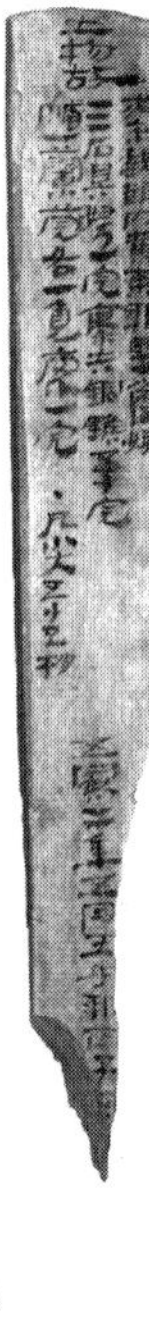
図35　「出物故」券（418.2）残長19㎝

縑復袍一領　□蓋苑一　　白布衿褕一領　白布単衣一領　白布巾一
皁復絝一両　白革履一両　・右在官　　白布単絝一両　・右在槥中　（206.23）

縑《きぬ》のあわせの長衣一着、あわせの黒いズボン一本、〔一字不鮮明〕の碗一つ、白い革製の靴一足、麻のひとえの長衣一着、以上は官にあり。麻のひとえの上着一着、麻のひとえの股引一枚、麻の頭巾一、以上は「槥《えい》」の中にあり。

「苑」字を「盌《わん》（碗）」と解して訳した。衣類のなかに一点だけ什器がまじるのも奇妙であるが、正確な意味はわからない。数段にわたる記載は、段ごとに読むのが原則だから、「縑復袍」から「白布衿褕」までの五点が「官」に収容された物品、「白布単衣」以下の三点が「槥中」に収められた衣類ということになる。「官」とは候官、「槥」とは小さな仮の棺《ひつぎ》をいう。比較的貴重な物品五点は候官に収容され、おそらくは再度の利用に供された。他方、最低限の肌着三点は、死者に着せて棺に収められたにちがいない。このように、死去した戍卒の衣類は二つに分けられ、一方は官へ、他方は死者へ渡された。毋封建の木簡にみえる衣服の記載は、前者のリストだったわけである。

右の木簡の記載は、はからずも死者のいでたちを伝えている。さらしの上下の肌着を着けて、さらしの麻の頭巾をかぶる。それが彼らの、さしあたりの旅装束であった。漢の律令の規定によれば、従軍中の兵士が死去した場合、「死んだ場所で槥を作り、居住する県まで運んだうえで、葬衣と棺をたまわった」（『漢書』高帝紀注に引く「金布令」）。だから辺境での戦闘が激しくなると、「槥車《えいしゃ》（戦死者のひつぎを載せた車）が道に引きも切らずに望まれた」（『漢書』韓安国伝）。病死した戍卒のなきがらも戦死者同様、槥車に載せられて帰郷した。

敦煌懸泉置から出土した漢簡に、次のような一枚がある。「伝信《でんしん》」と呼ばれる公用の通行証で、公務の用件と通過地への通達とから構成される。写真は公表されていないけれども、他の伝信と同様に、一枚の木簡の上部に用件、下部に通達をしるす形式であったと推測される。

【用件】神爵四年十一月癸未、丞相史李尊、送獲（護）神爵六年戍卒河東・南陽・潁川・上党・東郡・済陰・魏郡・淮陽国、詣敦煌郡・酒泉郡。因迎罷卒送致河東・南陽・潁川・東郡・魏郡・淮陽国、并督死卒伝槥。為駕一封軺伝。

【通達】御史大夫望之謂高陵、以次為駕、当舎伝舎、如律令。

（I0309③：237）

【用件】神爵《しんしゃく》四年（前五八）十一月二三日、丞相府の史の李尊《りそん》が、神爵六年の戍卒を、河東郡・南陽郡・潁川《えいせん》郡・上党郡・東郡・済陰郡・魏郡・淮陽国から護送して、敦煌郡と酒泉郡に至る。そのさいに退役する戍卒を迎え、河東郡・南陽郡・潁川郡・東郡・魏郡・淮陽国へ送りとどけ、あわせて死亡した戍卒の櫬《ひつぎ》を載せた伝車を監督引率する。この任のため「一封の軺伝《ようでん》」に乗る。

【通達】御史大夫の蕭望之《しょうぼうし》が高陵《こうりょう》県に言う。〔李尊は〕駅馬を順次乗り継ぎ、伝舎に宿泊する資格あり。律令に従うごとくに対処せよ。

このような中央から発せられる伝信は、御史大夫の印で封じられ、出張する官吏が所持したが、用件に応じて封印の数と馬車の格式が決められていた。「一封の軺伝」とは「封印一か所の伝信を持つ者が乗る駅継《えきつ》ぎの軺車」の意味で、牽引する馬は一頭。これがもし両封の伝信であれば、馬車は二頭立てとなる。御史大夫からの通達先が高陵県となっているのは、みやこの長安を出て最初の経由地であるためだろう。

李尊はこの伝信を持って軺車に乗り、河東郡から淮陽国まで八つの郡国をまわって「神爵六年の戍卒」を集め、敦煌・酒泉両郡へ引率していく。長い道のりをたどるので、十分な時間の余裕をもって、就役予定の前々年に長安を出た。神爵四年の翌年は五鳳《ごほう》と改元されたため、六年という年は存在しないけれども、長安を出る時点では新元号が未定であるので、「再来年度に就役する予定の戍卒」といった含意で「神爵六年の戍卒」と呼んでいる〔胡・張2001〕。新しく就役する戍卒を郡大守府まで引率すると、それぞれの配属先へと送り出し、交替で退役して来る戍卒（「罷卒《ひそつ》」という）を待った。罷卒が候官の吏に連れられて到着すると、かれらを引き取って帰途につき、出身の郡国へそれぞれ送りとどける。死亡した戍卒を載せた櫬車も、そのとき一緒に故郷へ帰ることになる。徴発されて辺境におもむいた戍卒の、ひとつの帰郷のすがたであった。

第六章　フロンティアの構造

1. 田官と屯田

一九九七年八月一二日午前十一時、中国・モンゴル国境に近い岩山に登る。山頂では吹き付ける強風が、オボーに挿したたくさんの枯枝を鳴らしていた。オボーとはモンゴリアに固有の積み石の塚で、峠や山のいただきなどに立てられる。この山頂に立つそれは、ボル＝オボー（灰色のオボー）と呼ばれていた。そのオボーを背に南をのぞめば、眼下にはエチナ河の終着点、ソゴ＝ノール（水牛の湖）のかがやく湖面が見わたせるはずであった。

だが、湖のすがたはどこにもない。湖水のかわりに広がっていたのは、はるか地平線まで続く褐色の乾いた大地。この年、エチナ河下流域の河川や湖沼は、すっかり干上がっていた。祁連山《きれんざん》に発する河の流れは、居延にとどいていないのだ。われわれの乗ったランドクルーザーは、イヘン＝ゴルの枝分かれした支流のひとつ、ドゥンドゥル＝ゴル（真ん中の河）の河床を走り、ソゴ＝ノールの湖底を横切って、オボーの立つ山のふもとへたどり着いたのであった。

河や湖が完全に干上がったのは、一九九四年のことであるという［景 1996］。その原因は、エチナ河上流にあたる河西通廊が急速に工業地帯化し、取水用にダムを築いたためらしい。もちろん西北科学考査団が訪れた一九二〇年代にダムはなく、湖も河も豊富な水をたたえていた。一九二七年の秋、ヘディンは双胴の丸木船を仕立てて、われわれが車を走らせたドゥンドゥル＝ゴルをくだり、「薄いガラス板のような」ソゴ＝ノールの湖上に浮かんでいる。

図36　干上がったドゥンドゥル=ゴル

> 左岸の土手はけわしいが、右岸はゆるやかである。両岸には、森が密生している。右岸の森は、落日にくっきりと浮かび上がっている。木の幹はほとんどれんが色で、黄色くなった葉に日射しを浴びて、梢は黄金のように輝いている。左岸には、砂地にみごとなポプラの老木がそびえている。その場所は魅力にあふれ、人を招くかのようである。まるで王室庭苑のようだ。［ヘディン 1928 表記を一部変更］

ドゥンドゥル＝ゴル下流域の景観を、ヘディンはそう描写している。

事実、この「王室庭苑」は、とおい昔から人々を招き寄せてきた。一九三〇年の春、ベリィマンは、ボル＝オボーのある岩山のふもと、ソゴ＝ノール北岸の一帯で、石器時代の遺物を数多く採集している［Maringer 1950］。石刃《ブレイド》や尖頭器《ポイント》、石斧や土器片など。水と獲物にみちた湖岸の土地は、当時の人々にとっても魅力的だったにちがいない。
それ以後、近年にいたるまで、エチナ河の下流地域は、まさにこの「水」あるがゆえに、ゴビの中の貴重なオアシスとして注目をあつめてきた。第一章で引いた北魏の袁翻《えんほん》の言葉に「耕作にたいへん適している」とあったことを思い起こしたい。くだっては、元朝のエチナ総管、忽都魯《フトル》もまた世祖《せいそ》フビライに「管轄下に耕作できる土地がある」と上奏し、この地に渠（水路）をひらき屯田をおこなっている（『元史』地理志三）。西夏がハラ＝ホト（カラ＝ホト）を築いたのも、東西貿易の要衝というだけの理由ではないだろう。そして事情は、漢代でもまた同様であった。

エチナ河下流域にのこる遺跡は、烽燧や長城のような建造物にとどまらない。イヘン＝ゴルの東方、いにしえの居延沢にいたる地域では、耕地や用水路など農業関係の遺構があちこちに確認されている。耕地の多くはヤルダン（砂丘）の上にあり、黒い砂利の表土層によって識別されるという［Sommarström 1956］。農地や水路の正確な年代を判定するのは困難であるが、この一帯で漢代に農耕がおこなわれていたことは疑いない。甲渠候官跡から出土した漢簡には、農業関係の記述もまた少なくないし［徐 1984／裘 1997］、「甲渠」という名称自体、水利施設にちなんだ命名である。本章では農業経営に焦点をあてて、フロンティアの構造を解きあかしてみたい。

まずはA8甲渠候官出土の送り状の断簡からはじめよう。

▨□丞事、謂庫・城倉・居〻延〻農・延水・卅井・甲渠・殄北塞候。写移。書到令□

⧄□□□書、如律令。／掾仁・守卒史□卿・従事佐忠。

（EPT51:40）

……丞の職務〔を代行して〕、庫、城倉、居延県、居延農《きょえんのう》、延水《えんすい》、卅井・甲渠・殄北各候官の長にいう。文書を写し送る。届いたならば、……律令に従うごとくに対処せよ。掾の仁・卒史心得の某卿・従事佐の忠。

居延都尉府から送られてきたと思われる文書であるが、通達先を列挙した中に、庫や城倉（いずれも都尉府の倉庫）、居延県などとならんで「居延農」「延水」という官名がみえていることに注意したい。居延農とは農地を管轄するいわゆる田官《でんかん》で、『塩鉄論』園池篇にいう「北辺の田官」に相当する。

太僕《たいぼく》・水衡《すいこう》・少府《しょうふ》・大農《だいのう》などの官庁では、年ごとに諸々の収入や農地・牧地からの利益、池や禁苑の貸出し料などを割りあて、また北辺には田官を置いて、諸般の費用をまかなおうとしているが、それでもなお足りない。

田官が管轄するのは、軍事的な入植すなわち屯田によって開拓された耕地であった。居延農はまた「部農《ぶのう》」とも呼ばれる。

入穈小石十二石、為大石七石二斗。征和五年正月庚申朔庚、通沢第二亭長舒受部農第＝
＝四長朱⧄

（273.9）

穈（クロキビ）を小さな枡で一二石搬入、大きな枡では七石二斗にあたる。征和《せいわ》五年（前八八）正月〔一日?〕、通沢第二《つうたくだいに》亭長《ていちょう》の舒《じょ》が部農第四長の朱某から受け取る。

穈の出納に関する記録。「第四長」とは部農の属吏で、各地区の屯田を担当する。このほか居延漢簡には、「右農」「左農」といった官名がみえ、その各々がさらに前・後・左・右に分かれていた。

☐五鳳三年十一月甲戌朔庚子、左農右丞別田令史居付甲渠令史慶尉史常富／候漢☐
（EPT51:308）

五鳳《ごほう》三年（前五五）十一月二七日、左農右丞別田令史《べつでんれいし》の居《きょ》が甲渠候官令史の慶《けい》と尉史《いし》の常富《じょうふう》に渡す。候の漢…

「別田令史」とは、あらたな耕地の開拓を任務とした吏であろう〔裘 1997〕。いずれも居延農に所属する屯田管轄官と思われるが、「第○長」との関係はあきらかでない。

こうした屯田官は全体として張掖農都尉《ちょうえきのうとい》の管轄下にあった。農都尉とは屯田による農業生産をつかさどる官で、張掖郡の場合は番和《ばんか》県に役所が置かれていた。第四章で引いた「元康五年詔書冊」のf簡に「属国農部都尉（属国都尉・農都尉・部都尉）」とみえていたのがこれである。

一方「延水」とは水利を担当する水官で、丞・令史・卒のほかに、「水工《すいこう》」と呼ばれる水利技術者などが所属する。

／禄　六月戊戌、延水=工白褒取。　（EPT65:474）

…の俸給。六月戊戌の日に延水の水工の白褒《はくほう》が受け取る。

右は俸禄簿の断片であり、水工が俸給の支給される官職であったことがわかる。ちなみに言えば、李広利《りこうり》が汗血馬《かんけつば》を得るため大宛国《だいえんこく》を攻めたとき、水工に命じて王城の給水路を断たせたと『史記』大宛列伝は伝えている。

こうした屯田地区では、「代田法《だいでんほう》」と呼ばれる農法が採用された。細長い耕地に各一尺幅のうね（「隴《ろう》」）とみぞ（「甽《けん》」）をつくり、みぞの中に種をまく。発芽したのちは、苗の生長に応じてうねを少しずつくずし根もとに土を寄せれば、盛夏のころには隴と甽とが同じ高さとなって作物の根は深く張られ、風や日照りによく耐える［西嶋 1956］。――以上が代田法のあらましで、隴と甽との位置を一年ごとに交代させるところから「代田」の呼称がある。『漢書』食貨志《しょっかし》上によれば、これは武帝の末年に捜粟都尉《そうぞくとい》となった趙過《ちょうか》が提唱した農法で、その主要な施行地区のひとつに「辺郡および居延城」があった。風と旱《ひでり》に耐えるところが、乾燥地に適した農法として注目されたことはいうまでもない。

エチナ河下流域（『漢書』のいう居延城の一帯）で実際に代田法が施行されていたことは、A10遺跡出土の木簡から裏付けられる。

入穈小石十四石五斗。始元二年十一月戊戌朔戊戌、＝
＝第二亭長舒受代田倉監歩、都丞延寿臨。
（273.24）

穈（クロキビ）を小さな枡で一四石五斗搬入。始元二年（前八五）十一月一日、第二亭長の舒《じょ》が代田倉《だいでんそう》の監理責任者の歩《ほ》から受け取り、都丞の延寿《えんじゅ》が立ち会った。

先に引いた簡と同じく、穈の出納についての記録。始元二年は前漢昭帝の初めにあたる。「代田倉」とは、代田法によって耕作された屯田の収穫物を収納した倉庫の名称にちがいない［西嶋 1956］。A10からは木製の耬車《ろうしゃ》の一部も出土している（図37）。耬車とは、種まきのみぞを切るためのいわゆる作条《さくじょう》犂《すき》で、犂先に鉄製の刃を着けて使用した［陳・徐 1982］。

ところで、居延地区出土の屯田関係の木簡にしるされた年号は、武帝期のものが若干ある以外、ほとんどが昭帝・宣帝の時期に集中し、元帝期以降のものはみられない。これは後述する肩水地区でも同様であるが、その理由は、元帝期以後この地域の屯田事業が後退したためと考えられている［裘 1997］。したがって田官も当然、設置されなくなるわけで、たとえば王莽期の年号をもった送り状をみると、通達先の官を列

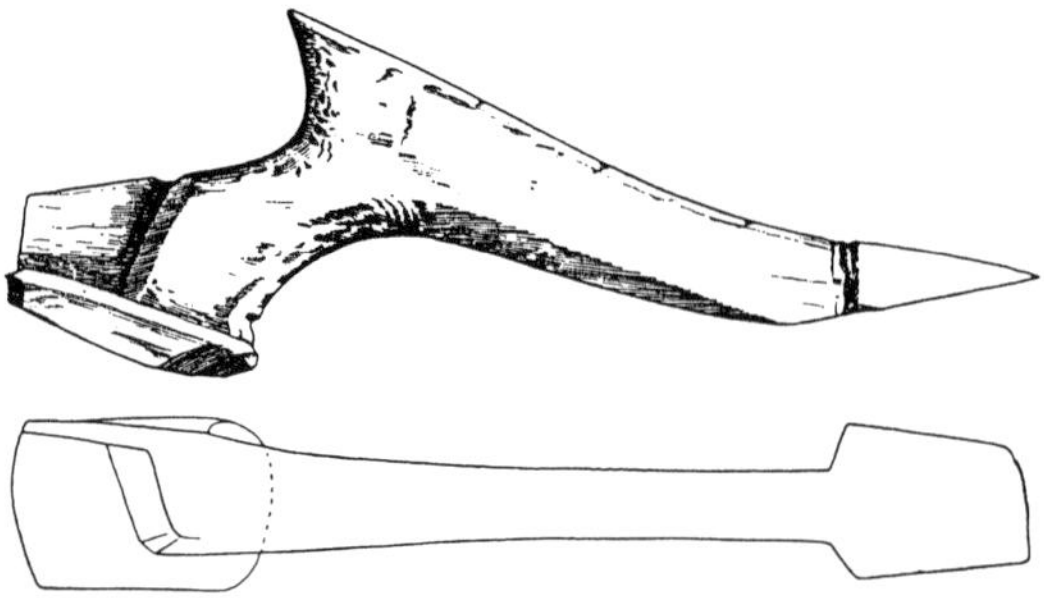

図37　耬車の残片　残長31.5cm

挙した中から居延農の名が消えている（EPT65:23A）。ただし、農業そのものが衰退したわけでは決してなく、一般民による耕作はずっと続けられていた。『漢書』西域伝下に伝える桑《そう》弘羊《こうよう》の上奏に、次のような一節がみえている。

屯田すること一年にして穀物の蓄積ができたならば、民の壮健にして妻子家族をもつものを募って屯田地へおもむかせ、穀物をさらにたくわえること（つまり農業）を本業とさせます。

具体的には西域を念頭に置いた発言であるが、屯田によって耕地を開いたのちに一般農民を入植させるのは、漢代における辺境開発の通例であった［邵 1988］。その場合の入植とは、自由意志によるのではなく、半強制的な移民である。『漢書』地理志下はその間の事情を次のように述べている。

その住民は、あるいは関東の極貧者であったために、あるいは復讐の程度が度を過ごしていたために、あるいは背逆無道なおこないをしたために、家族ともどもここに移されてきた者たちであった。

河西通廊の住民についての記述であるが、エチナ河下流地域にも当てはまる。「関東の極貧者」とは、漢のオルドス開発によってひきおこされた、あいつぐ黄河の洪水で、家や耕地をうしなった人々を指す。匈奴から奪った牧地を開墾したために、作物のない冬場に大量の土砂が黄河に入って流れのゆるやかな下流域に堆積し、河底を浅くした結果の氾濫であった〔譚 1978〕。

エチナ河下流域に設けられた居延県は、本来そうした入植者の居住地であった。元康二年（前六四）の紀年をもつ通行証に「居延令（居延県の長官）の勝之《しょうし》」とみえるのが居延県の存在をつたえる最も早い例であるが（213.28＋213.44）、その設置はさらに古くさかのぼるだろう。県民の中から候官や燧の下級官吏が任用されたことは、第四章で述べたとおりである。居延県城の所在地については、K710に比定する説が有力であるが〔陳 1963／薛1991〕、ハラ＝ホト東方の緑城《りょくじょう》とみる見解も出されている〔李并成 1995・1998〕。K710は長方形の城壁をもち、周囲の長さは四八〇メートルあまり。一方の緑城は楕円形にちかい城壁で、周囲の長さ一二〇五メートル。新説が批判するとおり、前者は県城として小さすぎるとも思えるが、対する緑

図38　K710城内の石臼

城も城内に建築物の跡がみとめられないという難点がある。緑城の城壁に見えるのは、農地を囲んだ壁にすぎない可能性もあろう〔景 1994〕。いずれの遺跡も近郊に漢墓群があり、そのいくつかは発掘調査されている。詳細は未発表であるが、K710の東方一キロメートルにある墓群は小型磚室墓が多くを占めており〔岳 1993〕、居延県民の墓であろうと推定される。埋葬人骨の理化学的な分析が可能となれば、住民の構成や由来について新たな知見が期待できよう。

農業経営の実態について、漢簡の語るところは必ずしも十分でない。ただその中で、次の一枚は注目にあたいする。

墾田以鉄器為本、北辺郡毋鉄官、卬器内郡。令郡以時博売予細民、毋令豪富吏民得多＝取、販売細民。（EPT52:15）

田地を耕すには鉄器によるが、北辺の郡には鉄官がなく、鉄器の供給を内郡に仰いでいる。ついては、郡が時を定めて貧しい民にひろく売り与えよ。豊かな吏民が多くを独り占めにして貧しい民に売りつけることのないように。

木目の通った簡に美しい書体で書かれているところから、詔令《みことのり》の一部であろうと思われる。「鉄官」とは鉄器の鋳造と分配を管轄する役所で、鉄の主要な産地に置かれていた。鉄を産しない地方では、かわって郡府が分配に関与していたことになる。辺境における鉄製農具普及の実態をつたえた貴重な木簡であると同時に、前章でふれた官衣の貰売とよく似た人間関係がうかがえることにも注意したい。この箇にいう「細民」の実体は、候官や燧の吏卒が官給の衣類を売りつけた「貧困民」、隣接する県城に住んでオアシスを耕していた人々であったに違いない。

ここに至って私たちは、居延都尉府下の防衛線がまもっていたものに、あらためて気付くであろう。エチナ河下流域、居延オアシスの耕地と居民、それこそがまもるべき対象であった。もう一度、図15をながめてみたい。北・西・南の三方を殄北・甲渠河北・卅井の各長城と烽燧が固め、東方は差しわたし五〇キロメートルにおよぶ広大な居延沢の水面が天然の防壁をなす。また、河北塞の南端と卅井塞の西端との間、烽燧線が空白になっている一帯においては、イヘン＝ゴルの谷が侵入をはばむ。湖沼や河川と烽燧線とが形づくる扇形地帯の中心には、農地がひろがり、県城《まち》が置かれていた。扇のかなめ、卅井塞とエチナ河との接点には居延懸索関が位置する。かつてこの地を踏査したベリィマンは、甲渠河北塞と卅井塞の二本に加え、古居延沢の東と北にも長城線を想定したうえで、計四本の長城からなる菱形の防衛線がオアシスを取り囲んでいると考えた［Bergman 1945］。居延沢の外側の長城は確認されていないけれども、長城の目的が居延オアシスを防衛することにあるとみた着眼は正しかったといってよい。

したがって、烽燧に挙げる蓬《はた》や苣火《たいまつ》も、その目的は都尉府に異常を伝えるとともに、背後の居民区や屯田区に対して警戒をうながすことにあった。「夜に匈奴が侵入したら、塢上に苣火を挙げて、明け方まで絶やすな」という蓬火《ほうか》品約《ひんやく》の規定（56頁）からは、苣火のもつ警報としての性格が読みとれる。単に連絡のためであれば、隣の燧に確認され次第、火を消してもよいはずである。実際、唐の兵部式では、「前方の烽火台が応答し終えたら、すぐに火を消せ」と定められている。それを挙げ続けよということは、火のある限り危険が去っていないむね警告するために相違ない。昼間に挙げる蓬についても、同様の役割が想定される。匈奴の掠奪対象が人と家畜である以上、何よりもまもるべきは農民や田卒ならびに牛馬であった。

誤解のないように補足しておけば、大規模な匈奴の侵入は、もちろん京師《みやこ》にも通報された。ただし、そのさいに用いる手段は、蓬火ではなく文書であった。前漢の宣帝時代、魏相をついで丞相をつとめた丙吉《へいきつ》に、次のような逸話が伝わっている。

丞相丙吉の馭吏《ぎょり》（馬車の御者をつとめる役人）は酒癖が悪く、ひとが免職するよう勧めたが、丙吉は「士を棄てるわけにはゆかぬ」ととりあわない。この馭吏は辺郡の出身で、辺境が警備態勢にはいった場合の事情にくわしかった。たまたま外出のおり、駅騎《えきき》が紅白の袋に辺郡からの緊急文書を入れて馳せて来るのに出くわした。あとをつけ、公車《こうしゃ》（皇帝への上書を取りつぐ役所）に至って様子をさぐると、匈奴が雲中《うんちゅう》・代《だい》の二郡に侵入したとの報告である。急ぎ引き返して丞相に言うよう、「匈奴が侵入した二郡について、老齢や病気で兵馬の任に耐えない長吏がいるか、調べておくとよいでしょう」と。ほどなく皇帝から呼び出され、二郡の吏について下問があった。丙吉はつぶさに答え、辺境の経営に心をくだき職務熱心との評価をうけた。（『漢書』丙吉伝より大意）

紅白の袋（原文は「赤白囊《せきはくのう》」）は緊急文書の証しである。それは駅から駅へと早馬のリレーで逓送され、伝達速度は一昼夜に千里（約四〇〇キロメートル）を標準とした。馭吏が出会ったのは、そのアンカーにあたる駅騎であった。辺境の軍事的緊張がたかまると、臨戦態勢をととのえるため、老齢・病弱の吏は更迭される。辺郡出身の馭吏は、そうした事情を熟知していたわけである。

2. 肩水オアシスの相貌

エチナ河中流域、肩水地区へ目を移そう（図39）。ここでもまた農耕の存在をしめす遺跡がみとめられる。たとえば、T183烽燧付近には耕地の痕跡が検出され、A35肩水都尉府跡でも城塞に隣接して農地と用水路が確認されている［Sommarström 1958］。A35遺跡のモンゴル語ニックネームはタリャランギーン＝ドゥルベルジン、つまり「農地の四角形（城壁）」。この土地で近年にいたるまで農業がいとなまれていたことを思わせる。

農耕遺跡の年代は明確に決めがたいものの、この地区に居延農に相当する屯田官が置かれていたことは間違いない。「騂馬《せいば》田官」または「騂馬農」と呼ばれるものがそれで、たとえば次のような木簡にその名称があらわれる。

〼騂馬田官元鳳六年三月辟除〼　(187.16)

騂馬田官元鳳《げんほう》六年（前七五）三月の任命の〔下欠〕

A35出土の断簡。A35出土簡には「第二長別田令史」という肩書きもみえるから（47.5）、

図39　肩水オアシス

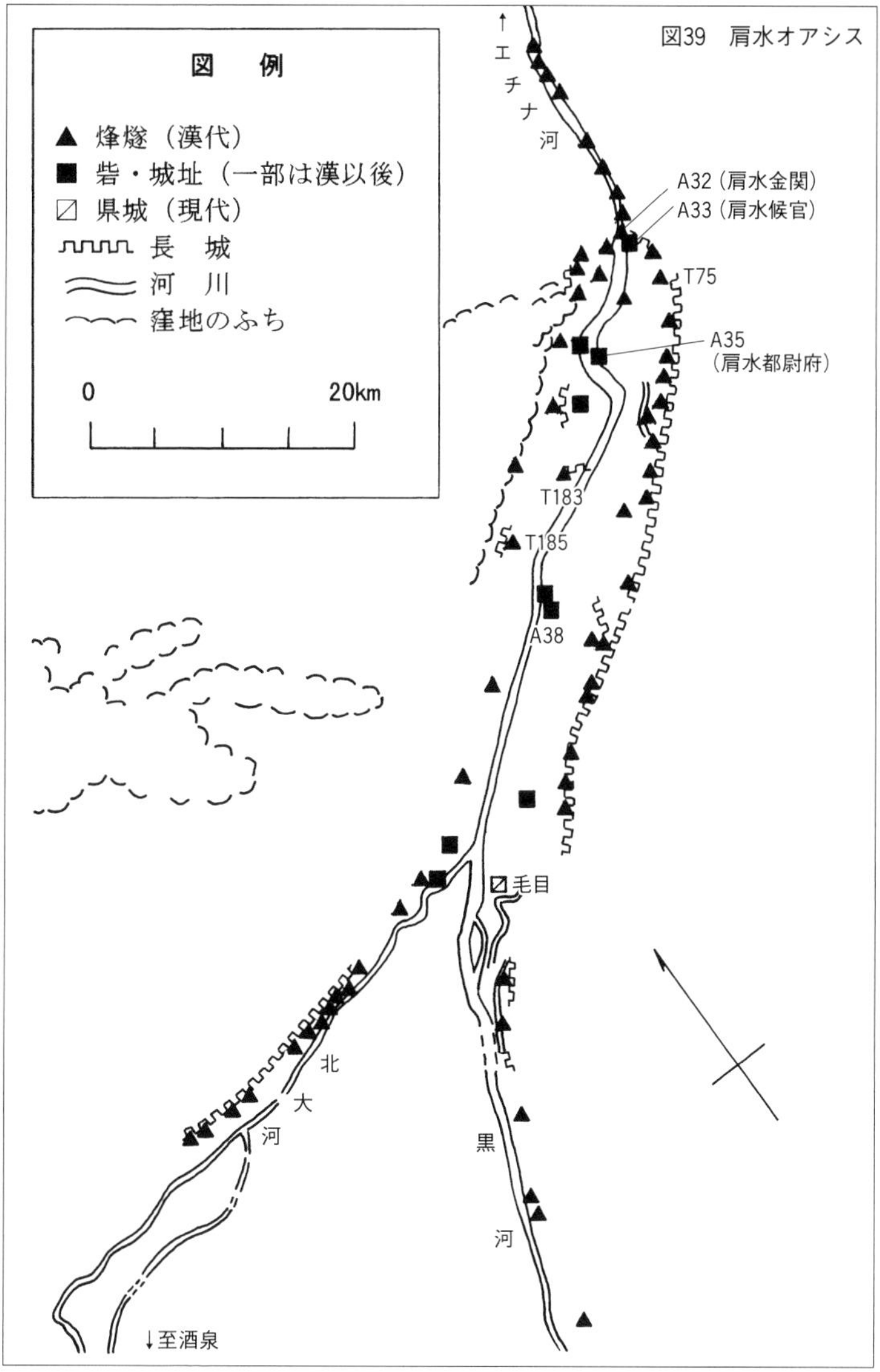
図　例
▲ 烽燧（漢代）
■ 砦・城址（一部は漢以後）
◪ 県城（現代）
長　城
河　川
窪地のふち
0
20km
↑エチナ河
A32（肩水金関）
A33（肩水候官）
T75
A35（肩水都尉府）
T183
T185
A38
毛目
北大河
黒河
↓至酒泉

居延地区と同じ構成の屯田組織があったと推定される。

田卒すなわち屯田兵に関するまとまった木簡が出土していることも、肩水地区の特徴である［陳・徐 1963］。ひとつは田卒の名籍で、左のような書式をもつ。

田卒大河郡任城小新昌里公士荘延年　年｜　年廿四　（497.21）

田卒、大河郡《たいが》任城《じんじょう》県小新昌《しょうしんしょう》里の公士、荘延年、二四歳。

多くの簡をつらねた冊書の一部。次の一枚はその表題にあたる。

受大河郡田卒卅九人　（514.38）

大河郡の田卒三九人を受け入れる。

この記載によれば、田卒の入植は郡を単位におこなわれていた。言いかえるなら、郡ごとに担当する屯田区が割り振られたものと思われる。

もうひとつは田卒の衣類をしるした木簡で、次のような書式をもつ。

田卒淮陽郡長平業陽里公士兒尊年廿七

襲一領｜　犬絑一両｜

絝一両｜　私絑一両｜

貫賛取┃　（19.40）

表9　田卒の出身地（居延漢簡による）

張掖郡 2										
内　地	（山西）	上党郡	7							
	（河南）	魏　郡	20	淮陽郡	35	梁　国	15	潁川郡	2
		汝南郡	7	昌邑国	14	河南郡	18	陳留郡	1
	（山東）	東　郡	6	済陰郡	9	大河郡	8		
	（河北）	趙　国	7	平干国	5				

＊［鈴木 2017］の付表に地湾漢簡・額済納漢簡のデータを加えて作成。
出身地の郡国は現在の省を単位に分類した。

田卒、淮陽《わいよう》郡長平《ちょうへい》県業陽《ぎょうよう》里の公士、兒尊《げいそん》、二七歳。上着一着、ズボン一本、犬の毛の靴下一足、私物の靴下一足。貫賛《かんさん》が受け取る。

「私」と明記した靴下のほかは出身地の官からの支給品。第三章で述べた戍卒と同様、赴任のさいに郡で一括して袋に入れて発送し、現地に着いてから各人に配布した。別筆部分と墨線のマークは受け取り手によるチェック。受け取った貫賛という人物は、他の木簡によれば佐史《さし》の肩書きをもつ(303.46)。田官の役人の一人であろう。

田卒の出身地は表9のとおり。すべて内郡の出身者で占められる。この中に昌邑国と大河郡の名がみえていることに注意したい。『漢書』によれば、前者は昭帝の元平元年（前七四）に廃され（諸侯王表）、後者は宣帝の甘露二年（前五二）に東平《とうへい》国《こく》と改編された（地理志下）。したがって、肩水地区へ屯田兵が入植した時期は、宣帝より以前の時代ということになる。これは先述した、元帝期以後の屯田事業衰退という趨勢と、無関係ではないだろう。

一般農民の居住区としては、居延地区と同じく県城があった。

〼肩水守県尉賞移肩水金関居延県索関〼　(140.5A)

肩水県尉心得の賞《しょう》が肩水金関と居延県索関とに通達する…

肩水県で発行された通行証の断片で、この地区に県の置かれていたことがうかがえる。ただし、肩水県の記事はきわめて少なく、第四章表6に示した下級官吏の出身地にもあらわれない。県城の遺跡としてはA38のほかいくつかの候補地はあるものの、十分な調査はなされておらず、いずれも確証を欠いている。

肩水地区でも農法としては代田法が用いられていたと考えられるが、くわしい記述は見当たらない。ただし農具に関しては、左のような表題簡が注目される。

第五丞別田令史信元鳳五年四月鉄器出入集簿　(310.19)

第五丞別田令史の信《しん》〔担当の〕元鳳《げんほう》五年（前七六）四月の鉄器出入集計簿。

A35の出土簡。屯田耕作のための鉄製農具は、田官がまとめて管理していたらしい。A35からはまた、牛の名籍が一〇枚あまり出土している。出土地からして耕牛の台帳とみる説もあるが［沈1962］、牛による耕作を直接しめす証拠はない。

このほか、屯田区での具体的な作業内容を伝える簡として、以下の三枚が注目される。

馬長吏疑、有吏卒民屯士亡者、具署郡県里名姓年長物色所衣服齎操初亡年月日人数、白報与病已。●謹案、居延始元二年戍田卒千五百人、為騂馬田官穿涇渠。迺正月己酉淮陽郡

(303.15+513.17)

〔騂〕馬の長吏の疑《ぎ》〔に告ぐ〕、吏卒や民、屯田兵に逃亡する者があれば、つぶさに郡県里・姓名・年齢・容貌・服装・所持品・初めて逃亡した年月日・人数などをしるし、病已《へいい》（人名）に報告せよ。つつしんで調べますに、居延地区からの始元《しげん》二年（前八五）の戍卒・田卒一五〇〇人は、騂馬田官のために用水路を開削しております。さきの正月己酉の日に淮陽郡…

居延地区から肩水地区の騂馬田官へ、戍卒と田卒が応援に派遣されている。居延都尉府の管轄下にある戍卒の総数は、多くても六～七百人程度にすぎず、かつ本務を離れることのできる人員は少数であろうから、右の木簡にいう「千五百人」の大半は田卒であると思われる。その派遣者の中に逃亡したものがいないかを、田官の責任者に問いただしたのが右の文書で、他の都尉府から労働力の応援を得て、用水路開削というインフラ整備をおこなっていたことがわかる。肩水金関から出土した左記の標題簡は、その開削工事を「居延の延水」が請け負っていたことを裏づける。

●居延＝水本始四年涇渠延袤溉田簿

(EJT3:57)

居延延水〔担当の〕、本始四年（前七〇）の用水路の長さと溉《うるお》した耕地とについての記録簿。

次は第四長のもとでの屯田耕作の実数をしるした木簡（図40）。

図40　屯田耕作を記録した木簡（72EDAC:7）

第四長安親　正月乙卯初作、尽八月戊戌、積二百廿四日。
用積卒二萬七千一百卌三人、率日百廿一人、奇卅九人。
墾田卌一頃卌四畝百廿四歩、率人田卅四畝、奇卅畝百廿四歩。
得穀二千九百一十三石一斗一升、率人得廿四石、奇九石。　三
（72EDAC:7）

第四長の安親《あんしん》。正月乙卯の日に初めて作業してから八月戊戌の日まで、のべ二二四日。田卒をのべ二七一四三人動員、一日あたり一二一人で、余りが三九人。耕した農地が四一頃四四畝一二四歩、一人あたり農地三四畝で、余りが三〇畝一二四歩。二九一三石一斗一升の穀物を収穫、一人あたり二四石を得て、余りが九石。

A35遺跡調査のさいに採集された一枚で、第四長は先述のとおり屯田を担当する部農の属官。春正月の耕起から秋八月の収穫に至る一農業サイクルを単位とした、屯田の運営状況についての記録で、上計の基礎資料として肩水都尉府に上申されたのであろう。下端に大書されている「三」は整理のための通し番号であろうか。

このように、エチナ河中流の肩水地区でも、下流の居延地区と同様、水路が開かれ、耕地が造成されていた。そのオアシスの農地と耕作者をまもる施設が、すなわち肩水都尉府下の長城と燧であった。居民や屯田兵を対象とした警報規定の一例をしめそう。


蓬火品。田官民塢辟、挙蓬和、毋燔薪。

鄣塢辟田官、挙蓬、燔三積薪和、皆各如其部蓬火品。
□葆、部界中民田官畜牧者、見赤幡、各便走近所亭障塢辟葆□
□馬馳以急疾為故　(EJF3:80+81)

蓬火品〔の通りにせよ〕。田官や民の塢壁〔を匈奴が囲んだら〕、蓬《はた》を挙げて呼応し、積薪は焼かない。

鄣の塢辟や田官〔を匈奴が囲んだら〕、蓬を挙げ、三つの積薪を焼いて呼応すること、それぞれ管区の蓬火品の通りにせよ。

……に立てこもれ。管区内の民や田官で家畜を放牧している者は、赤い幡《はた》が見えたら、ただちに近くの亭障の塢壁に走り込め。

…馬は馳せ、緊急事態扱い。


A32肩水金関の出土簡。冒頭の「蓬火品」とは、第三章で紹介した「蓬火品約」と同じで、信号の取り決めのこと。簡の欠損で意味のとれない部分もあるが、「管区内」以下の規定に注目したい。「赤い幡」とは、蓬火品約にみえる「表」のたぐいであろう。それが挙がっているのを見たら、もよりの候官や燧の塢へ避難せよとの指示である。図39を見れば明らかなとおり、肩水地区の諸燧は、北東方向に流れるエチナ河の両岸に、河を包み込むように設置されている。この烽燧のラインには長城が付設されていた。たとえば、T175燧のところでは南へ向かう二重の長城線が確認されているし、高台にあるT185燧の足下には「ほとんどそれと気付かない防壁をしめす隆起が、礫石の平原から二五メートルの高さのところを」走っているという[Sommarström 1958]。防壁は左岸のT183付近にも検出されており、おそらく本来は両岸ともに設置されていたものと思われる。長城線の北端、エチナ河との接点にあたる地点が肩水金関。関所の位置に南と北の違いはあるものの、居延オアシスにみられた扇形構造の小型版が、肩水オアシスの構造であった。

敦煌オアシス

疏勒河流域、敦煌地区ではどうだろう。山々の雪どけ水がうるおすこの地は、エチナ河下流域にもまして豊かなオアシスとなっている。一八八〇年に敦煌をおとずれたロシアの探検家プルヂェワーリスキイは、沙州《さしゅう》(敦煌)のオアシスについて次のような観察をのこしている。

> 六月中旬には植えた穀物はすでに穂が出て、実をならせる。収穫は土地の住民の話によれば常に良好である。一般に沙州オアシスはイリ地方に次いで、わたくしが中央アジアで見たすべてのオアシスの中でもっとも豊かである。さらに村落の裕福さがこの土地に著しく美しい景観を与えている。[プルヂェワーリスキイ 1883]

この記述は現在においても当てはまる。

漢代の敦煌もまた、農耕地の広がるオアシスであった。そのことは、たとえば『漢書』地理志のなかに、籍端水《せきたんすい》（疏勒河）や氐置水《ていちすい》（党河）が「民の田《はたけ》を漑《うるお》す」とあることなどから裏付けられる。ただし、当時の敦煌郡は、単一のオアシスから成っていたわけではない。それは数個のオアシスの集合体であった［徐・余 1985］。郡の役所が置かれた中心地区のほかに、次のようなオアシスのあったことが知られている（図10参照）。

①玉門都尉府大煎都候官の管轄区、疏勒河が楡樹泉《ゆじゅせん》（トグラク＝ブラク）の盆地にそそぐ一帯――玉門関の西に位置し、現在は一面のゴビとなっているが、漢代においては食糧の供給が可能な農耕地であった。最初の大宛遠征で惨敗し、武帝に玉門関からの入関を拒否された李広利《りこうり》が、一年をついやして体勢の立て直しをはかった場所は、この関外のオアシスであったと思われる［馬 1981］。東端にあるD21馬圏湾《ばけんわん》の烽燧跡からは、クロキビ、アワ、ハダカムギ、オオムギなどの穀物が検出されている［甘粛省文物考古研究所 1991］。

②宜禾《ぎか》都尉府魚沢《ぎょたく》候官の管轄区、安西と敦煌の中間――「宜禾」（禾《こくもつ》に宜《よろ》し）という都尉府の名称自体、農耕地であったことのあかしといえる。現在ここに水流はないが、唐のころまでは三危山《さんきざん》から苦水《くすい》という河が流れこみ、オアシスを形成していた［李并成 1994］。甜水井《てんすいせい》遺跡をはじめいくつかの古城址が点在しており、漢代屯田兵の駐屯地ないし県城の跡であろうと推定されている［敦煌文物研究所考古組ほか 1975］。

③陽関都尉府管轄区、阿爾金《アルティン》山から流れ出す渥洼水《あくあいすい》の西岸――現在の南湖《なんこ》オアシスはその一部。東部にある古城址は、唐の寿昌城《じゅしょうじょう》跡に比定されているが、漢の龍勒《りゅうろく》県城もまたこ

の地にあった（図41）。陽関跡にかけての一帯は、一面のゴビの中に遺物の散布地が点在し、古董灘《ことうたん》と呼ばれている。調査によれば、漢代の田地のあとや住居址、墓なども検出されていて、農耕地であったことはあきらかである〔徐・余 1985〕。

この三か所に、④中部都尉管轄区、党河の扇状地にひろがる大オアシス（プルチェワーリスキイの見た沙州オアシスの前身）を加えた四か所が、漢代敦煌郡のおもな農業区であった。いずれも屯田によって開拓された農地であるが、エチナ河流域のような田官のすがたは敦煌漢簡にあらわれない。おそらくは、都尉府や候官が屯田をも管轄したものと思われる。『漢書』地理志下によれば、魚沢候官の尉であった崔不意《さいふい》の指導のもとに「勤效をもって（つとめ励んで）穀を得」たところから、效穀《こうこく》県の名がおこったという。候官の吏が開墾に関与したことの傍証となる話であろう。また、懸泉置出土の木簡の中に、左のような送り状がみえている。

図41　寿昌城遺跡

元康三年九月辛卯朔癸巳、県泉置嗇夫弘敢言之、謹移鉄器簿一編、敢言之。（DQC:6A）

佐禹・長富（DQC:6B）

元康三年（前六三）九月三日、懸泉置の責任者の弘《こう》が申し上げます。謹んで鉄器簿一編を送ります。以上申し上げます。〔背面署名〕佐の禹・長の富。

肩水地区では田官の任務であった鉄製農具の管理が、ここでは置《ち》の吏によってなされている。宿駅もまた何らかのかたちで屯田経営に関与していたものと思われる。懸泉置の所在地は、第二章で述べたとおり敦煌・安西の中間地点、②のオアシスの南端にあたる。敦煌郡に属する六つの県――敦煌・冥安・效穀・淵泉・広至・龍勒――は、いずれもこうしたオアシスの屯田から発展したものである。屯田による開発→県の設置というプロセスは、敦煌においても同様であった。ただし、敦煌は西域への要衝に当たっていたため、李広利の大宛遠征ののち特に一郡を設けることになった。この点はエチナ河流域地区との相違であろう［労 1959］。

②のオアシスを例として、当時の景観をながめてみよう。まずオアシス北縁の最前線には対匈奴防衛施設として、宜禾都尉管轄下の長城・燧・候官などが敷設される。その内側には效穀県城や屯田施設が展開し、周囲に広がる農地では苦水からの灌漑によって田卒や県民が耕作をおこなう。さらに内側の三危山北麓には街道が走り、道上には懸泉置が置かれていた［吉村 1992］。ちなみに、この地区の防衛線は、後漢時代には昆侖塞《こんろんさい》と呼ばれ、天山の東端、

蒲類海（バルクル＝ノール）方面へ通じる交通上の要衝であった。

残る三つのオアシスについても、同様の構造が見いだせるだろう。敦煌県城から玉門関に向かって連なる烽燧の列が、大扇状地（前述④のオアシス）北端の小耕地列にそって建設されているとの指摘も、ここに紹介しておきたい［保柳 1980］。オアシスの北のふちにそって設置された防衛線がまもるのは、オアシスの入植地をおいてほかにない。農地と県城を烽燧線と長城が防衛するという、エチナ河流域地区で観察された関係は、敦煌地区にもまた当てはまる。

朔方オアシス

河西をはなれ、他の辺境地域に目を転じてみよう。黄河大湾曲部の西北角、オラーン＝ボフ（赤い牡牛）という名の砂漠の北部、狼山《ろうざん》のふもとの一帯が、最後に検討する場所である。この地は漢の朔方《さくほう》郡のはずれにあたり、漢帝国北端のフロンティアのひとつであった。その起源は東隣の五原郡とともに、武帝の元朔二年（前一二七）に匈奴から奪い取り、郡を置いた時点までさかのぼる。

一九六三年の調査によって、この一帯に城壁や村落の痕跡、墓などの分布することが明らかになった［侯・兪 1973］。三箇所で確認された城壁は、漢の臨戎《りんじゅう》・三封《さんほう》・窳渾《ゆこん》三県の県城に比定されている。このうち窳渾県城跡にあたるボル＝ホト（灰色の城）の遺跡は、一九〇八年にフランスのドローヌひきいる探検隊が、古文書を目当てに一部を発掘したことがある。

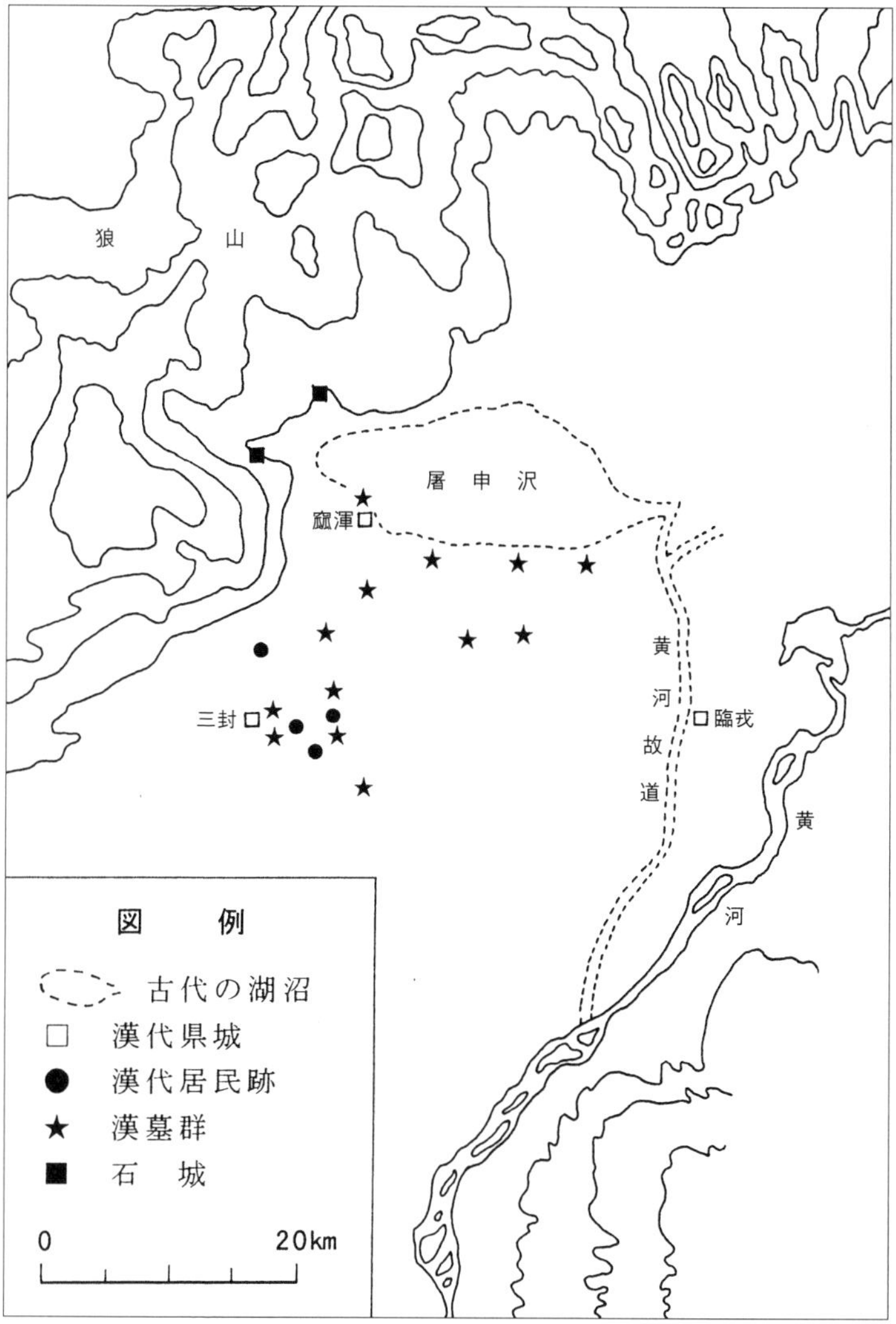

図42　朔方オアシス

たいへんがっかりしたことには、文書を一つも発見できなかった。だが、多数の壺、貨幣、鏃《やじり》、多様な道具などが出土した。墳墓のきわめて特異な形態は、遺体をかめに納める変った埋葬法と同様に、大いに興味を引く性質のものである。［ドローヌ 1911］

ドローヌはそこが漢の窳渾県城であることを知らなかったようだ。旅行記の写真をみると、「特異な形態」の墳墓とは、後漢期にさかんに営まれた磚室墓《せんしつぼ》であることがわかる。六三年の調査では、同様の形式の墓から前漢後期の五銖銭《ごしゅせん》や各種の陶器、ソバやクロキビ・コムギなどの入ったミニチュアの穀倉などが出土した。「遺体をかめに納める」とあるのは、二つの大きな甕《かめ》の口縁を合わせて棺とした、いわゆる「合《あ》わせ口甕棺《ぐちかめかん》」による埋葬を指すのであろう。県城の近郊には大量の土器片散布地や古井戸の跡などがあり、村落の存在したことをものがたる。

ここで漢代に農耕がおこなわれていたことは、文献史料にもうかがえる。北魏の酈道元《れきどうげん》があらわした『水経注《すいけいちゅう》』にしたがえば、臨戎県の北には枝渠《しきょ》という名の灌漑用水路が引かれて、田土をうるおしていた（河水三）。また、朔方郡の黄河以北を北仮《ほくか》と呼ぶが、第一章でふれたとおり、そこは蒙恬の遠征によって秦が占拠した土地であった。その後ひとたびは匈奴に奪われたものの、漢の勢力の伸張にともない田官が置かれ、「土地が肥沃で穀物がみのる」ようになったという（『漢書』王莽伝中）。屠申沢《としんたく》という湖水と黄河とがかたちづくるオアシスを、漢は屯田によって開墾し、入植地としたわけである。ただし現在は、黄河河道の変化によって屠申沢は消滅し、あたりはまったくの沙漠地帯と化している。

この北辺の地に漢が屯田を開いたのは、そこが南北交通の要衝にあたっていたためである。

窳渾県から西北に向かい狼山の谷をぬける道は、モンゴル高原の単于庭へいたる主要通路のひとつであり、漢代には雞鹿塞《けいろくさい》という名の防衛施設が置かれていた。前漢の甘露三年（前五一）に入朝した呼韓邪単于が帰還したのも、後漢の永元元年（後八九）夏に車騎将軍の竇憲《とうけん》らが北匈奴を討つべく出撃したのも、この雞鹿塞からであった。オアシスの可耕地であり、南北の通路でもあるという点において、この地がエチナ河流域と同一の条件にあることは重視してよい。

図43　狼山と石城（修復中）

　さらに注目されるのは、狼山の谷すじに烽燧と石城（石造りの砦）が築かれていることである。二か所ある石城は、自然石を積み上げて城壁を築いている（図43）。烽燧は石城と同じく石造りで、谷の両側一〇キロメートルのあいだに九基までが確認された。また、烽燧群の北端には長さ二五メートル、幅三メートルの石墻（石を積んで築いた防壁）が検出されているが、これは侯応のいう「岩石を用いて」築いた長城に相当しよう。歴史書が「雞鹿塞」と呼ぶものは、このような石城・烽燧・石墻を組み合わせた防衛施設の総体を指しているのであろう。窳渾県に西部都尉府が置かれていたことを考えると、エチナ河や疏勒河流域と同様、都尉府—候官—燧といった軍事系統が存在していた可能性もある。候官に相当するのは、あるいは二か所の石城ではないか。石で築いた長城は狼山の山中にも確認されている〔蓋・陸 1980／張 2000〕。こうした防衛施設と湖水や山脈などの天然の防壁とがあいまって、耕地と県城をまもっていたことは疑いがない。居延・肩水・敦煌などと同一の構造は、朔北郡のオアシスにもまた見いだせるのである。

ここまで述べてきたところをまとめてみよう。エチナ河や疏勒河の流域、黄河大湾曲部の西北角などの諸地域に共通する特徴は、次の四点に整理される。

①南北・東西交通上の要衝にあたること。
②乾燥地のなかのオアシスであること。
③耕地が開かれ、県城が置かれていること。
④烽燧線と長城が築かれていること。

注意すべきは③と④との関係である。本章で述べてきたとおり、耕地と県城をまもるために烽燧線や長城が設置されているのであって、その逆——烽燧への食糧補給のために耕地がひらかれた——ではない。匈奴や西域との関係において重要な地点のオアシスをえらび、屯田によって耕地をひらいたのち、入植者を送り込んで県城を設ける。これが漢帝国の辺境政策の基本であった。烽燧や長城はそうした個々のオアシスを防衛するための施設なのであり、ほかの何かを防御するためにあるのではなかった。候官や燧に勤務する吏卒にしても、県城の人々をまもる気持ちこそあれ、帝国全土の防衛を担っているとの意識など、持ちあわせていなかったのではあるまいか。

居延都尉の肩書きのひとつに、「将《しょう》兵《へい》護《ご》民《みん》田《でん》官《かん》居《きょ》延《えん》都《と》尉《い》」というものがある。

地節三年四月丁亥朔丁亥、将兵護民田官居延都尉⧄
□庫守丞漢書言、戍卒且罷、当予繕治車、毋材木⧄　（EPT58:43）

地節《ちせつ》三年（前六七）四月一日、将兵護民田官居延都尉の某が……〔につつしんで申し上げます〕。某庫の丞心得の漢《かん》が書面をもって言うには、戍卒はもうすぐ退任しますので、あらかじめ車を修繕しておき、材木の……ないようにすべきです、と。

すでに述べたとおり、都尉の役目は候官をつうじて諸燧を統轄することと、騎士をひきいて敵を追撃することにある。その都尉が「将兵護民田官」すなわち「兵を将《ひき》いて民と田官を護《まも》る」という肩書きをもつことは、辺境の防衛線の役割を何よりもよく示すといえる。もちろん、それは都尉ひとりだけの任務ではない。候官や燧に配された吏卒たちの日々の職務のひとつひとつが、フロンティアの県城や農地をまもっていたのである。

今日、疏勒河やエチナ河流域にのこる烽燧やとりでのほとんどは、砂塵の舞うゴビのただなかにある。朔北の風に吹かれて無人の荒野に立つ兵士——廃墟のかなたにそんなイメージをふくらませることも、あるいはやむをえないのかも知れない。しかし、現在の景観をそのまま古代に投影することは正しくない。本章でくりかえし述べたように、漢帝国の西北辺境は一面の荒野ではなく、緑の農地をいだいたオアシスが連珠のようにつらなる世界であった。ハラ＝ホトや楼蘭など、生命のかけらもない沙漠の遺跡を目にしたときに、私たちは驚きとともに「なぜこんな厳しい環境の中に住んだのか」との疑問を口にする。だが、その答えは実に簡単、「当時の環境が今日ほど苛酷でなかったから」である。

とはいえ、漢帝国の辺境がまったくの楽園であったわけではないことも、くりかえし述べたとおりである。まず何よりも、そこは匈奴の侵攻にさらされる最前線であった。匈奴が「辺塞に侵入して人畜を掠奪した」と史書にいう場合、その犠牲となったのはこうした辺境の入植地であったとみて間違いない。さらに、オアシス農耕そのものが、決して安定的なものではなかった。すでに第二章でふれたように、河西通廊における農耕は祁連山から流れ出す河川にすべてをゆだねている。したがって、水流の減少や流路の変化、用水路の埋没などにより水利条件が悪化すれば、農地はたちどころに危機に瀕した。また、たとえ水利が順調であっても、乾燥地帯における長年の灌水は必然的に土壌のアルカリ化をもたらした。たとえばエチナ河下流のオアシスの場合、漢代の農地や県城が主に西北部に分布しているのに対して、西夏時代のそれは東南部にむしろ片寄る。その理由はほかでもない、右のような原因がかさなって西北部の土地が漢代以降、沙漠化してしまったためである［景 一九九六］。

匈奴から奪取した河西の地、漢帝国のフロンティアは、きわめて危ういバランスの上に維持されていたわけである。とはいえ、漠北の匈奴勢力が健在なうちは、この地を放棄するわけにはいかなかった。ことがらは河西にとどまらず、陰山南麓や、さらに東は現在の遼寧《りょうねい》省の渾河《こんが》流域に至るまで、同様であったと思われる［孫 1992］。こうした辺境地域において、可耕地をえらんで農地を開き、県城を築いて居住することが、すなわち帝国の核心部分に対するまもりになった。「万里の長城」が全土を防衛しているように見えるのは、歴史地図のもたらす紙上の錯覚にすぎない。漢帝国をまもっていたものは一筋の長城ではなく、辺境につらなるオアシス群であったといえる。

エピローグ

一九二八年十二月、六六歳のオーレル＝スタインは、メソポタミアの上空を複葉の戦闘機に乗って飛んでいた。この年、インドから船でイラクにおもむいたスタインは、折しも発掘中のウルを皮切りに、各地の古代遺跡を歴訪する。こうして西アジア考古学の鼓動にふれたのち、かねてより計画していた航空調査を実行に移すため、シリア国境にちかいモースルの空軍基地から飛び立ったのである。当時イラクはイギリスの委任統治下にあった。

かつて中央アジア探検のさいに夢見た空からの遺跡調査が、ようやく現実のものになろうとしていた。スタインを乗せたパイロットは、当時をふりかえって言う。

ある時など（スタインの姿が見えないので）、背後の風防のないコックピットから放り出してしまったのではないかと不安になりました。操縦席で立ち上がり、やっとのことで身を乗り出して振り返ってみますと、かれは床の上にしゃがみこんで大きな参考図書をひろげているところでした。［Walker 1995］

スタインが眼下に見ていたものは、ローマが東方勢力パルティアとの間に築いた防衛線《リーメス》であった。かれはそののち、一九三八・三九の両年にも、ティグリス河上流からアカバ湾にかけての一帯で、ローマのリーメスを空から調査している。スタインは漢帝国のフロンティアのみならず、ローマ帝国のフロンティア調査においてもパイオニアのひとりであった。この時かれの脳裏には、東西ふたつの大帝国の比較があったにちがいない。烽燧線や道路網など、漢の西北辺境に特徴的な景観は、ローマの東方辺境にもまた見いだされたのである。

　メソポタミア上空を飛ぶスタインは、ヘディンの新疆飛行計画が中止のやむなきに至ったこと――しかし西北科学考査団の活動は各方面で成果をあげつつあること――を、耳にしていたと思われる。しかしながら、奇しくもそのころ、ローマ帝国のもうひとつのフロンティアで重要な遺跡の発掘が開始されようとしていたことまでは、知らなかったのではあるまいか。その遺跡の名はヴィンドランダ（Vindolanda）。スタインの母国となったイギリスの、ブリテン島北部に位置する。

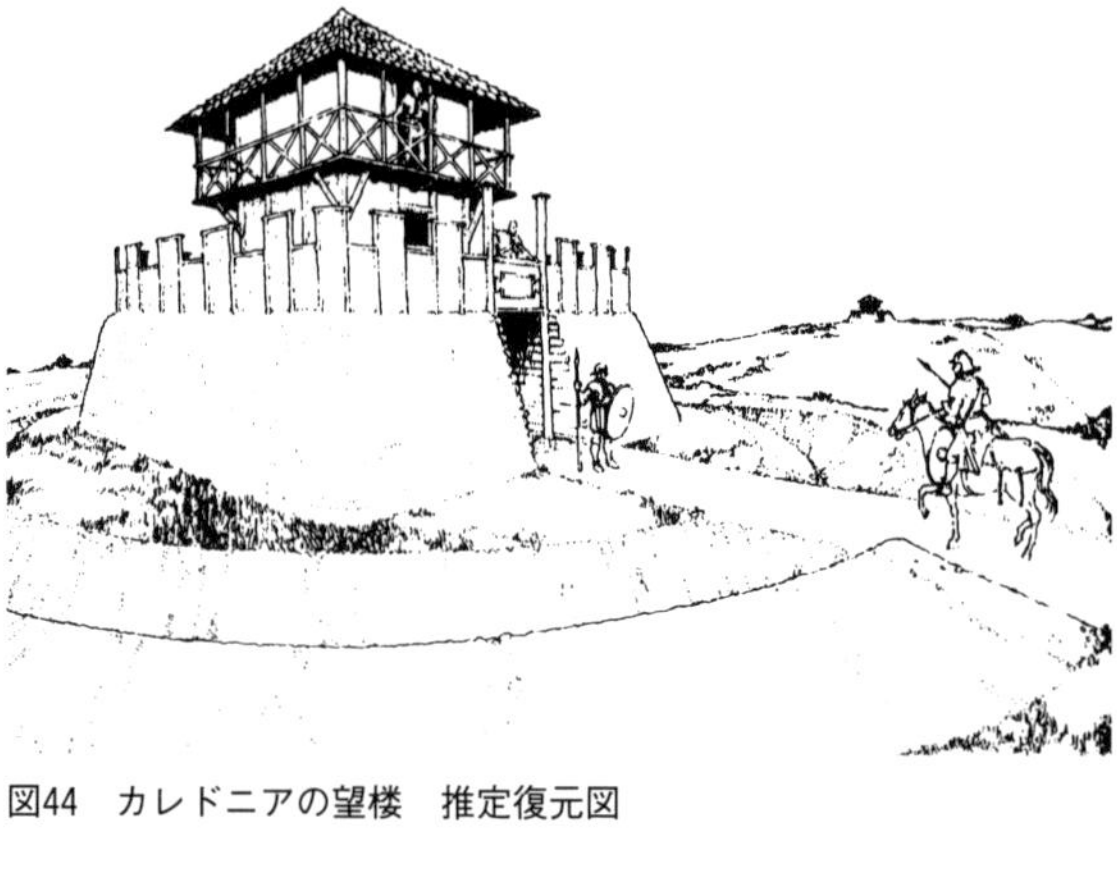

図44　カレドニアの望楼　推定復元図

今日のイギリスの主要部をなすブリテン島は、かつてローマの属州であった。この島にローマの軍事力がおよんだのは、紀元前一世紀のなかば、属州ガリアの知事であったカエサルの二度にわたる遠征を嚆矢とする。しかし、この時ローマ軍は三か月ほどの駐留で島を去り、以後は本国の政情不安もあって、しばらくかえりみられることなく過ぎていた。だが、紀元四三年、ローマ皇帝クラウディウスはみずから遠征軍をひきいて来島、島の南部を征服する。ローマ属州ブリタニアのはじまりである。

その後、ローマはテムズ河畔のロンディニウム（現在のロンドン）を拠点に、先住民の抵抗を鎮圧しつつ、支配を北へと拡大していく。そして、総督アグリコラの在任中（後七八〜八五年）に、ブリタニア支配の基礎固めがほぼ完成した。ブリテン島の要所に要塞やとりでが置かれ、ローマの道が縦横にはしる。さらには遠くカレドニア（スコットランド）に至るまで、陸路と海路から遠征軍が送りこまれて、前線基地が建設された。今日、スコットランド高地の周縁部では、アグリコラとその後継者ののこした駐屯地や望楼の跡が各地で発掘されている［Breeze 1982］。

紀元二世紀のはじめ、トラヤヌス帝の時代に、ローマ帝国の版図は最大規模に達する。しかし反面、多民族支配のリスクもまた大きかった。ついで即位したハドリアヌスは、トラヤヌス時代に併合した領土の一部を放棄するなど、帝国の安定化へと路線を変更する。この姿勢はブリタニアに対しても同様で、ローマ軍はカレドニアからひとまず撤退し、島の南半部の保持に全力を傾注するにいたった。その象徴ともいえるのが、現在のタイン川とソルウェイ湾とをむすぶ低地に築かれた防壁、ハドリアヌスの長城である。城壁の全長は約一一八キロメートル。一二二年にブリタニアを視察したハドリアヌス帝の指示により、北方の先住民勢力の侵入をふせぐ目的で築造された。当初の長城は、東半部にあたる約七〇キロメートルが石組みで、西半部五〇キロメートルは土塁。要所にフォートとよばれるとりでと、マイルキャッスルとよばれる兵士の詰め所が設けられている。ヴィンドランダは、ハドリアヌスの長城のほぼ中央に位置する石造のフォートであった。

遺跡のある土地の名はチェスターホウム（Chesterholm）。「とりでのある低地」という地名がしめすとおり、石組みの遺構が地上にのこされていた。一九世紀になると古物趣味から遺跡が掘られ、第一次世界大戦前には小規模ながら学問的な発掘もおこなわれていたようだ。ヴィンドランダ（ラテン語式の発音はウィンドランダ）というローマ時代の呼称があきらかになったのは、そのさいに出土した石製祭壇の銘文による。しかし、本格的な調査が開始されるのは、一九二九年を待たねばならなかった。この年、考古学者のエリック＝バーリィが遺跡一帯の土地を買い取ったことにより、組織的な発掘への準備がととのったのである。翌年から始まった調査は、第二次世界大戦やその後の土地の転売問題などにより、若干の紆余曲折をへたらしい。だが、一九七〇年にはヴィンドランダ＝トラストが組織されて体制は安定、エリックの息子ロビン＝バーリィを中心に、より大規模なプロジェクトとして発掘が継続されることになった。

一九七三年の春、このシーズンの作業はまず、前年に掘った排水溝をひろげることから始まった。七二年夏の発掘シーズンも終わろうとしていた時のこと、遺構にたまった水を排出するために掘った溝の中から大量の有機物が出土した。従来知られていた石造のとりでよりも下層に、ハドリアヌス以前の遺構が存在するのではないか。排水溝の拡大は、その確認のための作業であった。はたして、ハドリアヌス時代の石造のフォートの下に、より古い木造のとりでが検出された。しかし成果は、単にそれだけにとどまらなかった。

図45　ヴィンドランダ遺跡　石造フォートと試掘溝

ふたたび排水溝が開かれ、拡大された。前年の遺物が出土したのは土壙《どこう》からなのか、それとも溝からなのか。また、構造物の痕跡はないか。こうした点を確認することが大切だった。二週間のうちに、一〇フィート（約三メートル）四方が掘り下げられると、建物の柱が本来の位置に立ったまま検出され、遺構が地表から一三フィートの深さに基盤を置いていることが確認された。そしてその時、最初の木板（writing tablets）が発見されたのである。［Birley 1977］

ローマ帝国のフロンティアから、文字の書かれた木板が出土したのである。藁や草にまじって出土した大量の木片を、バーリィ氏ははじめ木材加工のさいの木くずではないかと考えたようだ。

私は意見を聞こうと思い、一枚の木片を地上にいる助手に渡した。かれは断片を調べ、奇妙な符号のようなものがあるようだと言って、私に返してよこした。もう一度それを見たとき、私は夢をみているのではないかと思った。なぜなら、その符号がインクで書いた文字のようにみえたからだ。［Birley 1977］

ヴィンドランダにおける木板文書発掘の瞬間である。かつてスタインやベリィマンが体験した驚きと興奮を、思い起こさずにはいられない。

従来、ローマ時代の書写板としてひろく知られていたのは、板のくぼみに蝋《ろう》を流し入れ、その上に尖筆《スティルス》で文字を彫り付ける形式のもので、蝋板《ろうばん》もしくはスティルス＝タブレットと呼ばれる。これに対して、ヴィンドランダ遺跡の下層から出土したものは、薄い木の板に直接ペンとインクで文字を書き付けたリーフ＝タブレット、つまり一種の木簡であった。ローマ人が蝋板のほかにプギラーレス（pugillares）と呼ばれる書写版を用いていたこと―また、その書写板が書写面を内側に折りたたんで用いられていたこと――は、古代の著作に見えている。しかし実物が出土したのは、ヴィンドランダが最初であった。しかも興味深いことに、その素材にはカバ、ハンノキ、オークといった現地の樹木が用いられている［Bowman 1994］。漢の辺境と同様、ローマのフロンティアでも、書写材料は手近なところで調達されていたようだ。

木板の出土はその後も続き、一九九四年時点の資料によれば、総数は約二千点。年代は紀元八五～二〇〇年のあいだで、層位によってさらに六期に細分される。なかでも二～四期、すなわち紀元九二～一三〇年頃のタブレットがもっとも多く、出土件数の大半を占めるという。この時期はちょうど、アグリコラが本国に召還されてからハドリアヌスが長城を築くまでの、文献史料の空白期間に相当する。その意味でもヴィンドランダの木板は、ローマのブリタニア支配を考えるうえで第一級の史料といえよう。釈文と英訳・写真からなる大部な報告書 *The Vindolanda Writing-tablets* が British Museum Press から刊行されている。釈文とはこの場合、草書体《カーシヴ》で書かれたタブレットのラテン語を読み解き、通常のローマン活字に転記したものをいう。

　著者は翻訳をつうじて内容を知るのみであるが、それによると記載事項は、記録類と手紙、ならびに少数の書籍に分類されるようだ。記録類には当然ながら、軍団の駐屯にかかわる内容が多い。この点でヴィンドランダの木板は、本書に述べた敦煌・居延漢簡の簿籍類と絶好の比較史料になるだろう。英訳をもとに、ひとつだけ例をあげておこう［Bowman 1994］。

五月十八日、ユリウス＝ウェレクンドゥス長官の麾下《きか》、
トゥングリ人第一歩兵隊《コホルス》。
　総員は七五二名、百人隊長《ケントゥリオー》六名を含む
うち不在者は以下のとおり。
属州総督《レーガートゥス》の護衛として
フェロックスの治所に在る者　　四六名

コリアに在る者	三三七名
	百人隊長二名を含む
ロンドンに在る者	百人隊長一名（?）
……	六名
	百人隊長一名を含む
……	九名
	百人隊長一名を含む
……	一一名
……に在る者（?）	一名（?）
	四五名
不在者の合計	四五六名
	百人隊長五名を含む
残った現員	二九六名
	百人隊長一名を含む
その中で	
病気の者	一五名
負傷者	六名
眼の炎症をわずらう者	一〇名
以上合計	三一名

残った勤務可能な者　二六五名
百人隊長一名を含む　（Tab. Vindol. II 54）

木板は縦一九・七×横八・六センチメートル。木目と直角方向に記載していく形式で、原文は全二七行（図46）。他の部所へ出向いている兵士は、漢簡にいう「省卒」にあたろうか。病人や負傷者の記載は「病卒名籍」を連想させる。このほかにも、駐屯地における作業記録（漢簡にいう「作簿」）や小麦の支給簿（「稟名籍」）など、比較史料にはことかかない。

しかし考えてみれば、兵士の駐屯地である以上、現員把握や食糧支給が必要なのは当然といえる。単純に記載事項を比べることに、それほど意味はないだろう。比較のさいには木板・

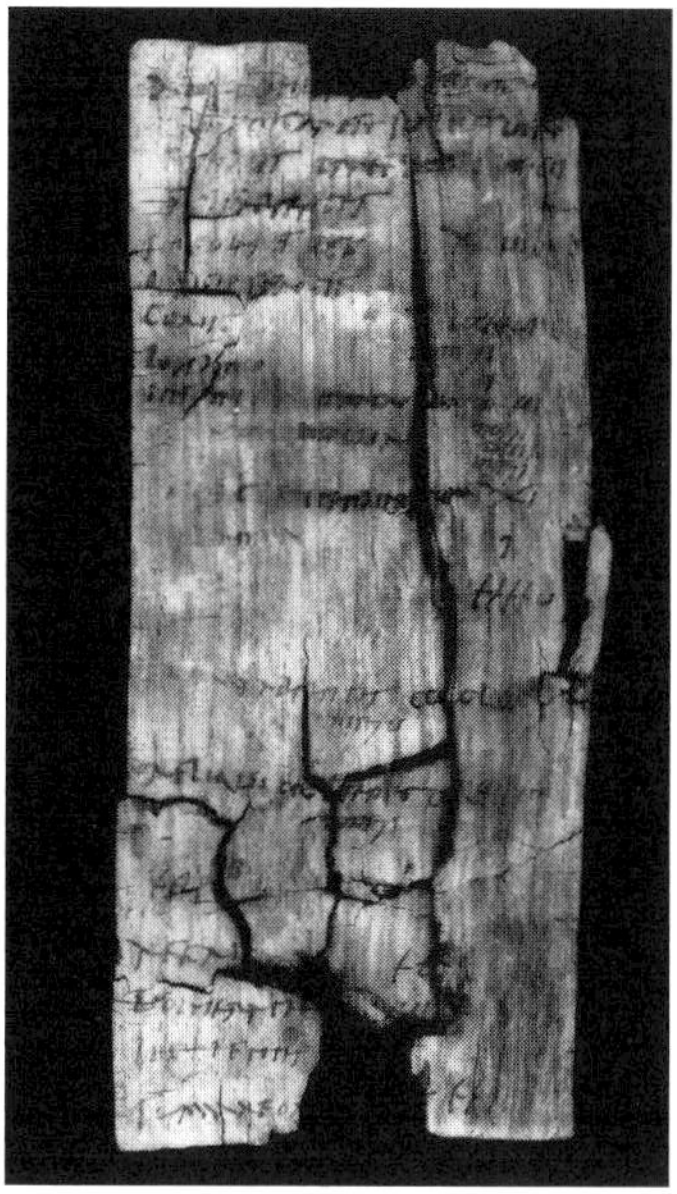

図46　ヴィンドランダ出土木版文書

木簡の内容だけでなく、共伴遺物や遺構についても十分留意すべきではないか。たとえば、ヴィンドランダの木板のほとんどが、ハドリアヌスの長城以前の遺構から出土している事実などは、注意してよいと思われる。このことは、漢とローマ両帝国の辺境防衛体制の構築過程や、フロンティアの形態などの相違と、無関係ではないからだ。とはいえ、これ以上の立ち入った考察は、もはや門外漢の手にあまる。専門家による仕事を待って、それに学ぶよりないだろう。そのうえで再度、漢帝国の辺境に目を向けたならば、必ずやあらたな発見があるにちがいない。木簡と遺跡を通じてみた古代帝国の辺境支配。——スタインが構想したであろう比較研究への入り口に、私たちは立っているのかも知れない。

補篇

「書記になるがよい」

1．玉門花海の七稜觚

一九七七年八月のこと、甘粛省玉門市の花海《かかい》農場から北へ三〇キロメートルほど入った無人のゴビで、酒泉鉄鋼会社の工員が木簡を発見し、嘉峪関《かよくかん》市の文物保護管理所に通報した。狩猟に来ていた工員たちが、獲物を追って望楼の廃墟に踏み込んだところ、足もとに木簡が散乱していたのだという。保管所はすぐに人員を派遣して、一〇〇枚ほどの木簡と筆や筆軸、木製の槌《つち》や匙《さじ》などを回収した。木簡には昭帝の年号がしるされていて、漢の烽燧跡であることは明らかだった。烽燧は地面から一・七メートルの独立した台地の上にあり、日乾し煉瓦を積んで造られ、残存する高さは二メートル、基底部は二・四×二・六メートル。東に一〇メートルはなれた場所には、建物の跡も見つかった。烽燧に勤務する吏卒たちは、ここで寝起きしていたのであろう〔嘉峪関市文物保管所 1984／何 2004〕。

回収（発掘したのではないようだ）された遺物のなかに一点、変わった形の木簡があった。77.JHS:1という整理番号を付けられたこの簡は、長さ三七センチメートル、七つの書写面を

図47　玉門花海出土七稜觚（77.JHS:1）

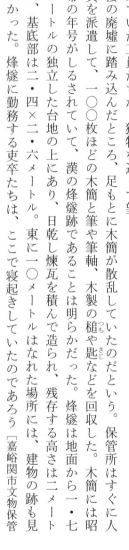

もった七角柱の形状で、木簡というよりは角柱と表現したほうがふさわしい（図47）。このような角柱状の書写材料を、中国古代人は「觚《こ》」と呼んだ。觚とはもともと「稜《かど》があるもの」という意味で、「觚を破《やぶ》りて円と為す」（かどを取ってまるくする）のように用いる。この七角柱の木簡を以下、「七稜觚《しちりょうこ》」と呼ぶことにする。

七稜觚に記されているのは、互いに関係のない二篇ないし三篇の文章である。まずはその全文を、最初の報告に載った釈文の順序にしたがって紹介しよう。文章の内容を詮索することがここでの目的ではないので、適当に読み流していただいて構わない。原文の誤字と思われる箇所については、訂正した文字を（　）で示す。あとの話で書き誤りを問題にするためである。

最初の三行は、皇太子にあてた遺詔《いしょう》すなわち皇帝の遺言である。

制詔皇大（太）子、勝（朕）体不安、今将絶矣。与地合同、衆（終）不復起。謹視皇大（天）之筍（祀）、加曽（増）勝（朕）在。善禺（遇）百姓、賦斂以理。存賢近聖、必聚諝士。表教奉先、自致天子。胡侅（亥）自次（恣）、滅名絶紀。審察勝（朕）言、衆（終）身（生）毋久（改）。蒼=之天不可得久視、堂=之地不可得久履、道此絶矣。告後世及其孫子。

皇太子にみことのりする。朕《わ》が体は安寧ならず、いましも終焉を迎えんとしている。大地とひとつになり、二度と立ち上がることはない。つつしんで天の祭祀につとめ、朕《わ》が在《あ》りしときよりも盛んにいたせ。百姓《たみくさ》をよく遇し、税役の取り立ては道理にしたがえ。賢者を重んじ聖人を近づけ、知恵ある者をたしかに集めよ。教えを示し祖先を祭り、天子としてのつとめを果たせ。秦の胡亥はみずからの放恣によって、名を滅ぼし国の綱紀をうしなった。朕《わ》が言葉によく思いをいたし、終生あらためてはならぬ。蒼々とした天はいつまでも仰ぎ見ることはできないし、堂々とした地はいつまでも履《ふ》むことはできず、道はここに終わる。後継ぎとその孫・子たちとに告げる。

該当する文章が『史記』や『漢書』に見当らないため、どの皇帝の遺詔なのかという謎解きが、研究者たちの興味をひいた。しかしこの問題は、本題と直接にかかわらないので、高祖が皇太子の盈《えい》（のちの恵帝）にあてた遺詔であるという、古文字学者の胡《こ》平生《へいせい》氏の説だけを紹介するにとどめたい［胡 1987］。

続く一行は、性格づけがむずかしい。遺詔の一部のようにも思えるが、独立した箴言《しんげん》の類とも解釈できる。

忽=錫=、恐見故里。毋負天地、更亡更在。去如舒盧、下敦閭里。人固当死、慎毋敢佞。

おろおろとして故里《ふるさと》で会うことを恐れる。天地のことわりに負《そむ》いてはならぬ、亡（死）と存（生）とはかわるがわるに。去って舒盧《じょろ》に如《ゆ》き、下って閭里《むらざと》に敦《あつ》まる。人はもとより死すべきものを、慎《つつし》んで佞《おもね》ることのないように。

「舒盧」の二文字は、釈文・語義ともによくわからない。「死」について語っているところをみると、「舒《しず》かな盧《いおり》」の意味であり、「故里」や「閭里」とともに死者の魂の行く先を意味するのかも知れない。

残る三行は、典型的な手紙の文章である。

賤弟時謹伏地再拝請翁系足下、善毋恙。甚苦候望事。方春不和、時伏願翁系、将侍近衣幸酒食、明察蓬火事、寛忍小人、毋行所□。時幸甚〻、伏地再拝請。時伏願翁系、有往来者、幸賜時記、令時奉聞翁系。□□厳教。

愚生の時《じ》、つつしみ伏して再拝し、翁系《おうけい》どのにお伺い申し上げます。ご機嫌はいかがでしょうか。候望のお仕事まことに大儀に存じます。春の天候不順のおり、時《それがし》、伏して翁系どのにお願いいたします。どうか衣服に留意し酒食につとめ、しっかりと蓬火の勤務をされますように。つまらない者も寛大に容認、……を行なうことがなきように、時《それがし》、切に切に、伏して再拝し、お伺い申し上げます。時《それがし》、伏して翁系どのにお願いいたします。往来する者がありましたら、なにとぞ時《それがし》にお手紙をたまわり、翁系どのの消息を時《それがし》にお聞かせいただけますように。□□厳教

差出人の名は時、宛先は翁系という人物。時は諱《いみな》、翁系は字《あざな》であろう。末尾の四文字は墨色が薄く、表面を削った上にあらためて書いた痕跡がある。手紙とは関係のない語句であろうか。

七稜觚の発見情報と記載内容は、およそ右のようなものである。烽燧跡にのこされたこの一本の角柱は、私たちに何を語ってくれるのだろうか。

2. 觚と手習い

解釈に窮する字句も見られたが、遺詔と箴言（？）と手紙という、性格のまったく異なる文章が七稜觚に同居していることはうたがいがない。しかし反面、字配りと行の割り振りはそれなりに整っており、筆跡も同一なので、全体が一貫した意図のもとに書かれていることも確かであろう。このような一見すると奇妙な現象は、遺詔や手紙の文章が、作者の意思を伝えるという本来の役目をはなれ、二次的な目的のために用いられていることを示すのだろう。もう一度、胡平生氏の意見を聞こう。——西北の長城地帯（つまり敦煌や居延地区）からはたびたび觚が出土しているが、それらはたいてい「習字」に用いたものである。この七稜觚も「練字」（文字の練習）のためのものであり、それゆえ前後に異なる内容が記載されている。文字もまた稚拙で硬く、少なからざる誤字があり、初学者の手になることは明らかである。——要するに、七稜觚は手習い（習書）の練習帳というわけである。書かれている文字の書体が「早期隷書の特徴をもち、かなり濃厚な篆書の趣きを有する」という胡氏の指摘も、あわせて紹介しておこう［胡 1987］。

著者は実物を観察したことがないのであるが、拡大図を含む鮮明なカラー写真が出版されていて、筆の運びや墨色の濃淡はもちろんのこと、書写面の状態や修正の跡なども逐一確認できる［西林 2009］。胡平生氏のいうとおり、文字は稚拙であるうえに、木を削って訂正した痕跡があちこちにある。初学者が手習いに用いた練習帳という見解は、正しいものと思われる。また、そう考えるならば、たがいに関係のない文章が同居していても不思議ではない。手習いのために必要なのは、内容ではなく、文字の形であるからだ。

文字が觚に書かれていることも、練習帳説を裏づける。後漢の許慎《きょしん》があらわした字書『説《せっ》文解字《もんかいじ》』（略して『説文』）をひもとくと、「幡《はん》」という文字の字解が目にとまる（七篇下）。

幡、書児拭觚布也。幡は、文字を習う児童が觚をぬぐう布である。

漢の児童が手習いに觚を用いていたことがわかる。ただし、かれらの筆記用具は、布でぬぐって消すのであるから、筆と墨ではありえない。では何を用いていたのかというと、それは鉛筆である。後漢王朝の儀礼制度をととのえた曹褒《そうほう》という人物は、その文案の作成に没頭するあまり、「寝るときは鉛筆をふところに入れ、道行くときは文章を何度も口に唱えて、よい考えが思い浮かぶと、行く先もハタと忘れる」ほどであったという（『事類賦』筆賦に引く『東観漢記』）。ここに「鉛筆」と訳した語は、原文も「鉛筆」。実物が出土した例を知らないが、おそらくそれは鉛片で、木簡に黒く文字を書くことができるのだろう。寝床でのひらめきをメモするためには、いちいち筆をとるよりも、鉛筆のほうが簡便だったにちがいない。何よりそれは、布でぬぐえば簡単に消え、訂正も容易であった。

広く知られているように、木簡や竹簡に墨で書かれた文字を消すには、小刀で削り落とした。この小刀を「書刀《しょとう》」もしくは「削《さく》」という。だから木簡・竹簡の時代、書類の作成にたずさわる役人たちを「刀筆《とうひつ》の吏」と呼んだ。なまくらな書刀ではきれいに削れないので、つねに刃を研いでおく必要があり、砥石《といし》は役人の必携だった。子供たちが手習いに鉛筆を使用したのは、布で簡単に消せるだけでなく、あぶない刃物を持たせないという配慮もあったのではないか。配慮が不要であるならば、もちろん筆で觚に墨書して、書刀で削って消せばよい。七稜觚のあちこちにある削除・訂正の痕跡は、まさにそうした手習いの結果であった。角柱という形が選ばれたのは、一本に多くの文字が書けること、消す（削る）さいに隣の行を気にしなくてもよいこと、などの理由によるのであろう。

　では七稜觚で文字を習っていたのは、いったい誰で、その目的は何なのか。「誰が」という問いの答えは、先ほどの引用文に見えている。七稜觚の手紙の発信者、「時」がすなわちその人である。玉門花海の烽燧からは、いろいろな木簡が回収されたが、そのなかに次のような一枚がある。

元平元年七月庚子、禽寇卒馮時売橐絡六枚楊卿所、約至八月十日与時小麦七石六斗。＝
＝過月十五日、以日斗計。蓋卿任。（77.J.H.S:2）

元平元年（前七四）七月五日、禽寇《きんこう》燧の戍卒の馮時《ふうじ》が駱駝の引き綱《づな》六本を楊卿《ようけい》に売り、八月十日までに時《じ》に小麦七石六斗を与えることを約束する。八月十五日を過ぎても支払われない場合は、一日ごとに一斗の割り増し。蓋卿《がいけい》が保証人。

　第五章でとりあげた契約文書の券であり、ここで売り手となっている「卒の馮時」が手紙にみえる「時」である。この券は売り手の側が手元に置くべきものだから、馮時の所属する「禽寇燧」が木簡の採集された烽燧の名称ということになる。「寇（外敵）を禽《とら》える」という勇ましい名前の燧で、所在地からみて漢の酒泉郡に属していたはずである。

七稜觚で文字を習っていたのは、禽寇燧に勤務する馮時という戍卒であった。ただし、結論を急ぐ前に、二つほど疑問に答えておく必要がある。自分の出した手紙を手習いの手本にするのか、というのが疑問その一、契約文書の書ける馮時があらためて文字を練習するのはなぜなのか、というのが疑問その二になるだろう。

美しい文字であるならば、手紙も手習いの手本となった。三国時代の話であるが、魏の王《おう》淩《りょう》（董卓《とうたく》暗殺の首謀者である王允《おういん》の甥《おい》。文帝の後継ぎをめぐる陰謀が発覚して自害した）の末子明山《めいざん》は、達筆で技芸にすぐれ、彼から手紙をもらった者はみな、それを手本にしたという（『三国志』魏書王淩伝の注に引く『魏末伝』）。七稜觚の手紙の場合、馮時と直接かかわる私信ではなく、酒泉郡の燧や候官で取り交わされていた書簡のなかの文字の秀麗な一通（またはその写し）を、何らかの経路で入手して手本にしたたと思われる。そして手習いにあたっては、発信者として自らの名を書き込んだ。自分の出した手紙が手習いの手本となっているかに見えるのは、そう考えることで説明がつく。ちなみに言えば、前半の遺言の部分は、皇帝の遺詔を直接入手したのではなく、手習いの手本として伝来していたものを用いたのではあるまいか。それを確実に証明することはできないが、遺詔の部分に誤字が集中するのは、長年にわたって転写をかさねているうちに、誤りが積み重なった結果とみてはどうだろう。もしそうならば、馮時はそれを忠実に書き写しただけであり、誤字の責任を負うことはない。

契約文書に関しては、代筆の可能性も否定できないが、そう考える前に一点、確認しておくことがある。先の胡平生氏の指摘によれば、七稜觚に用いられているのは「早期隷書の特徴をもち、かなり濃厚な篆書の趣きを有する」書体、いわば古風な隷書であった。つまり馮時が七稜觚で練習していたのは、当時ふつうに用いられていた隷書ではなく、古い書体の文字なのである。玉門花海の木簡のなかには、図48と図49のように、より古い形の書体が――より稚拙な筆の運びで――書きつけられた例もある。前者は『蒼頡篇《そうけつへん》』という識字書《しきじしょ》（文字を覚えるための教科書）の冒頭部分、後者は断片的な字句の集まりで、文章をなしてはいない。馮時の手になるという証拠はないが、これもまた古体の文字の練習帳とみてよいだろう。手習いには必ず觚を用いるというきまりがあるわけではない。さらに同じ場所からは、七稜觚と同一の文章をしるした断簡も採集されているのであるが、そのうち写真の公表されている「蒼=之天不可」と書かれた一点は、あきらかに削り屑である（図50。廣瀬薫雄氏の教示による）。馮時の手習いのさいに觚から削り取られた可能性は高いといえる。

　禽寇燧の戍卒の馮時は、勤務時間の合間をぬって、古体の文字を練習していた。あるいは候望（見張り）に立っているあいだの「内職」であろうか。三畳間ほどのせまい空間ではあ

図48　玉門花海出土蒼頡篇（77.JHS:12）

図49　玉門花海出土習字簡（77.JHS:10）

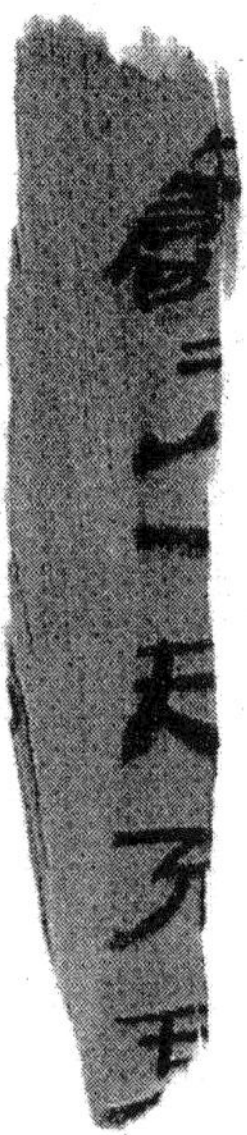

図50　玉門花海出土削り屑（77.JHS:34）

るが、とりたてて事件がないかぎり、烽燧は平穏な場所であったのだろう。それにしてもなお疑問はのこる。仕事のうえで文字を書く必要のない戍卒が、その練習をしていたのはなぜなのか。通行の隷書ではなく、どうして古い書体なのだろう。こうした疑問に答えるために、しばらく内地へ目を転じ、文字を習う人々のすがたを眺めてみよう。

3. 学校と試験と史

漢の昭帝《しょうてい》・宣帝《せんてい》時代に中央・地方の要職を歴任し、「世家」と評される子孫繁栄のもとをきずいた路温舒《ろおんじょ》は、貧しかった少年時代、独力で文字を習得したことで知られる。その列伝の冒頭部分を紹介しよう。戍卒の馮時とほぼ同時代、かれが禽寇燧に勤務するより少しだけ前のことである。

> 路温舒は字《あざな》を長君《ちょうくん》といい、鉅鹿《きょろく》県東里の人である。父は里の門番で、温舒に羊の放牧をさせていた。温舒は沼地に生えている蒲《がま》を取ると、裁断して牒《ふだ》を作り、編んでそこに文字を書いた。しだいに習熟してくると、自ら求めて獄の小吏となり、それを機に律令を学んで獄史《ごくし》に転じたが、県中の決定しがたい事案はみな彼のところに持ち込まれた。郡太守が県を視察したおり、彼に会って非凡と思い、郡の決曹《けっそう》の史に任じた。（『漢書』路温舒伝）

戦国秦漢時代において、門番の地位は社会の下層に位置した。原文に「蒲」とあるのは蒲柳（カワヤナギ）のことだという説もあるけれど、沼地（原文は「沢中」）に生えているのであるから、やはりガマ・アシの類だろう。ヤナギは木簡の素材として一般的なので、カワヤナギでは話の面白さが半減してしまう。

それはともかく、右の話で注目すべきは、文字習得の目的が役人になることにある点だ。路温舒の職階は、獄の小吏→獄史→郡決曹史と上昇しているが、あとの二つにみえる「史」の字は、「令史」や「候史」の例と同様、文書をつかさどる書記を意味する。「獄」とは留置所のことであり、裁判もまたここでおこなった。裁判といっても実態は一種の訊問で、供述を記録しつつ被疑者を問いつめ、罪状をみずから認めさせることが目的であり、その手続きをすべて担うのが史であった。自認した罪状に応じて刑罰を決めるのも史の役割であったから、律令の知識も当然要求された。「郡の決曹の史」も同様に、郡府において裁判をになう書記である。路温舒は文字を習得したことで、史の階梯を登る足がかりを得たといえよう。

ただし、かれのような自学自習は特殊な例で（だからこそ記録される価値があった）、一般の児童は学校で文字を学んだ。手習いのための学校を、「書館《しょかん》」あるいは「書舎《しょしゃ》」という。後漢のはじめに書館で学んだ王充《おうじゅう》の自慢話が有名である。

八歳で書館にかよった。書館には児童が百人以上いたが、だれもがミスをおかして肌脱ぎの罰を受けたり、あるいは字がへただと鞭で打たれたりしていた。王充の手習いの腕は日ごとにあがり、ミスをすることもなかった。手習いを修め終わったので、師のもとを辞し、『論語《ろんご》』と『尚書《しょうしょ》』を学び、一日に千字をそらんじた。（『論衡《ろんこう》』自紀《じき》篇）

学校はもちろん有料であったから、路温舒少年のような貧しい者には縁のないところであった。もうひとつ、後漢のおわりに曹操につかえた邴原《へいげん》の、少年のころの逸話を引いておく。学校で学ぶには月謝を必要としたことが、ここから確かに読み取れる。

邴原は十一歳で父をうしない、家は貧しく、早くに孤児となった。家のとなりに書舎があり、原はその脇を通ると泣いた。そこの教師が「童子《おまえ》は何が悲しいのか」とたずねると、答えていった。「孤《ひと》りであれば傷つきやすく、貧しければ感じやすいもの。そもそも学んでいる者はみな、かならず父兄がそろっています。ひとつには彼らが孤児でないことをうらやみ、ふたつには勉強することができるのをうらやんで、心中かなしみ、涙がこぼれました。」教師も邴原をあわれんで泣き、「学ぼうとする気持ちがあればよい」という。「お金がありません」と答えると、教師はいった。「童子《おまえ》にこころざしがあるならば、私はただ教えるだけで、謝礼はいらない。」こうして勉強することになった。（『三国志』魏書邴原伝の注に引く『邴原別伝』）

授業料を納めている生徒から異議が出ないのかと思うけれども、本当に学びたい者に教えたいという教師の気持ちは、昔も今もかわらない。

文字を習得した者が史となるためには試験があった。書館や書舎での学習は何よりも受験のためであったから、合格にこだわるあまり体罰を加える教師もいたのであろう。路温舒の場合もおそらくは、獄の小吏から獄史になる段階で試験を受けたと思われる。『説文』の「叙《じょ》」（序文）や『漢書』藝文志《げいもんし》のなかに、試験内容を定めた律が引用されている。律文の内容は『説文』と『漢書』で若干異なるが、ここでは前者に引かれた文を示しておく。『説文』が完成したのは後漢和帝の永元十二年（紀元一〇〇年）のことだから、そのころに知られていた律である。

尉律《いりつ》。学童は十七歳以上で最初に試験をし、九千字以上をそらんじ書くことができてはじめて史となれる。さらに八体によって試験をおこない、郡がその結果を（中央の）太史に送り、太史が成績を突き合わせた上で、最も優秀な者を尚書《しょうしょ》の史とする。正しくない文字を書いたら、そのつどすぐに指摘・告発する。

「そらんじ書く」と訳した原文は「諷籀書」であるが、このままでは意味が取れない。藝文志では単に「諷書《ふうしょ》」となっているので、「籀《ちゅう》」は衍字《えんじ》（誤って入り込んだ余分な字）と思われる。王充が「一日に千字をそらんじた」とある部分の原文は「日諷千字」。覚えること・暗記することが「諷」であり、覚えた内容を書くことが「諷書」、口に出して唱えることが「諷誦《ふうしょう》」である。烽燧の戍卒に蓬火品約の「諷誦」が求められたことは、本篇の第二・三章でふれた。漢の尉律の規定によれば、史となるための合格ラインは諷書九千字、受験可能な年齢は十七歳以上、ということになる。「八体」以下については、のちほど述べる。

これとよく似た条文が、湖北省荊州《けいしゅう》市の張家山《ちょうかざん》二四七号墓から出土した竹簡にみえている。この墓に副葬された竹簡は、漢の律令の文を多く含んでいることで注目されたが、問題の条文は「史律《しりつ》」と分類されたグループのなかにある。研究者のあいだで解釈の分れる語句もあるけれど、ここでは廣瀬薫雄《ひろせくにお》氏の翻訳にしたがうことにする［廣瀬 2010］。

史の学童の試験は十五篇によって行い、五千字以上を諳《そら》んじ書くことができて、はじめて史となることができる。さらに八体によって試験を行い、郡はその八体の試験結果を大史に送り、大史が試験結果を読む。成績優秀者一人をその県の令史とし、成績最低者は史としてはならない。三年間に一度試験結果を一つにまとめ、成績優秀者一人を尚書卒史《そつし》とせよ。（475-476簡）

二四七号墓が造営された時期は前漢早期、紀元前二世紀の初めごろと推定されているから、出土した史律の文は『説文』に引く尉律の先がけということになる。言い忘れたが、「史律」や「尉律」は律のカテゴリーを示す名称で、右に引いたのは各々その中の一条である。唐律のような統一法典が漢律には存在しないので、同種の条文が異なる帰属先をもち、それぞれに異なる律名で呼ばれることもあった。

張家山の史律には、受験可能な年齢が見あたらないが、別の竹簡に「十七歳から三年間学ぶ」という律がしるされていて、十九歳ないし二十歳ではじめて試験を受けたことがわかる。尉律と史律の最初の箇所をくらべてみると、史律にあった「十五篇」という限定が消え、「五千字以上」が「九千字以上」に増加している。書き誤りでないとするならば、張家山漢簡から『説文』の時代に至る時間のなかで、試験内容の改定があったことになる。「十五篇」とは『史籀篇《しちゅうへん》』という識字書のこと。先に指摘した衍字の「籀」は、この識字書を念頭に、「諷書」とは「書をそらんじる」ことであり、「書」とはすなわち「史籀の書」だと解した者が、まぎれ込ませた文字だろう〔廣瀬 2010〕。しかし、暗記していることを書かせなければ試験にならないので、「書」はやはり「書く」という動詞に読むべきで、『史籀篇』という限定は尉律にないとみるべきだろう。

もうひとつ張家山の史律で注意したいのは、「史の学童」と明記されていることである。これは「史となるはずの学童」ではなく、「史の子供である学童」を意味する。湖北省雲夢《うんぼう》県で発掘された睡虎地《すいこち》十一号墓は、張家山より半世紀ほど前の時代の秦墓であるが、そこから出土した竹簡に、

史の子供でなければ、学室《がくしつ》で学んではならない。この法令を犯す者は罪に問う。（内史雑律191簡）

という秦律の文が記されている。「学室」とは学校のことであろうが、のちの書館や書舎と異なり、入学できるのは史の子供たちに限られた。つまり史律の規定によれば、史の子弟だけが学校で文字を学んで、試験を受けて史となれた。先の史律の条文が定められた時代、書記は世襲的職能集団だったわけである。史が王室の記録者であった古い時代の名残りといえる。この限定が尉律で消えているのは、前漢のある時期までに世襲制度が崩れ、史となる道が開放されたためだろう。そうでなければ、路温舒が獄の史になることはできなかったし、王充や邴原が学校で学ぶこともなかったはずである。

右に引いた史律と尉律の後半、「さらに」からあとの部分には、諷書によって史の資格を得た者に対する第二次試験がしるされる。入学後のクラス分けテストのように、それは全員に課せられた必須の選別試験であった。最優秀者を尚書（宮中の文書をつかさどる職）の史として抜擢するプロセスに、史律と尉律で若干の違いがあるものの、受験生の側から見れば、「八体」を習得している必要があることは変わらない。「八体」とは八種類の書体のことで、『説文』が列挙するのは大篆《だいてん》・小篆《しょうてん》・刻符《こくふ》・蟲書《ちゅうしょ》・摹印《ぼいん》・署書《しょしょ》・殳書《しゅしょ》・隷書の八つであるが、『漢書』藝文志に引く律（高祖の丞相であった蕭何《しょうか》が起草したという）では「六体」となっていて、古文・奇字・篆書・隷書・繆書《びゅうしょ》・蟲書の六つをあげている。ひとつひとつの説明は割愛するが、「八体」や「六体」が試験科目となっているのは、複数の書体を書き分ける能力が書記には要求されたことを意味する。

『説文』の「叙」は、先に引用した尉律の文に続けて、「今は尉律があっても課せられず、文字の学を修めることもなくなった」と述べている。そのせいで古字の学識が伝承されなくなったと許慎は嘆いているが、実際のところは、「九千字」や「八体」といった尉律の規定が厳守されなくなっただけであり、史になる試験そのものが廃されたわけではないだろう。そしておそらく、古い書体を書く能力も試されていたと思われる。後漢時代の後半を生きた崔《さい》寔《しょく》の著作に、『四《し》民月令《みんがつりょう》』という農事的歳時記がある。その正月の条に崔寔自身が付けた注釈にしたがえば、学校で児童が学ぶ教科のなかに「三倉《さんそう》」という識字書があった。「三倉」は「三蒼」とも書き、三種の字書の合本であるところからそう呼ばれるが、要するに『蒼頡篇』のことである。図48に示したような古体の文字で書かれることが特徴で、「古字が多く、凡庸な教師には読み方がわからなかった」（『漢書』藝文志）といわれる。そのような識字書を児童の手習いに使用するのは、古い書体を身につけて、選別試験にそなえるためにちがいない。

以上のような学校と試験と史の関係にてらしてみれば、前節の終わりに示した疑問に答えが出るだろう。馮時が文字を練習していた目的は、試験を受けて書記になることであった。そのためには、古い書体を身につけておく必要がある。七稜觚による古体の隷書の手習いは、選別試験対策だったわけである。戍卒であれば受験可能年齢を過ぎているはずだから、かれの手習いが児童のころからの継続であるとは考えがたい。それは徴発されて任務に就いた辺境で、文書行政の世界に接したのを機に始められたと推測される。そして条件が許すなら、任を解かれて帰郷したのち、史を受験する心づもりであったのだろう。

このように考えるならば、七稜觚の稚拙で硬い古体の隷書が、あちこちの削除・訂正の痕跡とともに、受験勉強の努力のあかしに見えてくる。そして同時に、関連する他の木簡のいくつかが視野に入って来るだろう。最後に舞台をもう一度、西北辺境へと移し、吏卒と手習いと史の関係について述べてみたい。

4．書記になるがよい

木簡の記載を訂正したり、書写面を刷新したりする場合には、書刀で文字を削り取る。その結果、木簡が使われていた遺跡のゴミ捨て場からは、図50のような文字のある削り屑がたくさん出土する。削り屑のことを「柿《はい》」という。楷書では「柿《かき》」と区別がつかないが、正確にいえば、「かき」字の旁《つくり》は「亠＋巾」の「市《し》」で五画、「はい」字の旁は「一＋巾」の「巿《ふつ》」で四画。まぎらわしいので、以下この文字はあえて使わず、「削り屑」と呼ぶことにする。

西北科学考査団のフォルケ＝ベリィマンは、エチナ河流域を踏査したさい、遺跡周辺に生息するネズミたちの習性に気がついた。かれの旅行記の一節を引く。

> ネズミの巣は興味深いものだった。それは藁《わら》や絹のぼろ、ひもの切れ端や木簡の削り屑などからできていた。使用済みの木簡を再び使用するためには、表面を削り取るという簡単な方法で文字を「消して」いる。ネズミたちはそうした削り屑を集め、小さな図書館《ライブラリー》を持っていた。［Bergman 1945］

ベリィマンが見たネズミ（rat）とは、沙漠に棲むトビネズミ（jerboa）だと思われる。エチナ河下流域の遺跡探訪のおり、著者も出会ったことがある。

オーレル＝スタイン発掘の敦煌漢簡にも、大量の削り屑が含まれている。ほとんどは文章をなさない断片なので、シャヴァンヌやマスペロの釈文からは除外され、ブリティッシュ・ライブラリーの倉庫のなかに一括保管されていた。二〇〇七年にはじめて公刊された写真を見ると、削り屑に書かれているのは、さまざまな筆跡による古体の文字で、内容は『蒼頡篇』。觚に書かれていたことが明白な、稜《かど》のある削り屑もあった［汪ほか 2007］。敦煌の候官や燧で、少なからざる人々が手習いに励んでいた証拠といえる。ネズミ・ライブラリーの蔵書にも、居延に生きた人々の勉学のあとが含まれていたことだろう。

より美しい文字を書くために、令史のような書記たちも、もちろん手習いをした。しかし、削り屑にのこされた『蒼頡篇』は古い書体であるうえに、日常の行政事務と縁のない文字も多く含まれる。手習いをしていたのはむしろ、書記への道をこころざし、史となる試験にそなえる人々だったのではないか。具体的には、第一に馮時のような戍卒であり、第二には燧をあずかる燧長である。第四章で紹介した居延漢簡の一枚を、あらためて引用しよう。

　甲渠候から送られた正月より三月までの「四時吏名籍」を点検すると、第十二燧長の宣は「史」とある。しかし府に保管される名籍によれば、宣は「不史」であり、報告と合わない。どう釈明するのか。　(129.22+190.30)

燧長に「史」と「不史」の別があり、そのことは名籍（名簿）に明記されていた。実際の例をあげれば、次のような形式となる。

居延甲渠箕山燧長居延累山里上造華商、年六十。始建国地皇上戊三年正月癸卯除。史。
（額済納漢簡2000ES9S:2）

居延都尉府甲渠候官所属の箕山燧《きざん》の燧長である居延県累山《るいざん》里出身の上造の華商《かしょう》、六〇歳。始建国地《しけんこくち》皇上《こうじょう》 戊《ぼ》三年（後二二）正月一六日に任用。史。

居延甲渠第二燧長居延広都里公乗陳安国、年六十三。建始四年八月辛亥除。不史。

（EPT51:4）

居延都尉府甲渠候官所属の第二燧の燧長である居延県広都里出身の公乗の陳安国《ちんあんこく》、六三歳。建始四年（前二九）八月八日に任用。不史。

このように「史」と「不史」がはっきりと区別されている以上、両者を分ける明確な基準があったにちがいない。その基準が史の資格の取得、書記となる試験に合格したことにあると考えるのは、きわめて自然に思われる。次に引く敦煌馬圏湾から出土した燧長名籍は、「不史」から「史」への移行の事実をものがたる。

玉門候官千秋燧長敦煌武安里呂安漢年卅七歳、長七尺六寸。神爵四年六月辛酉除。功＝
＝一労三歳九月二日。其卅日
父不幸死寧、定功一労三歳八月二日。訖九月晦庚戌。故不史今史。
（79DMT18:26）

玉門候官所属の千秋《せんしゅう》燧の燧長である敦煌県武安《ぶあん》里の呂安漢《りょあんかん》、三七歳、身長七尺六寸。神爵《しんしゃく》四年（前五八）六月二九日に任用。功は一、労は三年九か月と二日。そのうち三〇日は父の逝去による忌引きで欠勤のため、（差し引き）確定した労は三年八か月と二日。九月の晦日庚申戌の日まで。もとは不史、今は史。

呂安漢という燧長は、任用された時点では「不史」であったが、三年あまり勤務するあいだに「史」となった。こうした変化は、この間に試験を受けて、書記の資格を得たことによるのであろう。こころざしのある燧長たちは、その地位に甘んじることなく、さらに「史」となることを目指した。おそらくは、勤務時間の合間をぬって、觚を削りつつ手習いに励んだことだろう。

「史」となった燧長たちには、役職としての史つまり書記への道が開かれた。それを裏づける恰好の例となるのが、先に引用した額済納《エチナ》漢簡の燧長名籍である。ここに箕山燧長としてあらわれる華商という人物に、見覚えがあるのではないか。かれは第五章で紹介した「候粟君所責寇恩事」にみえる、粟君のために魚の行商に行くはずだった甲渠候官令史の華商、行けなくなったかわりに痩せた黄牛を提供した人物である。粟君が寇恩を行商に行かせたのが建武二年（後二六）のことだから、始建国地皇三年（後二二）に燧長であった華商は、この間に候官の令史に転任したことになる。俸給は六〇〇銭から九〇〇銭へとアップするから、あきらかにこれは昇格であり、「史」であればこその異動といえる。この例にてらして見れば、呂安漢の功と労をしるした名籍は、「史」となった燧長の昇任人事のための資料として解釈できる。一方で、甲渠候官からは次のような名籍が出土している。

止北燧長居延累山里公乗徐殷年卌二。不史不上功。（35.16+137.13）

止北《しほく》燧長である居延県累山《るいざん》里の公乗の徐殷《じょいん》、四二歳。史でないので功を上申しない。

徐殷という燧長は「不史」なので、昇任人事の対象から外されたわけである。

学校に学ぶ児童たちだけでなく、辺境の烽燧に勤務する戍卒や燧長もまた書記を目指した。そのためにテキストをそらんじ、觚に文字を書いては削り、手習いに励んだ。第四章で一端を紹介したように、文書を用いた行政が高度に発達した漢代においては、多数の書記が必要とされた。辺境であれ内地であれ、書記なくして官僚制的行政は機能しなかった。現代のわれわれの目から見るかぎり、その存在意義は明白であるといってよい。

しかし、漢の時代の人々が書記をこころざしたのは、そのような意義を認識していたからではないだろう。路温舒のような出世の道が万人に開かれているわけではないことも、もとより承知の上である。人々が書記を目指すのは、もっと身近な理由から、みずからの生活の安寧と安定を求めたためだと思われる。では、書記という職に就くことに、どのようなメリットがあるのだろうか。ここは漢代人に尋ねるかわりに、古代エジプト人の声を聞くことにしよう。エジプトは官僚制的行政を、「史上において最初に、かつ後代ふたたび到達できないような完璧さをもって、実現した」（M・ウェーバー）といわれるゆえに、書記の社会的地位も高かった。

書記になるがよい。それはおまえを労役から救い、あらゆる種の仕事から守ってくれるものだ。スキやツルハシをかつがなくともすむ。カゴを運ばなくともよい。橈《かじ》をせっせと動かしたりすることからもおまえを隔離してくれるし、多くの主人や数多い雇い主の下にいなくてもすむから、いろいろな苦悩からも救ってくれるというわけだ。［杉 1978］

七稜觚の書き手の馮時も、おそらくは同意するだろう。

あとがき

書き終えてなお、至らぬ点ばかりが目に付く。フロンティアの形成を述べた一方で、その消滅と再編にはほとんど論及できなかった。心残りではあるけれども、限られた紙幅と時間の中では致し方ない。いつかまた、あらためて論じる機会もあるだろう。

本書執筆のお話をいただいたのは、一九九五年の夏であったと記憶する。当初の目算では一、二年のうちに書き上げるつもりであった。それが大幅に遅延することになったのは、公私の多忙もさることながら、執筆の下準備に思いのほか時間を取られたためである。すぐに書き出せるテーマのはずが、いざ調べてみると、未知の分野があまりに多い。私自身の怠惰もあるが、学界全体にとっても認識の欠けている部分があるようだ。結局、一から勉強のやり直し。しかし、そこから得られた収穫は、本書に盛り込めなかった話題も含めて、はかり知れないものがある。貴重な機会を与えてくださった中公新書編集部の糸魚川昭二氏に、心から感謝申し上げたい。

本書の舞台となった河西通廊、烏鞘嶺を越えて敦煌に至る全行程は、一九九一年と九七年の二度にわたって踏査した。とりわけ九七年夏の調査では、エチナ河下流域や敦煌西方の馬圏湾まで足をのばして、多くの遺跡を観察できた。肌に突き刺さる沙漠の日射し、オアシスをわたる乾いた風――調査から帰ってのちは、河西の風土のひとつひとつが、資料の背後に実感された。読み慣れた漢簡や報告書の記事が、俄然精彩を帯びてくる。学問の愉しみ、これに尽きると言うべきか。十日間におよぶ旅程を共にした師友、ならびに甘粛省文物考古研究所の何双全氏に、この場を借りて御礼申し上げたい。

貴重な図版を提供してくださった林巳奈夫先生と、スウェーデン国立民族学博物館のホーカン＝ヴォルキストHåkan Wahlquist氏にも、あわせて御礼を申し上げる。林先生にはまた、漢代の考古資料に関しても、いろいろと御教示をいただいた。「蓬」の形態についての卑見を述べて御意見を求めたところ、先生がただちに示されたのは、かつて日本で用いられた暴風警報信号標の図であった。驚いたことに、それはまさしく円筒形の、提灯のような姿をしていたのである。

本書執筆に際してまず念頭に置いたのは、藤枝晃先生の名篇「長城のまもり」であった。一九五五年に発表されたこの論文は、日本における漢簡研究の一里塚であると同時に、今なお立ち返るべき古典としての価値をもつ。爾来四〇年、その一里塚に小石のひとつも積み添えたい。この抱負は藤枝先生に伝え、先生もまた心待ちにしていてくださった。しかし無念、間に合わぬまま、先生は流沙のかなたに旅立ってしまわれた。最後にお目にかかったのは、昨年の三月晦日。病室の窓の外、賀茂川の河畔には、満開の桜がゆれていた。

またぬぐり来る花の季節を前に、思い出のひとこまを書き留めておく。

一九九九年啓蟄　　著　者

増補新版あとがき

本書は、一九九九年四月に中公新書として刊行された旧著の増補改訂版である。本篇の構成は旧著を踏襲し、文章も原則的にもとのかたちをのこしたが、史料の誤釈や誤読、その後の研究にてらして古くなった見解などは、可能な限り書き直し、あるいは削除した。また、引用史料と図版について一部を差し替え、若干の補充をおこなったほか、いくつかの新しい論点を加え、書き下ろしの補篇を添えた。概説書・入門書としての本書の寿命は、この改訂で多少とも延びたはずである。旧著をすでに読まれたかたも、あらためて本書を通読してほしいと思う。旧著の見直しにあたっては角谷常子・高村武幸の両氏から、補篇については廣瀬薫雄氏から、それぞれに貴重な御意見をいただいた。もちろん責任はすべて著者にある。

第一章の匈奴の興起を論じた部分は、旧著と大きく変わっていない。著者はユーラシア草原考古学を専門としているわけではないが、旧著刊行後この方面の研究が大きく進展したことは、不十分ながら把握している。とりわけ注目されるのは、モンゴル国やカザフスタンでの発掘成果に基づいて、遊牧社会の「国家」形成についての見直しが提唱されていることだろう［Honeychurch 2015／Chang 2018］。著者のみるところ、これまでの議論が遊牧民のフィールドワークから得られた知見に依拠しつつ、中国やオリエントなど隣接地域の古代国家との対抗関係を重視していたのに対し、近年の研究の潮流は、遊牧社会における階層と「国家」の自生的な形成を強調することにあるようだ。考え方の軸足が人類学から考古学へと移ったともいえる。

こうした潮流の変化にもかかわらず、旧著の叙述をそのまま残しておいたのは、自生的な階層化社会――それを「国家」と呼べるのかという議論は脇におく――の出現と、冒頓による遊牧勢力組織化とのあいだには、同日に論じることのできない溝があると思えるからである。第一章で紹介したような整然とした政治・軍事組織が自生的に、しかもきわめて短いあいだに出現するとは考えがたい。冒頓による組織化は、対外的な政治関係、具体的には蒙恬による遠征の産物であると考えるのが、やはり合理的なのではないか。これは門外漢である著者の奇説ではなく、中央ユーラシア史の専門家によってもとなえられている。「北方草原地帯への中国の攻勢によって引き起こされた危機を触媒として、より厳格な階層化とより凝縮力のある軍事組織とが匈奴にもたらされた」という一文を、参考までに引用しておく［Di Cosmo 2002:187］。

エチナ河の終着点となる湖のひとつ、ソゴ＝ノールの呼称について、旧著では「ソゴ」とはモンゴル語の「牝鹿」の意味であろうと述べた。しかし、まったく迂闊なことに、西北科学考査団の団員であったヘンニング＝ハズルンドの旅行記に、次のような「ソゴ＝ノールの伝説」が語られているのを失念していた。たいへん興味深い内容なので、やや長文となるが全文を再録しておく。訳者は「ソゴ」でなく「ソコ」と表記している。読みやすさを考慮して、訳文にごくわずかだけ手を入れた。

いま索果諾爾《ソコノル》の湖水が波打っているところは、昔は繁華な大都市であった。その住民は神の怒りに触れる罪深い邪悪な生活をしていた。人々を罰するために、怒れる神は或る夜全市を地下に埋没させ、その後にできた窪地に湖を造った。湖に神々はアルカリと塩とを投げ込んだので、人々はその付近に住むことができなくなった。しかし罪のない牛は罪深い所有者のために受難しなくてもよいので、水牛に姿を変えられた。そしてかれらは湖の底の豊かな牧場に棲み、増殖することができた。時々かれらが水面に浮ぶのを見ることができたが、いつもそれは湖の真中であった。水面が特別低くなった時、早起きの猟人が水辺にかれらの足跡を見たこともあった。そして老人たちは、六十年ほど前のひどい旱魃のあとで湖が干上がった時、その不思議な水牛が湖の底の穴から地中に隠れるありさまを見たと、親たちが話していたのを記憶していた。

この湖の主《ぬし》は「ソコ」である。それゆえ「水牛の湖」と呼ばれるのである。「ソコ」は神と親密な間柄であった。むかしむかし、人間が今よりも善良であったころ、正直に暮らしている貧乏な猟人に夜間樹の上から不思議な呪文がかすかに聞こえることがあった。この貧しい猟人がその翌日の夜、湖の岸に牝牛を牽いていき、聞いたとおりの呪文を湖に向かって叫んだのち、その側に身を横たえて眠っていると、夜中に「ソコ」は牝牛のところにやってきて妊ませる。そして牝牛は幾百頭の牛にも匹敵する生殖力をもっている仔牛を生むのであった。しかし現在は人間がそれほど善良でなくなったので、この奇跡はもはや起こらなくなった。〔ハズルンド 1935〕

この伝説にしたがって、本書では「水牛の湖」と呼ぶことにした。二〇二〇年現在、エチナ河とソゴ＝ノールには水がある。下流域に生活する人々の強い要求で、ダムが放水を余儀なくされたと聞いている。湖の主の水牛たちも、今ごろは湖底の牧場で草を食んでいることだろう。

エピローグもまた、わずかな訂正・削除のほかは、旧著とほとんど変わらない。私事にわたるが、著者は一九九〇年代の後半、旧著の準備期間とかさなる時期に、毎年一〜二度、二〜三週間ほどの日程で、ロンドンとストックホルムの博物館や図書館を訪問し、スタインやヘディンが持ち帰った遺物を調査していた。科学研究費による国際共同研究（研究代表者　梅原郁・冨谷至）の一環であり、木簡と古紙の実物を直接観察し、必要に応じて実測図を作製することが、著者に課された作業であった。本書掲載の図20と図34は、そのおりに描いたものである。作業のできない休館日には美術館や旧跡をめぐったが、ロンドンでとりわけ興味をひかれたものは、シティを中心に点在するローマ時代の遺構であった。ローマによるブリテン島支配の拠点となった場所である。参考となる本はないかと、市内ソーホーにある大型書店（改装前の、何もかも旧式な書店であった）をのぞいたところ、壁一面の書棚を占めるローマン・ブリテン関係の書籍の量に圧倒された。何度か書店に足をはこんで、わかりやすそうな数冊をえらび買い求め、自学自習した結果が本書のエピローグとなった。もし旧著の執筆当時、南川高志氏の『海のかなたのローマ帝国――古代ローマとブリテン島――』［南川 2003］のような日本語の良書があったなら、エピローグはまったく別の内容になっていただろう。

念願のヴィンドランダを訪問したのは、旧著刊行からずっと遅れて、二〇一六年九月のことであり、科学研究費基盤研究（研究代表者　角谷常子）の一環として、東西古代社会の石刻史料についてのシンポジウムをロンドンで開いたおりに足をのばした。ヴィンドランダの博物館を案内してくださったのは、ロビン＝バーリィ氏の奥様であったが、展示されていたリーフ＝タブレットの薄さが印象的であった。ヴィンドランダ出土の「木簡」という、誤解を生みやすい旧著の用語を、本書では「木板」と改めたのであるが、半分に折りたためる薄さの板だということを、言い添えておくべきだろう。遺跡は現在も発掘中で、平城京木簡の発掘経験がある同行の日本史研究者たちは、掘り下げられた溝に露出した黒い土を見て、いかにも木簡が出そうな色だと頷き合っていた（本書図45参照）。

旧著刊行後に出版された日本語による類書はない。外国語の書物としては、張春樹（Chun-shu Chang）氏と趙寵亮氏に、それぞれ英語と中国語による労作がある［Chang 2007／趙 2012］。両書とも大部な専門書であり、本書のような一般向けの著作ではない。旧著の（もちろん本書でも）執筆にあたっては、

①漢帝国の河西進出の実態を跡づけること。
②漢代の西北辺境に生きた人々のすがたを描くこと。
③西北出土漢簡の入門書としての役割を果たすこと。

の三本の柱を立てた。①②が主柱で、③は副次的な柱であるが、張氏と趙氏の著作は各々①と②を、十分な紙幅をもって論じたものといえるであろう。張氏の著書の中国語題名は「漢

代之辺彊与《と》帝国」となっている。両書と旧著の三者間には参照関係がなく、互いに独立して書き上げられたものなので、今回の改訂にあたっても、両書の論点やアイディアを本篇に取り入れることはしなかった。ただし補篇の内容は、趙氏の著書の第六章「吏卒的《の》精神文化生活」の「文化学習」の節とかさなる部分がある。なお、①についての籾山の見解は、論文としても別途発表されている［籾山 2001］。

本書に続く時期、後漢時代の河西について語るには、別に一書を必要とする。エチナ河流域の防衛体制は解体し、居延・肩水都尉府に代って居延属国・張掖居延属国の両属国が置かれることになる。属国とは帰順した「蛮夷」の居住地に置かれる地方行政単位。属国による統治への切り替えは、後漢王朝がこの地の直接支配を断念したことを意味するが、見方を変えれば河西地域が、漢人と「蛮夷」の入り混じるマルチ・エスニックな世界に変貌しつつある証拠といえる。辺境のこうした変容と支配体制の変化とが、後漢という王朝の本質的な性格と、その崩壊とに深く関係していることは、謝偉傑（Wicky W. K. Tse）氏の著作に詳しく述べられている［Tse 2018］。謝氏の著作は書名のとおり、帝国の辺縁《エッジ》にあたる涼州（河西四郡に隴西・漢陽・武都・金城・安定・北地五郡と先の二属国を加えた西北地域）に視点を置いて後漢帝国の滅亡を論じた力作で、前漢・後漢両王朝の性格の違いを縦糸に、匈奴にかわって脅威となった羌《きょう》の動向を横糸にして、帝国・辺境それぞれの文化とアイデンティティの相克をあざやかに描き出している。あいつぐ羌の反乱は後漢王朝の財政を圧迫し、そのため朝廷においては再三、西北地域の放棄が提案される（いわゆる涼州放棄案）。提案は実行されなかったものの、王朝の西北に対する冷遇は、西北人エリートたちの疎外感、さらには反感をつのらせる結果となった。後漢王朝を事実上の滅亡に追いやった董卓が、涼州隴西郡の出身であり、若いころ羌の人々が住む土地を遍歴し、その領袖たちと親交を結んだ人物であることを、あらためて思い起こすとよいだろう。

図版の掲載にあたっては、劉欣寧、ホーカン＝ヴォルキストHåkan Wahlquist、高村武幸の各氏にお世話になった。厚く御礼申し上げたい。

早くに絶版となっていた旧著を発掘し、新たなよそおいで世に出してくださった志学社の平林緑萌氏と山田崇仁氏のお二人に、末筆ながら感謝申し上げたい。思い出の詰まった旧著であるが、本書の刊行によって役目を終えることになる。二二年前の春の一日、中公新書編集部の糸魚川昭二氏は、刷り上がったばかりの新書の包みを、大学の研究室までみずから届けてくださった。「早く見せたいと思って」という氏の言葉を思い出す。その糸魚川氏も、出版を喜んでくださった先学たちも、今では泉下の人となってしまった。ささやかなものであっても、たしかな仕事、役に立つ仕事をかさねていくことが、のこされた者のつとめであると心に銘じ、次の課題に進もうと思う。

二〇二一年立夏

著　者

【参考文献一覧】

本文中に引用した文献に限る。西暦は発表年。単行本に再録された論文は初掲誌名等を省略する。

〔日文〕

青木俊介 2014「肩水金関漢簡の致と通関制度」『日本秦漢史研究』12号。
浅原達郎 1998「牛不相当穀廿石」『泉屋博古館紀要』15巻。
市川任三 1963「漢代に於ける居延甲渠戦線の展開」『大東文化大学漢学会誌』6号。
— 1965「前漢に於ける張掖郡の都尉に就いて」『東洋文化研究所紀要』（無窮会）6輯。
鵜飼昌男 1984「居延漢簡にみえる文書の逓伝について」『史泉』60号。
大庭脩 1952「材官攷—漢代の兵制の一斑について—」『龍谷史壇』36号。
— 1953「漢代における功次による昇進」『秦漢法制史の研究』創文社、1982年。
— 1961「居延出土の詔書冊」同前所収。
— 1985「地湾出土の騎士簡冊」『漢簡研究』同朋舎出版、1992年。
— 1991「『検』の再検討」同前所収。
片野竜太郎 2011「漢代辺郡の都尉府と防衛線—長城防衛線遺構の基礎的研究—」籾山明・佐藤信『文献と遺物の境界—中国出土簡牘史料の生態的研究—』六一書房。
久保田宏次 1988「青海省大通県上孫家塞一一五号漢墓出土木簡の研究—特に漢代の部隊編成を中心として—」『駿台史学』74号。
佐藤進一 1971『古文書学入門』法政大学出版局。

佐藤達郎 1996「漢代察挙制度の位置―特に考課との関連で―」『史林』79巻6号。
佐原康夫 1989「居延漢簡月俸考」『漢代都市機構の研究』汲古書院、2002年。
杉勇訳 1978「「後期エジプト選文集」より」『古代オリエント集』筑摩世界文学大系1、筑摩書房。
鈴木直美 2017「漢代フロンティア形成者のプロフィール―居延漢簡・肩水金関漢簡にみる卒の年齢に着目して―」高村武幸編『周縁領域からみた秦漢帝国』六一書房。
角谷常子 1994「居延漢簡にみえる売買関係簡についての一考察」『東洋史研究』52第4号。
鷹取祐司 2018「漢代長城警備体制の変容」宮宅潔編『多民族社会の軍事統合―出土史料が語る中国古代―』京都大学学術出版会。
高村武幸 2000「前漢西北辺境と関東の戍卒―居延漢簡にみえる兵士出身地の検討を通じて―」『漢代の地方官吏と地域社会』汲古書院、2008年。
― 2005「漢代官吏任用における財産資格の再検討」同前所収。
冨谷至 1996「食糧支給とその管理―漢代穀倉制度考証―」『文書行政の漢帝国―木簡・竹簡の時代―』名古屋大学出版会、2010年。
ドローヌ、アンリ 1911『シナ奥地を行く』（矢島文夫・石沢良昭訳）西域探検紀行全集10、白水社、1968年。
永田英正 1973「居延漢簡にみる候官についての一試論」『居延漢簡の研究』同朋舎出版、1989年。
― 1989「簿籍簡牘の諸様式の分析」同前所収。
― 1990「『候史広徳坐罪行罰』檄について―兼ねて候史の職掌を論ず―」『漢代史研究』汲古書院、2018年。
― 2001「礼忠簡と徐宗簡研究の展開―居延新簡の発見を契機として―」同前所収。
― 2010「居延漢簡に見える卒家属廩名籍について」同前所収。
西嶋定生 1956「代田法の新解釈」『中国経済史研究』東京大学出版会、1966年。
西林昭一 2009『簡牘名蹟選』6、甘粛篇1、二玄社。
ハズルンド、ヘンニング1935『蒙古の旅』（内藤岩雄訳）岩波書店、1942年。

羽田明 1939「僮僕都尉」『東洋史研究』5巻1号。
濱口重国 1942「漢代に於ける地方官の任用と本籍地との関係」『秦漢隋唐史の研究』下、東京大学出版会、1966年。
林俊雄 1983「匈奴における農耕と定着集落」護雅夫編『内陸アジア・西アジアの社会と文化』山川出版社。
日比野丈夫 1954「河西四郡の成立について」『中国歴史地理研究』同朋舎、1977年。
—— 1957「漢の西方発展と両関開設の時期について」同前所収。
廣瀬薫雄 2010『秦漢律令研究』汲古書院。
藤枝晃 1955a「長城のまもり—河西地方出土の漢代木簡の内容の概観—」『自然と文化』別篇2号（遊牧民族の研究）。
—— 1955b「釈『見署用穀』ほか—『長城のまもり』訂誤—」『東洋史研究』14巻½号。
藤田勝久 1984「前漢の徭役労働と兵役」『中国古代国家と郡県社会』汲古書院、2005年。
プルヂェワーリスキイ、ニコライ1883「ザイサンからハミを経てチベット及び黄河上流へ」榎一雄編『講座敦煌』1巻（菅野裕臣抄訳）大東出版社、1980年。
ヘディン、スヴェン1928『ゴビ砂漠横断』（羽島重雄訳）ヘディン探検紀行全集9、白水社、1979年。
保科季子 2004「漢代の女性秩序—命婦制度淵源考—」『東方学』108号。
保柳睦美 1980「敦煌を中心とする地域の自然環境」榎一雄編『講座敦煌』1巻、大東出版社。
牧野巽 1942「漢代の家族形態」『牧野巽著作集』1巻、御茶の水書房、1979年。
松田寿男1954「東西交通史に於ける居延についての考」『松田寿男著作集』4巻、六興出版社、1987年、所収。
—— 1962「東西文化の交流」同前3巻、1987年。
—— 1970『古代天山の歴史地理学的研究』（増補版）早稲田大学出版部。
南川高志 2003『海のかなたのローマ帝国—古代ローマとブリテン島—』岩波書店（増補新版 2015年）。
籾山明 1992「爰書新探—漢代訴訟論のために—」『中国古代訴訟制度の研究』京都大学学術出版会、2006年。

―― 1995「刻歯簡牘初探―漢簡形態論のために―」『秦漢出土文字史料の研究―形態・制度・社会―』創文社、2015年。

―― 2001「漢代エチナ＝オアシスにおける開発と防衛線の展開」同前所収。

―― 2011「簡牘・縑帛・紙―中国古代における書写材料の変遷―」同前所収。

―― 2015「王杖木簡再考」同前所収。

森鹿三 1960「居延出土の卒家属廩名籍について」『東洋学研究　居延漢簡篇』同朋舎、1975年。

護雅夫 1950a「『匈奴』の国家―その予備的考察―」『古代トルコ民族史研究』Ⅲ、山川出版社、1996年。

―― 1950b「古代東アジアにおける遊牧国家と農耕国家」同前所収。

山田慶児編 1985『新発現中国科学史資料の研究』（訳注篇）京都大学人文科学研究所。

吉村昌之 1992「『敦煌漢簡』研究の現状と課題」『木簡研究』14号。

―― 1998「居延甲渠塞における部燧の配置について」『古代文化』50巻7号。

―― 2015「漢代の時制」冨谷至編『漢簡語彙考証』岩波書店。

米田賢次郎 1953「漢代の辺境組織―燧の配置について―」『東洋史研究』12巻3号。

米田健志 2009「前漢の御史大夫小考―『史記』三王世家と元康五年詔書冊の解釈に関して―」『奈良史学』27号。

［中文］
于豪亮 1963「居延漢簡中的『省卒』」『于豪亮学術文存』中華書局、1985年。
王明珂 2009『游牧者的抉択―面対漢帝国的北亜游牧部族―』中央研究院・聯経出版事業股份有限公司。
汪桂海 2001「漢簡叢考（一）」『簡帛研究二〇〇一』広西師範大学出版社。
汪涛・胡平生・呉芳思 2007『英国国家図書館蔵斯坦因所獲未刊漢文簡牘』上海辞書出版社。
何双全 2004『簡牘』敦煌文芸出版社。

夏　鼐 1948「新獲之敦煌漢簡」中国社会科学院考古研究所編『夏鼐文集』社会科学文献出版社、2000年。
嘉峪関市文物保管所 1984「玉門花海漢代烽燧遺址出土的簡牘」甘粛省文物工作隊・甘粛省博物館　編『漢簡研究文集』甘粛人民出版社。
蓋山林・陸思賢 1980「内蒙古境内戦国秦漢長城遺跡」『中国考古学会第一次年会論文集』文物出版社。
岳邦湖 1993「額済納河流域漢代長城烽燧調査綜述」大庭脩編輯『漢簡研究の現状と展望』関西大学出版部。
甘粛簡牘博物館・甘粛省文物考古研究所・甘粛省博物館・中国文化遺産研究院古文献研究室・中国社会科学院簡帛研究中心 2011~2016『肩水金関漢簡』（壹）~（伍）、中西書局。
甘粛簡牘博物館・甘粛省文物考古研究所・出土文献与中国古代文明研究協同創新中心中国人民大学分中心 2017『地湾漢簡』中西書局。
甘粛簡牘博物館・甘粛省文物考古研究所・陝西師範大学人文社会科学高等研究院・清華大学出土文献研究与保護中心 2019『懸泉漢簡』（壹）中西書局。
甘粛居延考古隊 1978「居延漢代遺址的発掘和新出土的簡冊文物」『文物』1978年1期。
甘粛省文物工作隊 1984「額済納河下游漢代烽燧遺址調査報告」甘粛省文物工作隊・甘粛省博物館編『漢簡研究文集』甘粛人民出版社。
甘粛省文物考古研究所 1991『敦煌漢簡』中華書局。
甘粛省文物考古研究所・甘粛省博物館・中国文物研究所・中国社会科学院歴史研究所 1994『居延新簡甲渠候官』中華書局。
簡牘整理小組 2014~2017『居延漢簡』（壹）~（肆）中央研究院歴史語言研究所。
魏　堅 2005『額済納漢簡』広西師範大学出版社。
裘錫圭 1979「新発現的居延漢簡的幾個問題」『裘錫圭学術文集』2（簡牘帛書巻）復旦大学出版社、2012年。
— 1997「従出土文字資料看秦和両漢時代官有農田的経営」同前5（古代歴史・思想・民俗巻）同前。
邢義田 1992「従居延簡看漢代軍隊的若干人事制度—読《居延新簡》札記之一—」『治国安邦—法制、行政与軍事』中華書局、2011年。
—— 1993「漢代辺塞軍隊的給仮、休沐与功労制—読《居延新簡》札記之二—」同前所収。
景 愛 1994「額済納河下游環境変遷的考察」『中国歴史地理論叢』1994年1期。
—— 1996『中国北方沙漠化的原因与対策』山東科学技術出版社。
胡平生 1992「匈奴日逐王帰漢新資料」『胡平生簡牘文物論稿』中西書局、2012年。
—— 1987「写在木觚上的西漢遺詔」同前所収。
胡平生・張徳芳 2001『敦煌懸泉漢簡釈粋』上海古籍出版社。
湖北省荊州市周梁玉橋遺址博物館 2001『関沮秦漢墓簡牘』中華書局。
呉礽驤 1990「河西漢塞」『文物』1990年12期。
侯仁之・兪偉超 1973「烏蘭布和沙漠的考古発現和地理環境的変遷」『侯仁之文集』北京大学出版社、1998年。
高栄・張栄芳 2004「漢簡所見的〝候史〟」『中国史研究』2004年3期。
柴生芳 1993「懸泉遺址発掘又獲新成果」『中国文物報』1993年3月14日。
初師賓 1984「漢辺塞守御器備考略」甘粛省文物工作隊・甘粛省博物館 編『漢簡研究文集』甘粛人民出版社。
—— 2008「漢簡長安至河西的駅道」『隴上学人文存 初師賓巻』甘粛人民出版社、2015年。
徐楽堯 1984「居延漢簡所見的辺亭」同上所収。
徐楽堯・余賢傑 1985「西漢敦煌軍屯的幾箇問題」『西北師院学報』(哲社版)1985年8期。
邵台新 1988『漢代河西四郡的拓展』台湾商務印書館。
蕭 璠 1998「関於額済納河発現的八点二号封検」簡牘整理小組編『居延漢簡補編』中央研究院歴史語言研究所。
沈 元 1962「居延漢簡牛籍校釈」『考古』1962年8期。
薛英群 1991『居延漢簡通論』甘粛教育出版社。
宋会群・李振宏 1994「漢代居延甲渠候官部燧考」李振宏『居延漢簡与漢代社会』中華書局、2003年。

孫守道 1992「漢代遼東長城列燧遺迹考―兼論遼東郡三部都尉治及若干近塞県的定点問題―」『遼海文物学刊』1992年2期。
譚其驤 1978「何以黄河在東漢以後出現一箇長期安流的局面―従歴史上論証黄河中游的土地合理利用是消弭下游水害的決定性因素―」『長水集』人民出版社、1987年。
中国科学院考古研究所 1962『灃西発掘報告』文物出版社。
張海斌 2000「高闕、雞鹿塞及相関問題的再考察」『内蒙古文物考古』2000年1期。
張徳芳 2013『敦煌馬圏湾漢簡集釈』甘粛文化出版社。
趙寵亮 2012『行役戍備―河西漢塞吏卒的屯戍生活―』科学出版社。
陳夢家 1963「漢簡考述」同『漢簡綴述』北京、1980年。
陳公柔・徐蘋芳 1963「大湾出土的西漢田卒簿籍」徐蘋芳『中国歴史考古学論集』上海古籍出版社、2012年。
―― 1982「瓦因托尼出土廩食簡的整理与研究」同前所収。
展力・周世曲 1977「試談楊家湾漢墓騎兵俑―対西漢前期騎兵問題的探討―」『文物』1977年10期。
田広金・郭素新編著 1986『鄂爾多斯式青銅器』文物出版社。
杜正勝 1998『来自碧落与黄泉―歴史語言研究所文物精選録―』中央研究院歴史語言研究所。
敦煌市博物館・甘粛簡牘博物館・陝西師範大学人文社会科学高等研究院 2019『玉門関漢簡』中西書局。
敦煌文物研究所考古組・敦煌県文化館 1975「敦煌甜水井漢代遺址的調査」『考古』1975年2期。
馬　雍 1981「西漢時期的玉門関和敦煌郡的西境」同『西域史地文物叢考』文物出版社、1990年。
羅桂環 2009『中国西北科学考査団綜論』中国科学技術出版社。
羅哲文 1964「臨洮秦長城、敦煌玉門関、酒泉嘉峪関勘査簡記」『文物』1964年1期。
李永良 1998『河隴文化―連接古代中国与世界的走廊―』上海遠東出版社・商務印書館（香港）。
李均明 1992「漢代甲渠候官規模考」同『初学録』蘭台出版社、1999年。
李水城 1994「沙井文化研究」同『東風西漸―中国西北史前文化之進程―』文物出版社、2009年。

李并成 1994「瓜沙二州間一塊消失了的緑洲」李并成・李春元『瓜沙史地研究』甘粛文化出版社、1996年。

— 1995『河西走廊歴史地理』甘粛人民出版社。

— 1998「漢居延県城新考」『考古』1998年5期。

劉欣寧 2018「漢代政務溝通中的文書与口頭伝達―以居延甲渠候官為例―」『中央研究院歴史語言研究所集刊』89本3分。

劉増貴 1996「漢代婦女的名字」『新史学』7巻4期。

— 1998「《居延漢簡補編》的一些問題」簡牘整理小組編『居延漢簡補編』中央研究院歴史語言研究所。

林　澐 1993「関於中国的対匈奴族源的考古学研究」同『林澐学術文集』中国大百科全書出版社、1998年。

労　榦 1943『居延漢簡考釈　釈文之部』国立中央研究院歴史語言研究所。

— 1959「居延漢簡考証」労榦 1976年所収。

— 1976『労榦学術論文集』甲編、藝文印書館。

［欧文］

Barfield, T. 1981. The Hsiung-nu Imperial Confederacy: Organization and Foreign Policy, *The Journal of Asian Studies*, Vol.41, No.1.

Bergman, F. 1945. Travels and Archaeological Field-work in Mongolia and Sinkiang: A Diary of the Years 1927-1934, *History of the Expedition in Asia 1927-1935*, Part IV. Statens Etnografiska Museum.

Birley, B. 1977. *Vindolanda: A Roman Frontier Post on Hadrian's Wall*. Thames and Hudson.

Bodde, D. 1975. *Festivals in Classical China: New Year and Other Annual Observances during the Han Dynasty 206 B.C.-A.D. 220*. Princeton University Press.

Bowman, A. 1994. *Life and Letters on the Roman Frontier: Vindolanda and Its People*. British Museum Press.

Breeze, D. 1982. *The Northern Frontiers of Roman Britain*, Batsford Academic and Education.

Chang, C. 2018. *Rethinking Prehistoric Central Asia: Shepherds, Farmers, and Nomads*. Routledge.

Chang, C.（張春樹）2017. *The Rise of the Chinese Empire,* Volume Two, *Frontier, Immigration, and Empire in Han China, 130 B.C.-A.D. 157*. The University of Michigan Press.

Chavannes, E. 1913. *Les documents chinois découverts par Aurel Stein dans les sables du Turkestan oriental*. Oxford University Press.

Di Cosmo, N. 1994. Ancient Inner Asian Nomads, *The Journal of Asian Studies*, Vol.53, No.4.

— 2002. *Ancient China and Its Enemies: The Rise of Nomadic Power in East Asian History*. Cambridge University Press.

Honeychurch. W. 2015. *Inner Asia and the Spatial Politics of Empire: Archaeology, Mobility, and Culture Contact.* Springer.

Hörner, N. and Chen, P. 1935. Alternating Lakes: Some River Changes and Lake Displacement in Central Asia, *Hyllningsskrift tillägnad Sven Hedin på hans 70-årsdag den 19 Febr. 1935*. Svenska Sällskapet för Antropologi och Geografi.

Irons, W. 1979. Political Stratification among Pastoral Nomads, L'équipe écologie et anthropologie des société pastorales (ed.), *Pastoral Production and Society*. Cambridge University Press.

Khazanov, A. 1994. *Nomads and the Outside World* (second edition). trans. by J. Crookenden. The University of Wisconsin Press.

Loewe, M. 1967. *Records of Han Administration*. 2 vols. Cambridge University Press.

Maringer, J. 1950. *Contribution to the Prehistory of Mongolia: A Study of the Prehistoric Collections from Inner Mongolia*. Statens Etnografiska Museum.

Maspero, H. 1953. *Les documents chinois de la troisième expedition de Sir Aurel Stein en Asie centrale*. British Museum.

Sommarström, Bo. 1956. *Archaeological Researches in the Edsen-gol Region, Inner Mongolia*, Part I. Statens Etnografiska Museum.

— 1958. *Archaeological Researches in the Edsen-gol Region, Inner Mongolia*, Part II Statens Etnografiska Museum.

Stein, A. 1921. *Serindia: Detailed Report of Expeditions in Central Asia and Westermost China*, 5 vols. Oxford University Press.

— 1928. *Innermost Asia: Detailed Report of Explorations in Central Asia and Western Iran*. Oxford University Press.

— 1933. *On Ancient Central-Asian Tracks: Brief Narrative of Three Expeditoins in Inner Asia and North-western China.* Macmillan and Co.（沢崎順之助訳『中央アジア踏査記』西域探検紀行全集８、白水社、1966年。）

Tse, W.W.K.（謝偉傑）2018. *The Collapse of China's Later Han Dynasty, 25-220 CE: The Northwest Borderlands and the Edge of Empire*. Routledge.

Walker, A. 1995. *Aurel Stein: Pioneer of the Silk Road*, John Murray.

Wang, M. K.（王明珂）1992. *The Ch'iang of Ancient China through the Han Dynasty: Ecological Frontiers and Ethnic Boundaries*. Ph.D.dissertation, Harvard University.

【図版一覧】

第五章　辺境に生きる

第六章　フロンティアの構造

エピローグ

補篇

志学社選書

001

吉川忠夫

侯景の乱始末記

南朝貴族社会の命運

激動の中国南北朝時代を
独創的に描出した名著、ここに再誕——。

南朝梁の武帝のながきにわたる治世の末に起こり、江南貴族社会を極度の荒廃に陥れることとなった侯景の乱を活写した「南風競わず」。東魏に使いしたまま長年江南に帰還するを得ず、陳朝の勃興に至る南朝の黄昏に立ち会う生涯を送った一貴族を描く「徐陵」。そして、西魏・北周・隋の三代にわたり、北朝の傀儡政権として存続した後梁王朝を論じる「後梁春秋」。これら原本収録の三篇に加え、侯景の乱を遡ること一世紀余、劉宋の治世下で惹起した『後漢書』編著・范曄の「解すべからざる」謀反の背景に迫った「史家范曄の謀反」をあらたに採録。

本体 : 1,800 円+税　判型 : 四六判　ISBN : 978-4-909868-00-8

志学社選書

002

大庭 脩

木簡学入門

漢簡研究の碩学による、「木簡学」への招待状。
不朽の基本書、ついに復刊——。

地下から陸続と立ち現れる簡牘帛書等の出土文字史料は、いまや中国古代史を研究するうえで避けて通れないものとなった。まとまった簡牘の獲得は二〇世紀初頭に始まるが、その研究が本格的に開始され、「木簡学」が提唱されるのは一九七四年といささか遅れてのことであった。著者は日本における漢簡研究の揺籃時代より、二〇〇二年に急逝するまでの半世紀にわたり「木簡学」分野における国際的なトップランナーのひとりであった。その著者が初学者に向けて著した本書もまた、初刊より三五年を経てなお朽ちぬ魅力をたたえた、「木簡学」の基本書である。

本体 : 2,500 円+税　判型 : 四六判　ISBN : 978-4-909868-01-5

志学社選書

005

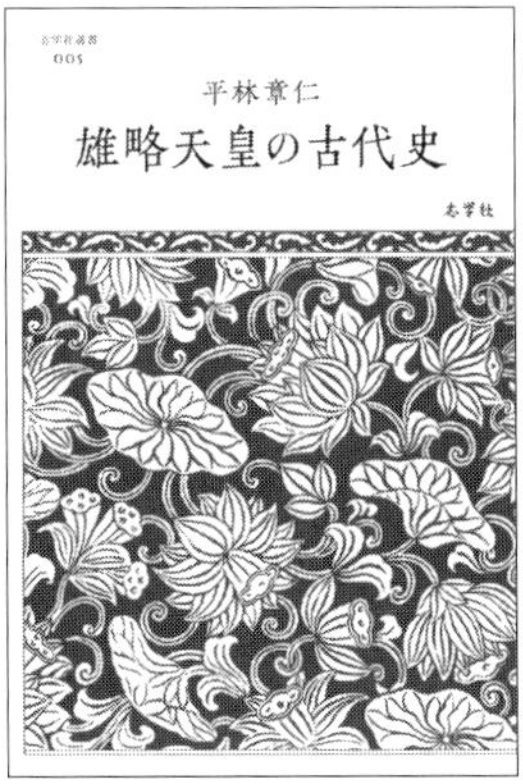

平林章仁

雄略天皇の古代史

「進化論的古代史観」を克服した先に現れる、新たな雄略天皇像

雄略天皇の治世は、５世紀後半に比定される。中国史書に「倭国」として登場するこの時代の日本では、各地で巨大な前方後円墳が営まれ、豪族たちによる権力抗争が繰り広げられていた。倭王の権力は盤石でなく、ヤマト王権は豪族たちが連合して倭王を推戴する非専権的王権であった。そのヤマト王権を専権的王権へと発展させた人物こそが雄略天皇である、とする評価がある。しかし、雄略死後、王位継承は混乱し、武烈天皇の死後には王統が「断絶」、６世紀初頭には傍系から継体天皇が即位しており、単純に雄略朝を「画期」と評価することは難しい。本書では、『記』・『紀』の所伝、稲荷山古墳金錯銘鉄剣等の出土文字史料、そして中国史書から王権と豪族の動向を復原し、５世紀後半から６世紀前半のヤマト王権の政治史解明を試みる。果たして雄略朝は、ヤマト王権が豪族連合である「遅れた」政権から、より「進んだ」専権的王権へと「進化」する「画期」と評価できるのか。多角的なアプローチで、新たな古代史像を描き出す。

本体：3,300 円＋税　判型：四六判　ISBN：978-4-909868-04-6

籾山明

（もみやま　あきら）

1953年、群馬県桐生市生まれ。信州大学人文学部卒業、京都大学大学院文学研究科博士課程単位取得退学。島根大学法文学部専任講師、同助教授、埼玉大学教養学部助教授、同教授を経て、2010年3月に退職。（公益財団法人）東洋文庫研究員。京都大学博士(文学)。専門は中国古代史。

〔主著〕『秦の始皇帝―多元世界の統一者―』（中国歴史人物選、白帝社）、『中国古代訴訟制度の研究』（京都大学学術出版会）、『秦漢出土文字史料の研究―形態・制度・社会―』（創文社）、『文献と遺物の境界―中国出土簡牘史料の生態的研究―』（佐藤信と共編著、六一書房）、『文献と遺物の境界Ⅱ―中国出土簡牘史料の生態的研究―』（佐藤信と共編著、東京外国語大学アジア・アフリカ言語文化研究所）、『秦帝国の誕生―古代史研究のクロスロード―』（ロータール・フォン・ファルケンハウゼンと共編著、六一書房）。

本書は1999年に中公新書にて刊行された『漢帝国と辺境社会』の新版である。
全編にわたり修訂を施すとともに、新たに補篇「書記になるがよい」、
「増補新版あとがき」を書き下ろしとして収録した。

志学社選書

006

増補新版《ぞうほしんぱん》
漢帝国《かんていこく》と辺境社会《へんきょうしゃかい》
長城《ちょうじょう》の風景《ふうけい》

二〇二一年十一月二九日　初版第一刷発行
二〇二四年一月二九日　初版第二刷発行

著者名　籾山明《もみやまあきら》　©Akira Momiyama
発行者　平林《ひらばやし》 緑萌《もえぎ》・山田崇仁《やまだたかひと》
発行　合同会社 志学社
〒272−0032 千葉県市川市大洲4−9−2
電話　047−321−4577
https://shigakusha.jp/
編集　志学社選書編集部
編集担当　平林緑萌
装幀　川名潤《かわなじゅん》
印刷所　モリモト印刷株式会社

定価はカバーに表記しております。
Printed in Japan　ISBN978-4-909868-05-3　C0322

お問い合わせ　info@shigakusha.jp